경제원론

CPA

10개년 기출문제해설

회계사
1차

시대에듀

2025 시대에듀 공인회계사 1차 경제원론
10개년 기출문제해설

Always **with you**

사람의 인연은 길에서 우연하게 만나거나 함께 살아가는 것만을 의미하지는 않습니다.
책을 펴내는 출판사와 그 책을 읽는 독자의 만남도 소중한 인연입니다.
시대에듀는 항상 독자의 마음을 헤아리기 위해 노력하고 있습니다. 늘 독자와 함께하겠습니다.

머리말

기출문제를 정확히 분석하는 것은 '수험 공부의 시작이자 끝'이라고 할 수 있습니다. 이에 국가자격시험 전문출판사인 시대에듀가 수험생의 입장에서 효율적인 공인회계사 1차 시험 대비를 위한 수험서로서 본서를 출간하게 되었습니다.

외견상 경제원론이 차지하는 비중은 크다고 볼 수는 없습니다. 다른 주요과목과 달리 경제원론은 1차 시험에만 포함되어 있기 때문입니다. 그러나 실질은 그와 정반대입니다. 사실상 전체 과목 중에서 최고 난이도를 자랑하는 과목이기에 경제원론에서의 과락 여부가 전체 시험의 합격 여부를 좌우합니다.

이 책은 과거 10년 동안 공인회계사 1차 시험 경제원론 과목에서 출제되었던 문제들을 연도순으로 정리한 기출문제집입니다. 시험 공부를 처음 시작하는 입장이라면 전체적인 출제경향을 파악하는 용도로, 어느 정도 공부가 마무리되어 시험이 임박한 상황이라면 최종 정리용으로 활용하면 좋을 것입니다.

도서의 특징

❶ 문제편에 수록된 문제들은 원본의 내용을 그대로 수록하는 것을 원칙으로 하였습니다.

❷ 기본서의 내용을 그대로 옮겨놓아 분량만 많은 비효율적인 해설을 지양하고, 실전에서 바로 사용할 수 있는 풀이법을 위주로 압축적으로 해설하였습니다.

❸ 한정된 시간 내에 모든 문제들을 그래프를 그려가며 풀이하는 것이 불가능한 것이 현실이므로 반드시 그려야 하는 그래프를 제외하고는 대부분 수식으로 풀이하였습니다.

아무쪼록 이 책으로 공부하는 수험생들에게 조금이나마 도움이 되었으면 합니다.

합격과 건승을 기원합니다.

대표 편저자 씀

이 책의 구성 및 특징

STEP 1 문제편

01 2024년 제59회 기출문제

⏱ Time 분 | 정답 및 해설편 214p

※ 각 문제의 보기 중에서 물음에 가장 합당한 답을 고르시오.

01
✅ 확인Check! O △ X

여러 제품을 생산하는 기업이 각 제품을 따로 생산할 때보다 함께 생산할 때 생산비용이 절감되는 경우, 이러한 현상을 지칭하는 개념은?

① 범위의 경제
② 규모의 경제
③ 규모수익 체증
④ 한계비용 체감
⑤ 한계기술대체율 체감

02

완전경쟁시장에서 거래되는 어느 재화의 전년도 ~

- $Q_D = 120 - P$
- $Q_S = P$

생산 여건 악화로 올해 공급량이 모든 가격대에서 전
잉여의 감소분은? (단, Q_D는 수요량, Q_S는 공급

① 200
③ 400
⑤ 1,000

03
✅ 확인Check! O △ X

X재와 Y재만을 구매하는 소비자가 있다. 이 소비자는 소득이 20, X재 가격이 2, Y재 가격이 1일 때 X재 5단위, Y재 10단위를 선택하였다. 이 소비자의 소득이 16으로 감소하고 X재 가격이 1, Y재 가격이 2로 바뀔 때, 다음 중 이 소비자가 구매 가능하면서 현시선호의 약공리를 <u>위배하지 않는</u> 소비조합을 <u>모두</u> 고르면? (단, x와 y는 각각 소비자의 X재와 Y재 소비량이다)

가. $(x, y) = (4, 6)$
나. $(x, y) = (8, 4)$
다. $(x, y) = (10, 3)$
라. $(x, y) = (14, 2)$

① 없 음
② 가, 나
③ 다, 라
④ 가, 나, 다
⑤ 가, 나, 다, 라

04
✅ 확인Check! O △ X

수요와 공급의 가격탄력성에 관한 설명으로 옳은 것을 <u>모두</u> 고르면? (단, 가격탄력성은 절댓값으로 측정한다)

가. 수요곡선이 우하향하는 직선일 경우, 수요곡선을 따라 가격이 하락할수록 수요의 가격탄력성은 작아진다.
나. 수요곡선이 우하향하는 직선일 경우, 기업이 가격을 낮추면 판매량이 증가하게 되어 총수입이 증가한다.
다. 공급곡선이 우상향하는 직선이고 가격 절편이 양(+)인 경우, 공급곡선을 따라 우상방으로 이동할수록 공급의 가격탄력성은 작아진다.
라. 수요와 공급의 가격탄력성이 클수록 조세부과로 인한 자중손실(deadweight loss)은 작아진다.

① 가, 나
② 가, 다
③ 가, 라
④ 나, 다
⑤ 다, 라

10개년 기출문제를 통해 내용 점검을 위한 실전TEST 및 출제경향을 파악할 수 있습니다.

STEP 2　정답 및 해설편

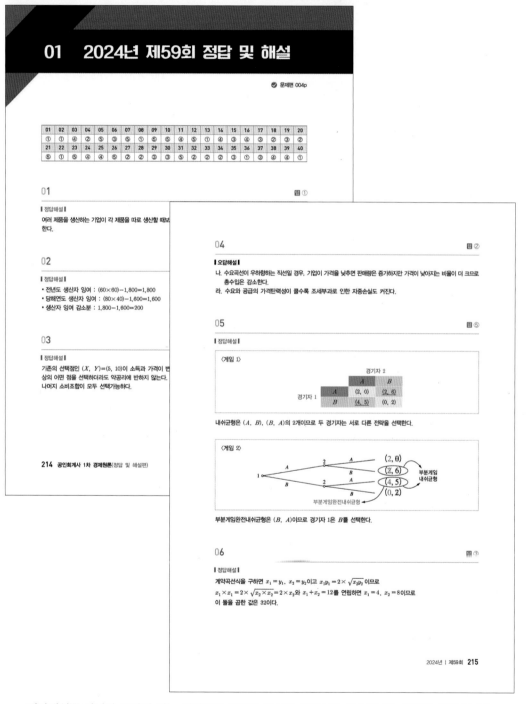

01　2024년 제59회 정답 및 해설

✅ 문제편 004p

01	02	03	04	05	06	07	08	09	10	11	12	13	14	15	16	17	18	19	20
①	①	④	②	⑤	③	⑤	①	⑤	④	⑤	①	④	③	④	③	②	③	②
21	22	23	24	25	26	27	28	29	30	31	32	33	34	35	36	37	38	39	40
⑤	①	⑤	④	④	⑥	②	②	③	③	⑤	②	②	②	③	①	③	④	④	①

01　　　　　　　　　　　📖 ①

▎정답해설▎

여러 제품을 생산하는 기업이 각 제품을 따로 생산할 때보ㅡ
한다.

02

▎정답해설▎

• 전년도 생산자 잉여 : $(60 \times 60) - 1,800 = 1,800$
• 당해연도 생산자 잉여 : $(80 \times 40) - 1,600 = 1,600$
• 생산자 잉여 감소분 : $1,800 - 1,600 = 200$

03

▎정답해설▎

기존의 선택점인 $(X,\ Y)=(5,\ 10)$이 소득과 가격이 변ㅡ
상의 어떤 점을 선택하더라도 약공리에 반하지 않는다.
나머지 소비조합이 모두 선택가능하다.

04　　　　　　　　　　　📖 ②

▎오답해설▎

나. 수요곡선이 우하향하는 직선일 경우, 기업이 가격을 낮추면 판매량은 증가하지만 가격이 낮아지는 비율이 더 크므로 총수입은 감소한다.
라. 수요와 공급의 가격탄력성이 클수록 조세부과로 인한 자중손실도 커진다.

05　　　　　　　　　　　📖 ⑤

▎정답해설▎

〈게임 1〉

		경기자 2	
		A	B
경기자 1	A	(2, 0)	(2, 6)
	B	(4, 5)	(0, 2)

내쉬균형은 $(A,\ B)$, $(B,\ A)$의 2개이므로 두 경기자는 서로 다른 전략을 선택한다.

〈게임 2〉

부분게임완전내쉬균형은 $(B,\ A)$이므로 경기자 1은 B를 선택한다.

06　　　　　　　　　　　📖 ①

▎정답해설▎

계약곡선식을 구하면 $x_1 = y_1$, $x_2 = y_2$이고 $x_1 y_1 = 2 \times \sqrt{x_2 y_2}$ 이므로
$x_1 \times x_1 = 2 \times \sqrt{x_2 \times x_2} = 2 \times x_2$와 $x_1 + x_2 = 12$를 연립하면 $x_1 = 4$, $x_2 = 8$이므로
이 둘을 곱한 값은 32이다.

정답해설뿐 아니라 오답이 되는 해설까지 상세한 해설로 혼자서도 학습이 가능하도록 하였습니다.

공인회계사 1차 시험 소개

⬠ 공인회계사 시험제도 개편

	현 행	개 선
사전학점 이수제도	과목별 최소 이수학점(총 24학점) ❶ 회계학 : 12학점 ❷ 경영학 : 9학점 ❸ 경제학 : 3학점	과목별 최소 이수학점(총 24학점) ❶ 회계학 : 12학점 ❷ 경영학 : 6학점 ❸ 정보기술(IT) : 3학점 ❹ 경제학 : 3학점
출제범위 사전 예고제	별도의 사전안내 없음	시험 공고시 대강의 과목별 시험 출제범위 사전 안내
1차 시험	5개 과목(상대평가) ❶ 회계학 : 150점(시험시간 : 80분) ❷ 경영학 : 100점 ❸ 경제원론 : 100점 ❹ 상법 : 100점 ❺ 세법개론 : 100점	5개 과목(상대평가) ❶ 회계학 : 150점(시험시간 : 90분) ❷ 경영학 : 80점(생산관리, 마케팅 제외) ❸ 경제원론 : 80점 ❹ 기업법 : 100점(상법에서 어음수표법 제외, 공인회계사법, 외부감사법 포함) ❺ 세법개론 : 100점

⬠ 1차 시험 경제원론 출제범위 사전예고

구 분	내 용	비 중
	미시경제	
분야 1	1. 수요 · 공급모형	40%~50%
	2. 소비자이론	
	3. 생산자이론	
	4. 시장조직이론과 게임이론	
	5. 생산요소시장과 소득분배이론	
	6. 일반균형이론 및 후생경제학(시장실패 포함)	
	7. 정보경제학 및 행동경제학	
	거시경제	
분야 2	1. 거시경제변수 기초개념	35%~45%
	2. 실업과 물가	
	3. 화폐시장, 이자율 및 중앙은행	
	4. 국민소득결정이론	
	5. 경기변동과 안정화 정책	
	6. 경제성장	
	7. 개방거시경제	
	8. 거시경제학의 미시적 기초	
	국제경제	
분야 3	1. 국제무역론	10%~20%
	2. 국제금융론	

⬠ IT 출제(회계감사) 비중 확대

❶ 출제비중
제도 도입 초기 2년간(2025년, 2026년)은 데이터 분석을 포함한 IT 문제 비중을 15%를 상회(최대 25%)하는 수준으로 유지할 예정

❷ 데이터 분석 출제분야
회계정보시스템, 데이터베이스 등에 대한 이해를 바탕으로, 회계감사 중 필요한 데이터 분석 능력을 평가
- 데이터 형성에 대한 이해를 기반으로 한 데이터 준비와 데이터 구조 이해
- 데이터와 정보의 신뢰도 분석
- 데이터 분석의 활용

❸ DB 용어
회계감사 문제에 포함(2025년, 2026년)될 수 있는 데이터베이스(DB) 기본 용어(14개)를 안내

❹ 모의문제
회계감사 중 필요한 데이터 분석 능력에 대한 모의문제(4개)를 안내

⬠ 공인회계사 1차 시험 통계자료

1차 시험 과목별 평균점수

구 분		경영학	경제원론	상 법	세법개론	회계학	전과목	최저 합격점수
2024년	전 체	54.10	45.60	56.60	42.60	50.60	49.90	384.5
	합격자	78.20	64.90	85.50	68.00	79.00	75.50	
2023년	전 체	47.90	42.50	54.90	46.50	38.90	45.50	351.0
	합격자	73.50	60.90	83.60	75.50	59.80	69.70	
2022년	전 체	62.00	47.30	57.90	46.20	48.10	51.90	396.0
	합격자	85.70	69.40	80.90	76.00	75.10	77.20	
2021년	전 체	51.37	41.15	60.86	44.06	47.13	48.75	368.5
	합격자	71.95	58.09	88.85	71.08	73.23	72.69	
2020년	전 체	58.50	46.30	62.52	50.89	50.16	53.35	383.5
	합격자	79.35	61.16	86.70	77.55	74.39	75.69	
2019년	전 체	55.63	53.40	58.83	46.93	47.23	81.93	368.5
	합격자	75.07	72.95	81.85	70.80	67.20	73.00	

※ 회계학(150점 만점)은 100점 만점으로 환산한 점수

연도별 합격자 현황

연 도	2024년	2023년	2022년	2021년	2020년	2019년
접 수	16,910	15,940	15,413	13,458	10,874	9,677
응 시	14,472	13,733	13,123	11,654	9,054	8,512
합 격	3,022	2,624	2,217	2,213	2,201	2,008

이 책의 차례

공인회계사 1차

경제원론

10개년 기출문제해설

2025 시대에듀 공인회계사 1차 경제원론 10개년 기출문제해설

문제편

✅ Time   분 | 정답 및 해설편 214p

※ 각 문제의 보기 중에서 물음에 가장 합당한 답을 고르시오.

01
☑ 확인Check! ○ △ ✕

여러 제품을 생산하는 기업이 각 제품을 따로 생산할 때보다 함께 생산할 때 생산비용이 절감되는 경우, 이러한 현상을 지칭하는 개념은?

① 범위의 경제
② 규모의 경제
③ 규모수익 체증
④ 한계비용 체감
⑤ 한계기술대체율 체감

02
☑ 확인Check! ○ △ ✕

완전경쟁시장에서 거래되는 어느 재화의 전년도 수요함수와 공급함수가 각각 다음과 같았다.

- $Q_D = 120 - P$
- $Q_S = P$

생산 여건 악화로 올해 공급량이 모든 가격대에서 전년의 절반으로 감소하였다. 이에 따른 전년 대비 생산자 잉여의 감소분은? (단, Q_D는 수요량, Q_S는 공급량, P는 가격이고, 수요는 전년과 같다)

① 200   ② 300
③ 400   ④ 600
⑤ 1,000

03

X재와 Y재만을 구매하는 소비자가 있다. 이 소비자는 소득이 20, X재 가격이 2, Y재 가격이 1일 때 X재 5단위, Y재 10단위를 선택하였다. 이 소비자의 소득이 16으로 감소하고 X재 가격이 1, Y재 가격이 2로 바뀔 때, 다음 중 이 소비자가 구매 가능하면서 현시선호의 약공리를 위배하지 않는 소비조합을 모두 고르면? (단, x와 y는 각각 소비자의 X재와 Y재 소비량이다)

가. $(x, y) = (4, 6)$
나. $(x, y) = (8, 4)$
다. $(x, y) = (10, 3)$
라. $(x, y) = (14, 2)$

① 없 음
② 가, 나
③ 다, 라
④ 가, 나, 다
⑤ 가, 나, 다, 라

04

수요와 공급의 가격탄력성에 관한 설명으로 옳은 것을 모두 고르면? (단, 가격탄력성은 절댓값으로 측정한다)

가. 수요곡선이 우하향하는 직선일 경우, 수요곡선을 따라 가격이 하락할수록 수요의 가격탄력성은 작아진다.
나. 수요곡선이 우하향하는 직선일 경우, 기업이 가격을 낮추면 판매량이 증가하게 되어 총수입이 증가한다.
다. 공급곡선이 우상향하는 직선이고 가격 절편이 양(+)인 경우 공급곡선을 따라 우상방으로 이동할수록 공급이 가격탄력성은 작아진다.
라. 수요와 공급의 가격탄력성이 클수록 조세부과로 인한 자중손실(deadweight loss)은 작아진다.

① 가, 나
② 가, 다
③ 가, 라
④ 나, 다
⑤ 다, 라

다음은 개별 경기자가 택할 수 있는 전략이 A, B인 게임에서 두 경기자 1과 2의 전략 선택에 따라 결정되는 보수구조를 나타낸다. 〈게임 1〉에서는 두 경기자가 동시에 전략을 선택하고, 〈게임 2〉에서는 경기자 1이 먼저 전략을 선택하면 경기자 2가 경기자 1의 선택을 보고 나서 전략을 선택한다. 이에 대한 다음 설명 중 옳은 것을 모두 고르면? (단, 보수행렬의 괄호 안 첫 번째 숫자는 경기자 1의 보수, 두 번째 숫자는 경기자 2의 보수를 나타낸다)

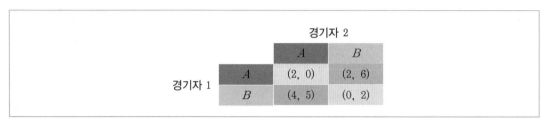

		경기자 2	
		A	B
경기자 1	A	(2, 0)	(2, 6)
	B	(4, 5)	(0, 2)

가. 〈게임 1〉에는 1개의 내쉬균형이 존재한다.
나. 〈게임 1〉의 내쉬균형에서 두 경기자는 서로 다른 전략을 선택한다.
다. 〈게임 2〉의 부분게임완전균형에서 경기자 1은 B를 선택한다.

① 가
② 나
③ 가, 나
④ 가, 다
⑤ 나, 다

X재와 Y재가 각각 12단위 존재하며 두 구성원 1, 2가 두 재화를 소비하는 2×2 순수교환경제가 있다. 소비자 1의 효용함수는 $U(x_1, y_1) = x_1 y_1$이고, 소비자 2의 효용함수는 $V(x_2, y_2) = \sqrt{x_2 y_2}$ 이다. 현재 두 소비자가 계약곡선상에서 소비하며 1의 효용이 2의 효용의 2배일 때, x_1과 x_2를 곱한 값은? (단, x_i와 y_i는 각각 구성원 i의 X재와 Y재 소비량이다)

① 36
② 35
③ 32
④ 27
⑤ 20

어느 독점기업이 직면한 시장의 역수요함수는 $P = 100 - \frac{1}{2}Q$ 이고, 한계비용함수는 $MC(Q) = Q$ 이다. 독점기업이 공급하는 재화는 단위당 20의 긍정적 외부효과를 소비자에게 발생시킨다. 정부가 이 기업에 생산량 단위당 일정액을 생산비 보조금으로 지급하여 사회적 최적 생산량을 달성하고자 할 때, 책정해야 할 단위당 보조금은? (단, P는 가격이고 Q는 수량이다)

① 20　　　　　　　　　　　　　　② 30
③ 40　　　　　　　　　　　　　　④ 50
⑤ 60

n명으로 구성된 어느 마을에서 구성원 i의 한계편익(MB_i)과 공공재 생산의 비용함수(C)가 각각 다음과 같다.

- $MB_i(Q) = \dfrac{i}{Q}$
- $i = 1, 2, \cdots, n$
- $C(Q) = 2Q^2$

이 마을의 최적 공공재 생산량이 3일 때 n은? (단, Q는 공공재 생산량이다)

① 8　　　　　　　　　　　　　　② 9
③ 12　　　　　　　　　　　　　　④ 24
⑤ 36

☑ 확인Check! ○ △ ✕

동질재를 생산하는 세 개의 기업이 있다고 하자. 각 기업의 비용함수는 $C_i(q_i) = 0$이며, 시장의 역수요함수는 $P = 200 - 5Q$이다. 기업들이 꾸르노(Cournot) 경쟁을 할 때 균형가격은? (단, $Q = \sum_{i=1}^{3} q_i$, q_i는 기업 i의 생산량, P와 Q는 각각 시장가격과 시장 전체의 생산량이다)

① 30

② 35

③ 40

④ 45

⑤ 50

☑ 확인Check! ○ △ ✕

A와 B 두 사람만 존재하는 경제에서, 사적재화인 X재만 소비되고 X재의 총 부존량은 100이다. A와 B의 효용함수는 각각 $U_A = 4\sqrt{x_A}$와 $U_B = 2\sqrt{x_B}$이다. 공리주의 사회후생함수와 롤즈(Rawls)의 사회후생함수 각각의 가정하에서 사회후생을 극대화시키는 개인의 소비량은? (단, x_A와 x_B는 각각 A와 B의 소비량이고, U_A와 U_B는 각각 A와 B의 후생수준이다)

	공리주의 사회후생함수		롤즈의 사회후생함수	
	x_A	x_B	x_A	x_B
①	30	70	80	20
②	30	70	20	80
③	20	80	20	80
④	80	20	30	70
⑤	80	20	20	80

11

노동시장에는 생산성이 높은 구직자(H)와 낮은 구직자(L) 두 유형이 있다. 기업 A는 1년 계약으로 직원을 채용하고 구직자의 생산성에 따라 임금을 다르게 지급하고자 한다. 구직자의 생산성을 알지 못하는 기업 A는 구직자가 받은 교육기간을 이용하여 개별 구직자의 생산성을 파악하고자 한다. 기업 A는 교육기간(E)을 설정하고 다음과 같은 급여체계를 공고하려고 한다.

> • E를 충족한 구직자는 H로 간주하여 총 2,200 지급
> • E를 충족하지 못한 구직자는 L로 간주하여 총 1,800 지급

구직자는 본인부담으로 교육비를 지출해야 하는데, H와 L의 교육비용은 1개월당 각각 100과 200이다. H는 E를 충족하고 L은 E를 충족하지 않도록 기업 A가 설정해야 하는 E의 범위는? (단, 교육은 구직자의 생산성에는 영향을 주지 않으며, 구직자는 교육이득이 양(+)인 경우에만 교육받는다고 가정한다)

① 0개월<E<1개월
② 1개월<E<2개월
③ 1.5개월<E<3.5개월
④ 2개월<E<4개월
⑤ E>4개월

12

경기자 1과 2는 A와 B 두 가지 전략을 가지고 있다. 다음은 두 경기자가 전략을 동시에 선택하는 게임의 보수행렬을 나타낸다. 경기자 1이 A를 선택할 확률을 p, 경기자 2가 A를 선택할 확률을 q라고 할 때, 혼합전략 내쉬균형은? (단, 보수행렬의 괄호 안 첫 번째 숫자는 경기자 1의 보수, 두 번째 숫자는 경기자 2의 보수를 나타낸다)

		경기자 2	
		A	B
경기자 1	A	(2, 0)	(0, 2)
	B	(0, 2)	(2, 0)

	p	q
①	1	0
②	0	1
③	$\dfrac{1}{3}$	$\dfrac{2}{3}$
④	$\dfrac{2}{3}$	$\dfrac{1}{3}$
⑤	$\dfrac{1}{2}$	$\dfrac{1}{2}$

13

네 가지 생산요소(x_1, x_2, x_3, x_4)로 구성된 기업 A의 생산함수가 $Q=\min\left[x_1, \dfrac{x_2}{4}\right]+\min\left[\dfrac{x_3}{2}, \dfrac{x_4}{5}\right]$일 때, 비용함수 C는? (단, Q는 생산량이고, x_1, x_2, x_3, x_4의 가격은 각각 w_1, w_2, w_3, w_4이다)

① $C(Q) = Q\min\left[w_1+4w_2, \ 2w_3+5w_4\right]$

② $C(Q) = Q\min\left[w_1, \ 4w_2\right]+Q\min\left[2w_3, \ 5w_4\right]$

③ $C(Q) = Q\min\left[\dfrac{1}{4}w_1+w_2, \ \dfrac{2}{5}w_3+\dfrac{5}{2}w_4\right]$

④ $C(Q) = Q\min\left[\dfrac{1}{4}w_1, \ w_2\right]+Q\min\left[\dfrac{2}{5}w_3, \ \dfrac{5}{2}w_4\right]$

⑤ $C(Q) = Q\left(\dfrac{1}{4}w_1+w_2+\dfrac{2}{5}w_3+\dfrac{5}{2}w_4\right)$

14

두 재화 X와 Y를 통해 효용을 극대화하는 소비자의 효용함수가 $U(x, y)=\min[2x, 3y]$이다. X재와 Y재의 가격은 P_X와 P_Y이고 소득은 M이라고 할 때, 다음 중 옳은 것을 모두 고르면? (단, $P_X > 0$, $P_Y > 0$, $M > 0$이고, x와 y는 각각 소비자의 X재와 Y재 소비량이다)

가. X재와 Y재는 완전보완재 관계이다.

나. Y재의 수요함수는 $y = \dfrac{2M}{3P_X+2P_Y}$이다.

다. X재의 가격소비곡선과 소득소비곡선의 기울기는 같다.

라. X재의 수요의 소득탄력성은 2이다.

① 가, 나   ② 가, 라

③ 다, 라   ④ 가, 나, 다

⑤ 나, 다, 라

15

소득 120으로 X재와 Y재를 소비하는 소비자의 효용함수가 $U(x,\,y)=xy$이다. X재와 Y재의 가격은 각각 1이지만, X재는 구입 시 단위당 배달비 3을 추가로 지불해야 한다. X재 판매사는 소비자가 정액으로 T를 납부하면 배달비 없이 X재를 구입할 수 있는 회원제를 출시하려고 한다. 소비자가 회원제를 선택하도록 판매사가 설정할 수 있는 T의 최댓값은? (단, x와 y는 각각 X재와 Y재 소비량이며, 소비자는 회원제를 선택하여 얻는 효용이 원래 효용 이상이면 회원제를 선택한다)

① 40

② 50

③ 60

④ 70

⑤ 80

16

완전경쟁시장에서 거래되는 어느 재화의 수요함수와 공급함수가 각각 다음과 같다.

- $Q_D = 240 - 2P$
- $Q_S = 2P$

정부는 다음 두 안 중 하나를 선택하고자 한다.

- 생산자에게 단위당 20의 종량세를 부과
- 구매자가 지불하는 가격이 판매자가 받는 순가격(net price)의 $(1+t)$배가 되도록 생산자에게 세율 t의 종가세를 부과

두 안으로부터의 조세수입을 동일하게 만드는 t는? (단, Q_D는 수요량, Q_S는 공급량, P는 가격이고, $t < 1$이다)

① 0.1

② 0.2

③ 0.3

④ 0.4

⑤ 0.5

17

소득 200으로 두 재화 X와 Y를 소비하는 소비자의 효용함수는 $U(x,\ y)=\sqrt{x}+\dfrac{1}{2}y$이다. X재의 가격은 10, Y재의 가격은 20이다. X재의 가격만 5로 하락했을 때, 동등변화(equivalent variation)의 크기는? (단, x와 y는 각각 소비자의 X재와 Y재 소비량이다)

① 28

② 36

③ 40

④ 48

⑤ 56

18

자국과 외국 간 상대적 구매력평가설과 유위험 이자율평가설이 모두 성립한다고 하자. 예상인플레이션율과 명목이자율이 다음과 같고 현재환율이 100일 때, 외국 명목이자율과 예상되는 1년 후 환율은? (단, 환율은 외국화폐 1단위에 대한 자국화폐의 교환비율이다)

- 자국 예상인플레이션율＝4%
- 외국 예상인플레이션율＝3%
- 자국 명목이자율＝5%

	외국 명목이자율	예상되는 1년 후 환율
①	4%	99
②	4%	101
③	4%	102
④	5%	101
⑤	5%	102

19

2국가(A국, B국) 2재화(X재, Y재) 리카도(Ricardo) 모형을 가정하자. 다음 표는 A국과 B국의 재화별 단위당 노동투입량과 총노동부존량이다. 다음 설명 중 옳지 않은 것은?

구 분		A국	B국
단위당 노동투입량	X재	$\dfrac{1}{4}$시간	1시간
	Y재	$\dfrac{1}{2}$시간	1시간
총노동부존량		25시간	50시간

① X재 수량을 가로축에 놓을 때, 생산가능곡선 기울기의 절댓값은 B국이 A국보다 크다.

② A국의 생산가능영역은 B국의 2배이다.

③ 교역 시, $\dfrac{X재\ 가격}{Y재\ 가격}$이 $\dfrac{3}{5}$일 때보다 $\dfrac{4}{5}$일 때 A국의 무역이득은 더 작다.

④ 교역 시, B국은 Y재를 수출하고 X재를 수입한다.

⑤ X재와 Y재가 $1:1$의 비율로 교환되면, B국은 무역으로부터의 이득이 없다.

20

2국가(A국, B국) 2재화(X재, Y재) 헥셔-올린(Heckscher-Ohlin) 모형을 가정하자. 생산요소는 노동과 자본만을 고려하고, 국가 간 생산요소 부존 비율과 각 재화의 생산요소 투입 비율에 대한 정보는 다음과 같다.

- $\dfrac{A국의\ 노동보유량}{A국의\ 자본보유량} > \dfrac{B국의\ 노동보유량}{B국의\ 자본보유량}$
- $\dfrac{X재\ 단위당\ 노동투입량}{X재\ 단위당\ 자본투입량} < \dfrac{Y재\ 단위당\ 노동투입량}{Y재\ 단위당\ 자본투입량}$

다음 설명 중 옳은 것을 모두 고르면?

가. 무역 이전, $\dfrac{단위당\ 노동사용보수}{단위당\ 자본사용보수}$는 B국이 A국보다 낮다.

나. 무역 이후, $\dfrac{X재\ 가격}{Y재\ 가격}$은 A국의 무역 이전 수준보다 낮아진다.

다. 무역 이후, $\dfrac{X재\ 가격}{Y재\ 가격}$은 B국의 무역 이전 수준보다 낮아진다.

① 가

② 나

③ 가, 다

④ 나, 다

⑤ 가, 나, 다

21

다음 그림은 대국이 X재에 수출보조금을 지급할 때 나타나는 경제적 효과를 보여준다. S, D는 각각 대국의 X재 공급곡선과 수요곡선이다. 자유무역을 통해 거래되는 X재의 국제시장가격은 P_W이다. 대국이 X재에 수출보조금을 지급하면, 수입국에서의 X재 가격은 P_S^*가 되고 대국에서의 X재 가격은 P_S가 된다. 대국의 수출보조금 지급으로 인한 경제적 효과에 대한 설명 중 옳지 않은 것은? (단, 이 대국으로 X재는 수입되지 않는다고 가정한다)

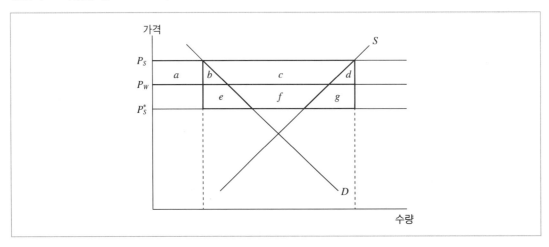

① 생산자잉여는 $a+b+c$만큼 개선된다.
② 순후생은 $b+d+e+f+g$만큼 악화된다.
③ 수출보조금 지급총액은 $b+c+d+e+f+g$이다.
④ 교역조건의 악화로 인한 손실은 $e+f+g$이다.
⑤ $d+g$는 소비의 왜곡에서 발생된 손실이다.

22

☑ 확인 Check! ○ △ ✕

자국의 화폐시장과 외환시장의 균형은 다음과 같이 이루어진다.

화폐시장	외환시장
• 실질화폐수요 : $L(i)$ • 실질화폐공급 : $\dfrac{\overline{M}^s}{\overline{P}}$ • 화폐시장균형 : $L(i) = \dfrac{\overline{M}^s}{\overline{P}}$	• 자국이자율 : i • 자국화폐표시 외국기대수익률 : $i^* + \dfrac{E^e - E}{E}$ • 이자율평가설 : $i - i^* = \dfrac{E^e - E}{E}$

i, $\overline{M}^s$, $\overline{P}$, E^e, E는 각각 명목이자율, 명목화폐공급, 물가수준, 예상미래환율, 현재환율을 나타내며, 외국 변수는 별(*) 표시로 자국 변수와 구분한다. 실질화폐수요는 이자율의 감소함수이다. 화폐시장과 외환시장이 동시에 균형을 이룰 때 균형환율이 결정되고, 현재 균형환율은 E_0이다. 이제 통화당국이 국내 명목화폐공급량을 한 차례 증가시키고 그 수준을 유지한다고 하자. 환율이 단기와 장기에 다음과 같은 전제하에 결정될 경우, 현재 균형환율(E_0), 단기 균형환율(E_1), 장기 균형환율(E_2)의 크기를 옳게 비교한 것은? (단, 환율은 외국화폐 1단위에 대한 자국화폐의 교환비율이다)

단기 균형환율(E_1)	장기 균형환율(E_2)
• 물가는 경직적이다. • 이자율평가설이 성립한다. • E^e는 E_2로 즉시 조정된다.	• 물가는 신축적이다. • 화폐수량설이 성립한다. • 구매력평가설이 성립한다.

① $E_0 < E_2 < E_1$

② $E_0 = E_2 < E_1$

③ $E_1 < E_0 < E_2$

④ $E_2 < E_1 < E_0$

⑤ $E_1 < E_0 = E_2$

23

한국의 A사는 중국 현지 공장에서 2023년 생산한 철강재를 같은 해 미국에 있는 B사에 전량 판매하였다. B사는 2024년 미국에서 해당 철강을 이용하여 자동차를 생산하였고, 이 자동차는 같은 해에 한국으로 수출되어 소비자에게 판매되었다. 이 거래들로 발생한 3국의 국민소득과 관련된 변화에 대한 설명으로 옳은 것은?

① 2024년 미국의 순수출은 증가하지만 GDP는 변화가 없다.

② 2024년 중국의 순수출과 GDP는 모두 증가한다.

③ 2023년 중국의 순수출과 투자는 모두 증가한다.

④ 한국의 GDP는 2023년에는 감소하고 2024년에는 증가한다.

⑤ 2024년 한국의 소비는 증가하고 순수출은 감소한다.

24

갑국은 A, B, C 세 가지 품목으로만 소비자물가지수를 구성하고 있으며, 각각의 가중치는 0.5, 0.3, 0.2이다. 2022년, 2023년도 갑국의 품목별 물가지수가 다음 표와 같을 때, 2022년 대비 2023년 갑국의 인플레이션율은? (단, 소수점 둘째 자리에서 반올림한다)

연 도	A	B	C
2022년	110	108	110
2023년	112.2	113.4	121

① 3.0%

② 3.5%

③ 4.0%

④ 4.5%

⑤ 5.7%

25

과거 10년 동안 갑국의 명목 GDP의 연평균 증가율은 5%, 실질 GDP의 연평균 증가율은 2%였다. 화폐유통 속도가 일정했다면 연평균 물가상승률과 통화증가율은?

	물가상승률	통화증가율
①	2%	5%
②	2%	7%
③	3%	3%
④	3%	5%
⑤	3%	7%

26

다음은 어느 개방경제의 국민계정 항등식에 관한 자료이다.

- 소비와 정부지출은 각각 총생산의 35%를 차지한다.
- 민간저축과 투자는 각각 총생산의 20%를 차지한다.

조세수입이 총생산에서 차지하는 비율은?

① 15%   ② 20%

③ 30%   ④ 35%

⑤ 45%

27

다음과 같은 케인즈(Keynes)의 균형국민소득 결정 모형에 따라 거시균형이 결정되는 경제를 상정하자.

- $C = \overline{C} + 0.5(Y - T)$
- $I = 0.25Y$
- $G = \overline{G}$
- $T = \overline{T}$
- $Y = C + I + G$

정부지출을 1조원 증가시키는 정책(Ⅰ)과 조세를 1조원 감면시키는 정책(Ⅱ) 각각의 총소득 증가효과는?
(단, C, Y, T, I, G는 각각 소비, 국민소득, 조세, 투자, 정부지출이며, $\overline{C}$, $\overline{G}$, $\overline{T}$는 양의 상수이다)

	Ⅰ	Ⅱ
①	2조원	1조원
②	4조원	2조원
③	4조원	3조원
④	5조원	2조원
⑤	5조원	4조원

28

소비선택과 관련된 다음 설명 중 옳은 것을 모두 고르면?

가. 항상소득가설에 따르면, 복권에 당첨되었을 경우 그 해의 평균소비성향은 증가한다.
나. 항상소득가설에 따르면, 소득세율이 내년부터 영구적으로 인상될 것으로 확정되었을 경우 올해 소비는 감소한다.
다. 생애주기가설에 따르면, 은퇴시점은 변화가 없고 기대수명이 증가한다면 은퇴 이전 근로자의 평균소비성향은 증가한다.

① 가
② 나
③ 가, 다
④ 나, 다
⑤ 가, 나, 다

29

☑ 확인 Check! ○ △ ✕

어느 폐쇄경제에서 소비와 투자가 이자율에 전혀 의존하지 않고 정부지출이 외생적으로 결정된다면, 다음 중 옳은 것은?

① IS곡선이 수평선이며, 재정정책보다 통화정책이 더 효과적인 총수요관리정책이다.
② LM곡선이 수직선이며, 재정정책보다 통화정책이 더 효과적인 총수요관리정책이다.
③ 총수요곡선이 수직선이며, 통화정책보다 재정정책이 더 효과적인 총수요관리정책이다.
④ 단기총공급곡선이 수평선이며, 정부가 경기안정화정책을 적극적으로 수행하기보다 경제의 자기조정과정에 맡겨야 한다.
⑤ 장기총공급곡선이 수직선이며, 통화정책보다 재정정책이 더 효과적인 경기안정화정책이다.

30

☑ 확인 Check! ○ △ ✕

A국은 코로나 위기 이후 회복되는 과정에서 높은 인플레이션을 경험하고 있다. A국의 중앙은행이 인플레이션율을 낮추기 위해 시행가능한 통화정책으로 옳은 것을 모두 고르면? (단, 중앙은행은 현재 민간은행의 지급준비금에 대하여 이자를 지급하고 있다)

> 가. 채권시장에서 공개시장매입을 한다.
> 나. 지급준비율을 인상한다.
> 다. 재할인대출을 축소한다.
> 라. 지급준비금에 지급하는 이자율을 낮춘다.

① 가, 다   ② 가, 라
③ 나, 다   ④ 나, 라
⑤ 나, 다, 라

31

단기적으로 물가가 고정되어 있고 자본이동이 완전히 자유로운 소규모 개방경제 모형인 먼델-플레밍 (Mundell-Fleming) 모형을 고려하자. 다음은 변동환율제를 채택하고 있는 갑국의 $IS-LM$곡선을 나타낸다. 현재 갑국의 균형점이 A일 때, 갑국의 무역상대국이 무역보호조치를 시행하여 갑국의 수출이 감소한다면 새로운 단기 균형점은?

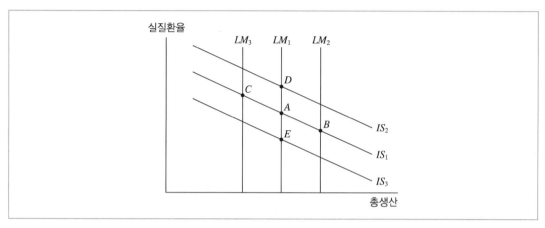

① A ② B

③ C ④ D

⑤ E

32

장기균형에 있던 경제에서 외생적인 유가 상승이 발생하였을 때, 중앙은행이 물가 안정을 추구하는 경우(Ⅰ)와 총생산 안정을 추구하는 경우(Ⅱ)에 각각 선택할 정책금리 결정으로 옳은 것은? (단, 총수요곡선은 우하향하고 총공급곡선은 우상향한다)

	Ⅰ	Ⅱ
①	인 상	유 지
②	인 상	인 하
③	인 하	인 상
④	인 하	유 지
⑤	유 지	인 하

33

갑국의 현재 실업률은 4%이다. 갑국의 자연실업률은 4%인데 정책당국은 5%로 잘못 파악하고 있다. 이와 같은 상황에서, 총수요-총공급 모형을 바탕으로 갑국의 정부가 시행할 수 있는 경기안정화정책과 그 결과로 옳은 것은? (단, 총수요곡선은 우하향하고 총공급곡선은 우상향하며, 오쿤의 법칙(Okun's law)이 성립한다)

	정 책	결 과
①	정부지출 증가	총생산 증가
②	조세 증가	실업률 상승
③	정책금리 인하	실업률 하락
④	통화량 축소	물가수준 상승
⑤	지급준비율 인상	물가수준 상승

34

갑국의 야구 선수 A는 1993년에 계약금 5천만원을 받았고, 그의 아들인 B는 을국에서 야구 선수가 되어 2024년에 계약금으로 50만달러를 받게 되었다. 다음은 갑국과 을국의 소비자물가지수와 환율이다.

구 분		1993년	2024년
소비자 물가지수	갑국	40	120
	을국	50	125
환율(원/달러)		800	1,350

이와 관련된 설명 중 옳은 것을 모두 고르면? (단, 갑국의 화폐는 원화, 을국의 화폐는 달러이며, 양국의 모든 물가지수에 대한 기준연도는 동일하다)

가. 2024년 환율을 이용해 B의 계약금을 갑국에서의 구매력으로 평가하면 B의 계약금은 A의 계약금의 6배이다.

나. 1993년 환율을 이용해 A의 계약금을 을국에서의 구매력으로 평가하면 B의 계약금은 A의 계약금의 3.2배 이다.

다. 2024년 환율을 이용해 B의 계약금을 1993년 기준 원화가치로 환산하면 2억 4천만원이다.

① 가

② 나

③ 다

④ 가, 나

⑤ 나, 다

35

다음과 같은 $IS-LM$곡선으로 표현되는 폐쇄경제 모형이 있다고 하자.

- IS : $C=200+\dfrac{2}{3}(Y-T)$, $I=1{,}000-50r$, $G=1{,}200$, $Y=C+I+G$

- LM : $Y=2\dfrac{M}{P}+100r$

C, Y, T, I, G, r, M, P는 각각 소비, 총생산, 조세, 투자, 정부지출, 이자율, 통화량, 물가수준이다. $P=1$, $M=1{,}200$인 경우 정부가 $Y=4{,}000$을 달성하고자 r을 설정할 때, 국민저축은? (단, 이자율의 단위는 %로, 이자율이 10%라면 $r=10$이다)

① 50   ② 100

③ 200   ④ 300

⑤ 400

36

다음 표는 $A \sim E$국의 2023년 초, 2024년 초의 환율과 물가지수를 나타낸 것이다. 미국의 2024년 초의 전년 동기 대비 인플레이션율이 2%일 때, 구매력평가설에 가장 부합하는 환율변화를 보인 국가는?

국 가	환율(자국화폐/미국달러)		물가지수	
	2023년 초	2024년 초	2023년 초	2024년 초
A	8	8.24	113	118.65
B	125	130	107	109.14
C	10	10.15	103	107.12
D	6.5	6.63	103	101.97
E	40	38.8	109	112.27

① A ② B

③ C ④ D

⑤ E

37

인구증가와 기술진보가 없는 솔로우(Solow) 성장 모형을 고려하자. 갑국이 균제상태(steady state)에 있었으나 전염병으로 인해 인구의 10%가 갑자기 사망하였다면, 그 이후의 경제에 대한 설명으로 옳은 것은? (단, 전염병은 기술수준과 자본량에 영향을 미치지 않는다고 가정한다)

① 이미 균제상태에 있었기 때문에 인구가 감소한 후에도 일인당 생산량은 변하지 않는다.
② 인구가 감소했기 때문에 일인당 자본량은 점차 증가한다.
③ 일인당 투자는 전염병 이전 수준보다 일시적으로 증가했지만, 점차 감소하여 원래의 균제상태 수준으로 돌아간다.
④ 생산함수가 콥-더글라스(Cobb-Douglas) 함수일 때 노동소득분배율이 자본소득분배율보다 크다면 총생산량은 증가한다.
⑤ 저축률을 감소시키면 원래의 균제상태로 즉시 돌아갈 수 있다.

38

서비스업과 제조업으로만 이루어진 경제에서 서비스업은 가격을 경직적으로 유지하고 제조업은 가격을 신축적으로 조정한다고 가정하자. 다음 중 옳은 것을 <u>모두</u> 고르면? (단, 총수요곡선은 우하향하고 총공급곡선은 우상향한다)

> 가. 제조업 비중이 높을수록 확장적 통화정책이 균형물가에 미치는 영향은 커진다.
> 나. 서비스업 비중이 높을수록 확장적 재정정책이 균형물가에 미치는 영향은 작아진다.
> 다. 서비스업 비중이 높을수록 유가 상승 충격이 균형국민소득에 미치는 영향은 작아진다.

① 가   ② 나
③ 다   ④ 가, 나
⑤ 가, 나, 다

39

갑국의 경제는 다음과 같은 세 개의 수식으로 요약된다고 가정하자.

- $Y = \alpha - \sigma r$
- $\pi = \beta + \gamma Y$
- $r = r^* + \phi(\pi - \pi^*)$

Y, r, π, π^*는 각각 총생산, 정책금리, 인플레이션율, 목표인플레이션율이며, α, σ, β, γ, r^*, ϕ는 모두 양의 상수이다. 이 경제에 대한 다음 설명 중 옳은 것을 <u>모두</u> 고르면?

가. 인플레이션율이 상승하면 통화당국은 정책금리를 인상한다.
나. 두 번째 수식은 오쿤의 법칙(Okun's law)을 의미한다.
다. 목표인플레이션율을 높이면 균형총생산이 증가한다.

① 가
② 나
③ 다
④ 가, 다
⑤ 가, 나, 다

40

인구증가와 기술진보가 없는 솔로우 성장 모형에 정부지출을 추가하여 고려하자. $Y = C + I + G$, $G = \gamma Y$이며 γ는 0과 1사이의 상수이다. 이 경제에서 γ가 증가할 때, 기존 균제상태 대비 새로운 균제상태에서의 일인당 자본량과 일인당 생산량의 변화로 옳은 것은? (단, Y, C, I, G는 각각 국민소득, 소비, 투자, 정부지출이며 G는 생산성에 영향을 주지 않는다)

	일인당 자본량	일인당 생산량
①	감 소	감 소
②	감 소	증 가
③	증 가	불 변
④	증 가	증 가
⑤	불 변	감 소

Time   분 | 정답 및 해설편 226p

※ 각 문제의 보기 중에서 물음에 가장 합당한 답을 고르시오.

01

☑ 확인Check! ○ △ ✕

X재에 대한 수요함수는 $Q_D = 600 - 20P$이고, 공급함수는 $Q_S = 225 - 5P$라고 한다. 다음 설명 중 옳지 않은 것은? (단, Q_D, Q_S, P는 각각 수요량, 공급량, 가격을 나타낸다)

① 시장균형에서 가격과 거래량은 각각 25와 100이다.
② 정부가 시장균형가격보다 낮은 수준에서 가격상한제를 실시하면 X재의 암시장이 발생할 수 있다.
③ 시장균형에서 수요의 가격탄력성(절댓값 기준)은 5이다.
④ 시장균형에서 소비자잉여는 250이다.
⑤ 시장균형은 왈라스의 안정성(Walrasian stability) 관점에서 볼 때 불안정적이다.

02

☑ 확인Check! ○ △ ✕

두 재화 X재와 Y재를 소비하는 어떤 소비자의 효용함수는 $U(x, y) = f(x) + y$이다. 이에 대한 설명으로 옳은 것을 모두 고르면? (단, x는 X재 소비량, y는 Y재 소비량, $x \geq 0$, $y \geq 0$이다)

> 가. Y재의 한계효용은 y와 상관없이 일정하다.
> 나. 한계대체율이 x에 의해서만 결정된다.
> 다. X재의 한계효용이 체감하면 Y재로 표시한 X재의 한계대체율이 체감한다.
> 라. $U(x, y)$는 $f(x)$의 형태와 무관하게 동조적인 효용함수이다.

① 가, 나   ② 가, 라
③ 다, 라   ④ 가, 나, 다
⑤ 나, 다, 라

03

어느 기업의 생산함수는 $Q = \sqrt{L} + 2\sqrt{K}$ 이다. 노동의 단위당 임금은 2, 자본의 단위당 임대료는 1인 경우, 이 기업이 양(+)의 목표 생산량을 최소의 비용으로 생산하기 위한 최적 생산요소 투입량 비율, $\dfrac{L}{K}$은? (단, Q, L, K는 각각 생산량, 노동투입량, 자본투입량을 나타낸다)

① $\dfrac{1}{16}$ ② $\dfrac{1}{4}$

③ $\dfrac{1}{2}$ ④ 4

⑤ 16

04

소득 1,200만원으로 X재와 Y재만을 소비하는 소비자가 있다. 이 소비자의 효용함수는 $U(X, Y) = \sqrt{XY}$ 이고, 각 재화의 가격은 각각 1만원이다. 정부는 이 소비자의 생계를 보조하기 위해 다음 세 가지 지원정책을 계획하고 있다. 이 소비자가 선호하는 지원정책 순서는? (단, $>$ 는 소비자가 부호의 왼쪽에 있는 정책을 부호의 오른쪽에 있는 것보다 더 선호하고 있다는 의미이며, $\sim$ 는 소비자가 두 정책 사이에 무차별하다는 의미이다)

가. 300만원의 현금을 보조하는 경우
나. 300만원어치 X재를 현물로 보조하는 경우
다. 30만원어치 X재를 15만원에 구입할 수 있는 쿠폰을 20매 제공하는 경우

① 가 $\sim$ 나 $\sim$ 다 ② 가 $>$ 나 $>$ 다

③ 가 $\sim$ 나 $>$ 다 ④ 다 $\sim$ 나 $>$ 가

⑤ 다 $>$ 나 $>$ 가

05

로빈슨 크루소는 자급자족할 목적으로 두 재화 X와 Y를 생산한다. 각 재화의 생산함수는 $X = \frac{1}{2}\sqrt{L_X}$, $Y = \sqrt{L_Y}$ 이며, 로빈슨 크루소의 효용함수는 $U(X, Y) = \min\{\frac{1}{2}X, Y\}$ 이다. 로빈슨 크루소가 최대로 이용할 수 있는 시간이 612시간일 때, 로빈슨 크루소의 극대화된 효용은? (단, L_X와 L_Y는 각각 X재와 Y재를 생산하는 데 투입된 노동시간이다)

① 2   ② 4
③ 6   ④ 8
⑤ 12

06

X재와 Y재만 소비하며 효용을 극대화하는 A는 X재 가격이 하락하였음에도 X재 소비량을 감소시켰다. A의 선택과 관련된 다음 설명 중 옳지 <u>않은</u> 것은?

① X재 가격 하락으로 Y재에 대한 지출액은 증가한다.
② X재에 대한 대체효과가 없었음을 알 수 있다.
③ Y재 수요의 소득탄력성은 양(+)이다.
④ X재 가격이 변하지 않고 소득이 증가했다면 X재 지출액이 감소했을 것이다.
⑤ X재 가격이 변하지 않고 Y재 가격이 하락했다면 Y재 소비량은 증가했을 것이다.

07

노동시장에서 수요독점자인 기업 A의 생산함수는 $Q = 70L - 3L^2$이다. A가 생산하는 생산물의 시장은 완전경쟁적이고 시장가격은 10이다. 노동공급곡선이 $w = 5L + 70$일 때, 다음 중 옳지 <u>않은</u> 것은? (단, Q, L, w는 각각 생산량, 노동투입량, 임금을 나타낸다)

① 기업 A의 노동수요곡선은 존재하지 않는다.
② 기업 A의 한계요소비용곡선은 노동공급곡선보다 기울기가 가파르다.
③ 노동자들이 받는 임금은 노동의 한계생산물가치보다 낮다.
④ 수요독점에 따른 후생손실의 크기는 20보다 작다.
⑤ 정부가 100의 임금으로 최저임금제를 실시하면 기업 A의 고용량은 증가한다.

소비자 A는 가격벡터가 P_0일 때 Q_0이라는 상품묶음을 선택하였으며, 가격벡터가 P_1일 때 Q_1이라는 상품묶음을 선택하였다고 하자. 다음 상황 중 A의 선택이 현시선호이론의 약공리를 위배하지 않는 경우를 <u>모두</u> 고르면? (단, 두 벡터의 곱 $P_i Q_j$는 P_i의 가격벡터하에서 Q_j의 상품묶음을 선택할 때 지출액을 나타낸다. 즉, n개의 상품이 존재하고, p_i^k와 q_j^k가 각각 P_i의 가격벡터하에서 k번째 상품의 가격과 Q_j의 상품묶음에서 k번째 상품 수량을 나타낼 때, $P_i Q_j = \sum_{k=1}^{n} p_i^k q_j^k$이다)

가. $P_0 Q_0 > P_0 Q_1$이고 $P_1 Q_0 > P_1 Q_1$이다.
나. $P_0 Q_0 = P_0 Q_1$이고 $P_1 Q_0 > P_1 Q_1$이다.
다. $P_0 Q_0 > P_0 Q_1$이고 $P_1 Q_0 = P_1 Q_1$이다.
라. $P_0 Q_0 < P_0 Q_1$이고 $P_1 Q_0 > P_1 Q_1$이다.

① 가, 나 ② 나, 라
③ 다, 라 ④ 가, 나, 다
⑤ 가, 나, 라

세 명(A, B, C)으로 구성된 어느 마을에서 공공재에 대한 개별 구성원 각각의 한계편익(MB)과 공공재 비용함수(TC)가 다음과 같다.

- $MB^A = \max\{120 - Q,\ 0\}$
- $MB^B = \max\{25 - 0.5Q,\ 0\}$
- $MB^C = \max\{40 - 2Q,\ 0\}$
- $TC = 73Q$

이 마을의 최적 공공재 공급량은? (단, MB^i는 개인 i의 공공재에 대한 한계편익이며, Q는 공공재 공급량 이다)

① 23 ② 32
③ 47 ④ 48
⑤ 54

10

어느 완전경쟁시장에서 수요 및 공급곡선이 모두 직선이며 공급곡선은 원점을 지난다. 이 시장에 정부가 단위당 t의 종량세를 공급자에게 부과하자 소비자 가격이 단위당 $0.6t$만큼 상승하였다. 종량세 부과와 관련된 다음 설명 중 옳은 것을 <u>모두</u> 고르면? (단, 수요의 가격탄력성은 절댓값을 기준으로 하며, $t > 0$이다)

가. 종량세 부과 이전의 균형점에서 수요는 가격에 비탄력적이다.
나. 종량세 부과 이전의 균형점에서 공급의 가격탄력성은 1보다 크다.
다. 종량세 부과 이후 새로운 균형점에서의 수요의 가격탄력성은 종량세 부과 이전의 균형점에서의 수요의 가격탄력성보다 크다.

① 가
② 나
③ 다
④ 가, 나
⑤ 가, 다

11

X재와 Y재만을 소비하는 A의 효용함수는 $U(X, Y) = 2\sqrt{XY}$이며, A는 최소 비용으로 100의 효용을 달성할 수 있도록 두 재화의 소비량을 결정한다. X재의 단위당 가격은 4, Y재의 단위당 가격은 1이다. 최적 선택에서 A가 효용 1단위를 증가시키기 위해 필요로 하는 추가 지출액은? [단, 모든 수량의 단위는 실수(real number)이다]

① 0.5
② 1
③ 1.5
④ 2
⑤ 4

X재 시장의 수요함수와 공급함수가 각각 다음과 같다.

- $Q_D = 150 - \dfrac{5}{3}P$
- $Q_S = -50 + P$

소비자가 X재를 구매하기 위해 지출한 금액의 10%를 정부가 소비자에게 보조금으로 지급한다고 할 때, 자중손실(deadweight loss)의 크기는? (단, Q_D, Q_S, P는 각각 수요량, 공급량, 가격을 나타낸다)

① 20

③ 35

⑤ 42

② 24

④ 40

다음은 세 경기자(1, 2, 3)의 전략 선택에 따라 결정되는 보수구조이다. 개별 경기자가 선택할 수 있는 전략이 L과 H라고 할 때, 아래 전략형게임의 순수전략 내쉬균형은 몇 개인가? (단, 보수행렬의 괄호 안 첫 번째 숫자는 경기자 1의 보수, 두 번째 숫자는 경기자 2의 보수, 세 번째 숫자는 경기자 3의 보수를 나타낸다)

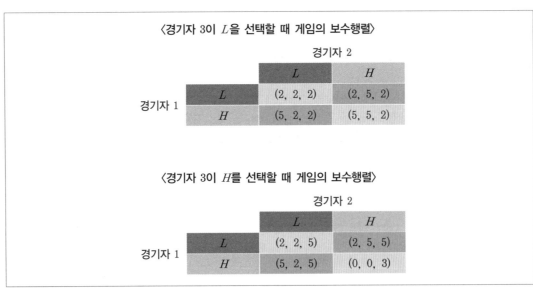

〈경기자 3이 L을 선택할 때 게임의 보수행렬〉

경기자 2

경기자 1		L	H
	L	(2, 2, 2)	(2, 5, 2)
	H	(5, 2, 2)	(5, 5, 2)

〈경기자 3이 H를 선택할 때 게임의 보수행렬〉

경기자 2

경기자 1		L	H
	L	(2, 2, 5)	(2, 5, 5)
	H	(5, 2, 5)	(0, 0, 3)

① 0

③ 2

⑤ 4

② 1

④ 3

14

기업 A의 생산함수가 $Q=[\min\{3L,\ 5K\}]^{\frac{2}{3}}$ 라고 한다. 기업 A의 생산활동과 관련된 다음 설명 중 옳은 것은? (단, Q는 생산량, L은 노동투입량, K는 자본투입량이다)

① 노동의 한계생산은 지속적으로 체감한다.
② 자본의 한계생산은 지속적으로 체증한다.
③ 등량곡선은 원점에 대해 볼록하다.
④ 생산량이 기존 생산량의 2배가 되면, 원점으로부터 최적 생산요소 투입조합까지의 거리는 기존 거리의 3배가 된다.
⑤ 규모에 대한 수익불변이다.

15

어느 복점시장에서 차별화된 재화를 생산하는 두 기업(A, B)이 동시에 자신의 가격을 결정한다. 두 기업의 수요함수와 비용함수는 다음과 같다.

- $Q_A = \alpha_0 - \alpha_1 P_A + \alpha_2 P_B$
- $Q_B = \beta_0 - \beta_1 P_B + \beta_2 P_A$
- $TC_A = c_A Q_A$
- $TC_B = c_B Q_B$

다음 설명 중 옳지 <u>않은</u> 것을 <u>모두</u> 고르면? (단, Q_i, P_i, TC_i는 각각 기업 i가 생산하는 재화의 수량, 가격, 비용을 나타낸다. α_0, α_1, α_2, β_0, β_1, β_2, c_A, c_B는 모두 0보다 큰 상수이다)

가. $(P_A,\ P_B)$ 평면에서 두 기업의 반응곡선은 모두 우하향한다.
나. 두 기업 모두 양(+)의 이윤을 얻는 것은 어느 경우에도 불가능하다.
다. $c_A < c_B$이면 균형에서 기업 B의 이윤은 항상 0이다.

① 가
② 나
③ 다
④ 나, 다
⑤ 가, 나, 다

16

매기 양(+)의 소득을 얻는 소비자 A는 두 기간(1기와 2기)에 걸쳐 최적 소비 선택을 한다. 시장의 이자율과 관련해 아래 두 경우를 고려하자.

- 경우 Ⅰ : $r_b^I = r_s^I = \bar{r}$
- 경우 Ⅱ : $r_b^{II} > \bar{r}$, $r_s^{II} < \bar{r}$

위의 두 경우에 A의 선택과 관련된 다음 설명 중 옳지 않은 것은? (단, r_b^I, r_b^{II}는 각각 경우 Ⅰ과 경우 Ⅱ의 차입이자율, r_s^I, r_s^{II}는 각각 경우 Ⅰ과 경우 Ⅱ의 저축이자율, $\bar{r}$는 양(+)의 상수이다. A에게 1기와 2기 소비는 정상재이며, A의 1기와 2기 소비에 대한 무차별곡선은 원점에 대해 강볼록하다)

① 경우 Ⅱ의 예산집합은 경우 Ⅰ의 예산집합보다 작다.

② 경우 Ⅰ에서 매기 소득과 소비가 일치한다면, 경우 Ⅱ에서도 매기 소득과 소비가 일치한다.

③ 경우 Ⅰ에서 1기에 차입하고 있다면, 경우 Ⅰ에서 경우 Ⅱ로의 이자율 변화가 1기 소비에 미치는 소득효과와 대체효과의 방향은 같다.

④ 경우 Ⅰ에서 1기에 저축하고 있다면, 경우 Ⅰ에서 경우 Ⅱ로의 이자율 변화가 1기 소비에 미치는 소득효과와 대체효과의 방향은 같다.

⑤ 경우 Ⅰ에서 1기에 저축하고 있다면, 경우 Ⅱ에서 1기에 차입하는 선택을 하지 않는다.

17

완전경쟁시장에서 이윤을 극대화하는 기업 A가 하나의 공장(공장 1)에서 17단위를 생산하고 있다. 이제 기업 A가 새로운 공장(공장 2)의 건설·운영 여부를 검토하고 있으며, 각 공장에서의 생산비용은 다음과 같다.

- $C_1 = 30q_1 + 5q_1^2$
- $C_2 = 20q_2 + 6q_2^2 + f$

기업 A가 공장 2를 건설·운영할 때 공장 2로부터 손실이 발생하지 않는 f의 최댓값은? (단, C_i는 공장 i에서의 생산비용, q_i는 공장 i에서의 생산량, f는 상수로서 공장 2를 건설·운영하는 경우 발생하는 고정비용이다)

① 750 ② 900

③ 1,200 ④ 1,350

⑤ 1,420

18

자국과 외국의 화폐시장은 각각 아래의 식에 따라 균형을 이루며 P를 제외한 M^s, Y, i는 외생적으로 결정된다고 가정하자.

$$\frac{M^s}{P} = L(Y, i)$$

M^s는 화폐공급, P는 물가수준, $L(Y, i)$는 실질화폐수요, Y는 소득, i는 이자율이다. 실질화폐수요는 소득의 증가함수이고 이자율의 감소함수이다. 장기적으로 외환시장에서 환율은 구매력평가설(purchasing power parity)로 결정될 때, 화폐시장 변수가 환율에 미치는 영향을 설명한 것 중 옳은 것을 모두 고르면? (단, 환율은 외국 화폐 1단위에 대한 자국 화폐의 교환비율이다)

> 가. 자국 화폐공급의 영구적 증가는 장기적으로 환율을 상승시킨다.
> 나. 자국 소득의 영구적 증가는 장기적으로 자국 물가수준을 상승시켜 환율을 상승시킨다.
> 다. 외국 이자율의 영구적 상승은 장기적으로 외국 물가수준을 상승시켜 환율을 하락시킨다.

① 가
② 나
③ 다
④ 가, 다
⑤ 나, 다

2국가(A국, B국) 2재화(X재, Y재) 리카도(Ricardo) 모형을 가정하자. 아래의 표는 A국과 B국이 각 재화를 1단위 생산하는 데 필요한 노동투입량(시간)과 각국의 총노동부존량(시간)을 나타낸다.

구 분	A국	B국
X재	$\frac{1}{6}$ 시간	1 시간
Y재	$\frac{1}{4}$ 시간	$\frac{1}{2}$ 시간
총노동부존량	30시간	60시간

각국이 비교우위 재화에 완전특화 후 교역을 할 경우, 다음 중 옳은 것을 모두 고르면? (단, X재 상대가격은 $\dfrac{X \text{재 가격}}{Y \text{재 가격}}$ 을 의미한다)

가. 교역 이전, Y재 단위로 표시한 X재 생산의 기회비용은 A국이 B국보다 작다.

나. 교역 이전, B국의 생산가능곡선식은 $Y = -2X + 120$ 이다.

다. 교역 시, X재 상대가격이 $\dfrac{2}{3}$ 보다 커질수록 A국의 교역이익은 작아진다.

라. 교역 시, X재와 Y재를 1 : 1 비율로 교환한다면 B국은 X재를 최대 120단위 소비할 수 있다.

---

① 가, 나

② 다, 라

③ 가, 나, 다

④ 가, 나, 라

⑤ 나, 다, 라

20

개방경제하에서의 국민소득계정은 다음과 같다.

$$Y = C + I + G + (X - IM)$$

Y, C, I, G, X, IM은 각각 국민소득, 소비, 투자, 정부지출, 수출, 수입을 의미한다. 다음 설명 중 옳은 것을 <u>모두</u> 고르면?

> 가. 국민소득이 국내총지출을 초과할 경우 경상수지는 흑자이다.
> 나. 투자가 민간저축을 초과하고 재정적자가 발생할 경우 경상수지는 흑자이다.
> 다. 총생산에서 재정적자, 민간저축, 국내투자가 차지하는 비중이 각각 2%, 20%, 19%라면, 경상수지는 총생산 대비 3%이다.

① 가
② 나
③ 다
④ 가, 나
⑤ 나, 다

21

자국의 물가지수는 $P = (P_N)^\alpha (P_T)^{1-\alpha}$, 외국의 물가지수는 $P^* = (P_N^*)^\beta (P_T^*)^{1-\beta}$로 정의하자. P_N과 P_N^*는 각각 자국과 외국의 비교역재 물가지수, P_T와 P_T^*는 각각 자국과 외국의 교역재 물가지수로서 $P_T = P_T^*$ 이다. α와 β는 상수이고, $0 < \alpha < 1$, $0 < \beta < 1$이다. 구매력평가설(purchasing power parity)이 성립할 경우, 다음 설명 중 옳은 것을 <u>모두</u> 고르면? (단, 환율은 외국 화폐 1단위에 대한 자국 화폐의 교환비율이다)

> 가. 자국 물가지수 대비 외국 물가지수가 높아질수록 환율은 높아진다.
> 나. $\alpha = \beta$인 경우, P_N이 P_N^*보다 높아질수록 환율은 높아진다.
> 다. $\alpha = \beta$인 경우, P_N과 P_N^*의 상승률이 모두 5%이면 환율상승률은 1%이다.

① 가
② 나
③ 다
④ 가, 나
⑤ 나, 다

22

상대적 구매력평가설(relative purchasing power parity)과 유위험이자율평가설(uncovered interest rate parity)이 항상 성립할 때, A와 B에 들어갈 수 있는 숫자로 옳은 것은? (단, 각국에서 피셔방정식이 성립한다)

자국의 명목이자율은 4%이고 예상물가상승률은 (A)%이며, 외국의 명목이자율은 (B)%이고 예상물가상승률은 4%이다.

	A	B
①	1	4
②	2	6
③	2	8
④	4	5
⑤	6	5

23

2국가(A국, B국) 2재화(X재, Y재) 헥셔-올린(Heckscher-Ohlin) 모형을 가정하자. X재는 노동집약재이고, Y재는 자본집약재이다. A국의 $\dfrac{노동부존량}{자본부존량}$ 비율이 B국보다 높을 때, 다음 설명 중 옳은 것을 모두 고르면? (단, w는 노동임금, r은 자본임대료이다)

가. A국에서는 Y재로 표시한 X재의 한계생산비용이 일정하다.

나. 무역 이후, 양국의 $\dfrac{w}{r}$ 는 같아진다.

다. 무역 이후, B국 노동자와 자본가의 실질소득은 모두 감소한다.

---

① 가
② 나
③ 다
④ 가, 나
⑤ 나, 다

24

☑ 확인 Check! ○ △ ✕

자국과 외국의 예상실질이자율은 아래의 식과 같이 명목이자율과 예상인플레이션의 차이로 표현된다.

- 자국 : $r^e = i - \pi^e$
- 외국 : $r^{*e} = i^* - \pi^{*e}$

r^e는 예상실질이자율, i는 명목이자율, π^e는 예상인플레이션이며, 외국 변수는 별(*) 표시로 자국 변수와 구분한다. 실질환율을 명목환율$\times\dfrac{외국물가}{자국물가}$로 정의하고, 유위험이자율평가설(uncovered interest rate parity)이 항상 성립할 경우, 다음 설명 중 옳은 것을 <u>모두</u> 고르면? (단, 각국에서 피셔방정식이 성립하며, 명목환율은 외국 화폐 1단위에 대한 자국 화폐의 교환비율이다)

가. 예상실질환율변화율은 자국과 외국 간 예상실질이자율의 차이로 설명된다.
나. 양국 간 명목환율이 구매력평가설에 의해 결정된다면, 예상실질환율변화율은 0이다.
다. 양국 간 명목환율이 구매력평가설에 의해 결정된다면, 자국과 외국의 예상실질이자율은 같다.

① 가
② 나
③ 가, 다
④ 나, 다
⑤ 가, 나, 다

공인회계사 1차 2023년 제58회

2023년 | 제58회 **37**

25

전염병과 국제분쟁 등으로 인해 갑국의 경제는 불확실성이 커지게 되었다. 갑국의 은행들은 이에 대응하여 가산금리를 올려 대출금리를 인상하였다. 투자가 대출금리에 의존할 때, (Y, r)평면에서의 IS곡선과 (Y, P)평면에서의 총수요곡선의 변화에 대한 설명으로 옳은 것은? (단, Y, C, I, G, T, R, r, $spread$, M^d, P는 각각 총생산, 소비, 투자, 정부지출, 조세, 대출금리, 실질이자율, 가산금리, 화폐수요, 물가이다)

- $Y = C + I + G$
- $C = 1,000 + 0.6(Y - T)$
- $I = 2,500 - 200R$
- $R = r + spread$
- $G = T = 100$
- $\dfrac{M^d}{P} = Y - 900r$

① IS곡선은 더 가팔라지고, 총수요곡선은 더 완만해진다.
② IS곡선은 더 완만해지고, 총수요곡선은 더 가팔라진다.
③ IS곡선과 총수요곡선 모두 더 완만해진다.
④ IS곡선과 총수요곡선 모두 더 가팔라진다.
⑤ IS곡선과 총수요곡선 모두 좌측으로 이동한다.

26

갑국의 중앙정부는 추운 겨울 날씨에 대응하여 난방비를 지원하기로 하였다. 만약 갑국의 중앙은행이 재정지출 증가로 인한 물가상승을 우려하여 공개시장운영을 한다면, 국공채시장의 변화로 옳은 것은?

① 공개시장매각으로 국공채 공급이 증가하고, 국공채 수익률이 상승한다.
② 공개시장매각으로 국공채 공급이 증가하고, 국공채 수익률이 하락한다.
③ 공개시장매입으로 국공채 수요가 감소하고, 국공채 수익률이 하락한다.
④ 공개시장매입으로 국공채 공급이 증가하고, 국공채 수익률이 상승한다.
⑤ 공개시장매입으로 국공채 수요가 증가하고, 국공채 수익률이 하락한다.

27

어느 국가에서 2022년에 1,000대의 자동차가 생산되었고, 소비자가 500대, 기업이 300대, 정부가 100대를 구매하였다. 팔리지 않았던 100대는 2023년에 모두 판매되었다. 자동차와 관련된 수출과 수입은 각각 0이라고 가정하자. 자동차 한 대의 가격이 3천만원일 때 다음 중 옳지 않은 것은?

① 자동차 생산은 2022년도 국민소득을 300억원 증가시켰다.
② 자동차 생산은 2022년도 소비를 150억원 증가시켰다.
③ 자동차 생산은 2022년도 투자를 90억원 증가시켰다.
④ 자동차 생산은 2022년도 정부지출을 30억원 증가시켰다.
⑤ 자동차 생산은 2022년도 순수출을 변화시키지 않았다.

28

다음은 어느 폐쇄경제의 국민소득과 관련된 자료이다.

- $C = 300 + 0.75(Y - T)$
- $I = 200$
- $G = 100$
- $T = 80$

이때 민간저축과 정부저축은? (단, Y, C, I, G, T는 각각 총생산, 소비, 투자, 정부지출, 조세이다)

	민간저축	정부저축
①	200	−20
②	220	−20
③	200	20
④	220	20
⑤	180	0

29

갑국의 중앙은행은 다음의 이자율 준칙에 따라 명목이자율을 정한다.

$$i = \max\left\{0,\ 0.02 + \pi + 0.5(\pi - \pi^*) + 0.5\left(\frac{Y - Y^*}{Y^*}\right)\right\}$$

이 경제에 대한 다음 설명 중 옳은 것을 모두 고르면? (단, i, π, π^*, Y, Y^*는 각각 명목이자율, 물가상승률, 목표 물가상승률, 총생산, 잠재총생산을 나타낸다)

가. 명목이자율이 0보다 클 때 물가상승률이 1% 포인트 상승하면, 중앙은행은 명목이자율을 0.5% 포인트 인상한다.

나. 실질이자율은 음수가 될 수 없다.

다. 극심한 불황이어도 명목이자율을 더 이상 낮출 수 없는 $(\pi,\ Y)$의 조합이 존재한다.

라. 투자가 실질이자율과 음(−)의 관계에 있을 때, 명목이자율이 0이어도 기대물가상승률을 높일 수 있다면 불황을 벗어나는데 도움이 될 수 있다.

① 가, 나
② 가, 다
③ 나, 다
④ 다, 라
⑤ 가, 나, 다

30

야구 선수 A는 2003년에 연봉 8억원을 받았고, 20년 뒤 그의 아들인 B 역시 야구 선수가 되어 2023년에 연봉 12억원을 받게 되었다. 소비자물가지수가 2003년에는 80, 2012년에는 100, 2023년에는 150일 때 다음 중 옳은 것은?

① A의 연봉을 2012년도 가치로 환산하면 9억원이다.

② B의 연봉을 2012년도 가치로 환산하면 8억 5천만원이다.

③ A의 연봉을 2023년도 가치로 환산하면 14억원이다.

④ B의 연봉을 2003년도 가치로 환산하면 8억원이다.

⑤ A와 B의 연봉을 각각 2015년도 가치로 환산할 때, 2015년도 소비자물가지수에 관계없이 A의 연봉은 B의 연봉보다 많다.

31

단기적으로 총공급곡선은 우상향하는 것으로 알려져 있다. 이에 대한 근거로 제시될 수 있는 사례를 <u>모두</u> 고르면?

가. 생산성증가율은 0%이고 물가상승률이 6%이었을 때, 명목임금 상승률은 3%였다.

나. 가격 인상 요인이 발생하더라도 기업의 가격조정은 천천히 이루어지는 경향이 있다.

다. 개별 기업은 정보 부족으로 인하여 전반적인 물가수준의 상승을 자사 제품의 상대가격 상승으로 착각하는 경향이 있다.

라. 정부가 규제를 완화하여 해외 노동자들의 유입이 증가하였다.

① 가, 나
② 가, 라
③ 다, 라
④ 가, 나, 다
⑤ 나, 다, 라

32

은행의 지급준비율이 20%인 경제에서 중앙은행이 발행한 본원통화가 100억원일 때, 최대 통화량은?

① 500억원
② 300억원
③ 200억원
④ 100억원
⑤ 20억원

33

갑국의 노동시장은 숙련노동자 시장과 비숙련노동자 시장으로 나누어져 있다. 숙련노동자들의 균형임금이 비숙련노동자들의 균형임금보다 높을 때, 다음 중 두 시장 간 임금격차를 줄이는 것을 <u>모두</u> 고르면? (단, 두 시장 간 노동자들의 이동은 없다)

> 가. 인공지능(artificial intelligence)의 발전으로 숙련노동자들에 대한 수요가 감소하였다.
> 나. 기계공학의 발전으로 위험하고 단순 반복적인 일을 하는 비숙련노동자에 대한 수요가 감소하였다.
> 다. 법학전문대학원과 의학전문대학원 정원 확대로 법률과 의료서비스를 제공할 수 있는 숙련노동자들이 증가하였다.
> 라. 정부 정책의 변화로 노인 돌봄 서비스를 제공할 수 있는 해외 비숙련노동자들의 국내 유입이 증가하였다.

① 가
② 나
③ 가, 다
④ 나, 라
⑤ 가, 다, 라

34

다음과 같은 폐쇄경제 고전학파 모형을 가정하자.

상품시장	화폐시장
• $Y = \sqrt{LK}$ • $L = 100$ • $K = 100$ • $C = 10 + 0.8(Y - T)$ • $I = 12 - 2r$ • $G = 10$ • $T = 10$	• $\dfrac{M^d}{P} = f(Y)$

중앙은행이 통화공급 증가율을 2%에서 5%로 상승시켰을 때, 피셔방정식이 성립한다면 새로운 균형에서 총생산, 물가상승률, 명목이자율은? (단, Y, L, K, C, T, I, r, G, $\dfrac{M^d}{P}$ 은 각각 총생산, 노동, 자본, 소비, 조세, 투자, 실질이자율(%), 정부지출, 실질화폐수요를 나타낸다. $f(\cdot)$는 증가함수이다)

	총생산	물가상승률	명목이자율
①	100	3%	7%
②	100	5%	4%
③	100	5%	7%
④	105	5%	4%
⑤	105	7%	3%

35

☑ 확인Check! ○ △ ✕

현재 원/달러 환율은 1,207.50원, 국내 원화예금의 이자율이 연 4%, 달러예금 이자율은 연 5%이다. 국내 수출업자가 상품 수출로 지급받은 1만 달러를 국내 원화예금에 1년 투자한 경우와 달러예금에 1년 투자한 경우에 원화로 계산된 1년 수익률이 동일하다고 한다. 현재 선물시장에서 1년 후 달러의 선물가격은? (단, 모든 계산은 소수 셋째 자리에서 반올림하였다)

① 1,185.77원

② 1,196.00원

③ 1,207.50원

④ 1,219.11원

⑤ 1,318.59원

36

☑ 확인Check! ○ △ ✕

두 기간 생존하는 소비자 A와 B로 구성된 가상의 경제에서 두 소비자의 효용함수는 $U(C_1, C_2) = \sqrt{C_1 C_2}$ 로 동일하다. C_1과 C_2는 각각 1기와 2기의 소비를 나타낸다. A는 1기에 200단위의 소득을 얻지만 2기에는 소득이 없다. B는 1기에 40단위의 소득을 얻고 2기에 300단위의 소득을 얻는다. A와 B는 두 기간에 걸친 효용을 극대화하고, 균형이자율에서 자유롭게 대차가 가능하다. 균형이자율과 1기에서 A와 B의 대차관계를 올바르게 짝지은 것은? (단, 채무불이행에 관한 불확실성은 없다)

	균형이자율	대차관계
①	50%	A가 B에게 100단위 대여
②	50%	A가 B에게 120단위 대여
③	25%	A가 B에게 100단위 대여
④	25%	A가 B에게 120단위 대여
⑤	0%	대차관계 없음

37

어느 국가의 현재 실업률이 30%이다. 현재 실업자가 다음 기에 일자리를 구할 확률은 0.3이고, 현재 취업자가 다음 기에 일자리를 잃을 확률은 0.1이다. 다음 기 실업률은 현재의 실업률과 비교하여 어떻게 변화할 것인가? (단, 생산가능인구는 일정하고, 경제활동인구와 비경제활동인구 사이의 이동은 없다)

① 2% 포인트 하락
② 1% 포인트 하락
③ 변화 없음
④ 1% 포인트 상승
⑤ 2% 포인트 상승

38

다음과 같은 폐쇄경제 $IS-LM$ 모형을 가정하자.

상품시장	화폐시장
• $C = 3 + \dfrac{3}{4}(Y-T)$ • $I = 5 - r$ • $G = 12$ • $T = 4 + \dfrac{1}{3}Y$	• $M = 900$ • $P = 10$ • $L(Y) = 3Y$

C, Y, T, I, G, M, P, $L(Y)$, r은 각각 소비, 총생산, 조세, 투자, 정부지출, 화폐공급, 물가수준, 실질화폐수요, 실질이자율(%)을 나타낸다. 정부가 정부지출을 1단위 증가시킬 때, 새로운 균형에서 총생산의 변화는?

① 4단위 증가
② 2단위 증가
③ 변화 없음
④ 2단위 감소
⑤ 4단위 감소

39

확인Check! ○ △ ✕

자본이동이 완전히 자유로운 소규모 개방경제를 가정하는 먼델-플레밍(Mundell-Fleming) 모형을 고려하자. 교역상대국에서 발생한 지진으로 교역상대국의 소득이 감소하여 수출이 외생적으로 감소하였다. 다른 모든 조건이 동일할 때, 기존의 균형환율을 계속 유지하기 위한 정책으로 적절한 것은? (단, 소비는 처분가능 소득의 증가함수이고, 투자는 실질이자율의 감소함수이며, 순수출은 자국 화폐가치의 감소함수이다)

① 소비세율을 인상한다.
② 통화량을 감소시킨다.
③ 수입규제를 완화한다.
④ 정부 재정지출을 감소시킨다.
⑤ 교역상대국의 소득감소는 환율에 영향을 미치지 않기 때문에 새로운 정책이 필요하지 않다.

40

확인Check! ○ △ ✕

기술진보가 없는 솔로우 모형을 따르는 어느 경제의 총생산함수는 다음과 같다.

$$Y = \sqrt{LK}$$

Y, L, K는 각각 총생산, 노동, 자본을 나타낸다. 이 경제의 인구증가율과 감가상각률은 각각 0.02와 0.03이고, 저축률은 0.3이다. 현재 이 경제의 1인당 자본이 30일 때, 이 경제에 대한 다음 설명 중 옳지 않은 것은?

① 다음 기에 1인당 자본은 현재보다 더 크다.
② 황금률 균제상태에 도달하기 위해서는 저축률을 높여야 한다.
③ 황금률 균제상태에 도달하면 1인당 소비는 현재보다 높아진다.
④ 현재 이 경제는 균제상태에 있지 않다.
⑤ 이 경제의 균제상태는 동태적으로 비효율적이다.

2023년 | 제58회 **45**

✔ Time 분 | 정답 및 해설편 237p

※ 각 문제의 보기 중에서 물음에 가장 합당한 답을 고르시오.

01

☑ 확인 Check! ○ △ ✕

X재 시장은 완전경쟁시장이고 수요자는 A, B, C만 존재한다. 아래는 X재 수요표이다.

구 분	A	B	C
2,000원/개	3개	5개	3개
4,000원/개	2개	3개	1개

시장공급함수가 $Q = \dfrac{1}{500}P$(P는 가격, Q는 공급량)일 때 다음 설명 중 옳은 것을 <u>모두</u> 고르면?

가. $P=2,000$인 경우 1개의 초과수요가 발생하며, 가격은 상승할 것이다.
나. $P=4,000$인 경우 2개의 초과공급이 발생하며, 가격은 하락할 것이다.
다. X재가 거래되는 시장에서 공급의 법칙은 성립하나 수요의 법칙은 성립하지 않는다.
라. X재 가격에 대한 공급탄력성은 1이다.

① 가, 나
② 가, 다
③ 가, 라
④ 나, 다
⑤ 나, 라

02

완전경쟁시장에서 거래되는 어느 재화의 수요와 공급 함수는 다음과 같다.

- 수요 : $Q_D = 300 - 10P$
- 공급 : $Q_S = 20P$

정부가 이 재화의 최저가격을 20으로 정한다면 생산자잉여와 자중손실(deadweight loss)은? (단, Q_D는 수요량, Q_S는 공급량, P는 가격이다)

	생산자잉여	자중손실
①	250	750
②	750	750
③	750	1,500
④	1,750	750
⑤	2,750	1,500

03

X재와 Y재만을 소비하는 A의 효용함수는 $U(X, Y) = \sqrt{X} + Y$이고, 예산제약선은 $P_x X + P_y Y = M$이다. A는 예산제약하에서 효용을 극대화한다. P_x, P_y, M은 각각 X재 가격, Y재 가격 및 소득이다. $P_x = 1$, $P_y = 10$일 때 다음 중 옳은 것을 모두 고르면? (단, $X \geq 0$, $Y \geq 0$)

가. $M = 20$일 때, A는 X재만 소비한다.
나. $M \geq 30$일 때, A의 소득소비곡선은 수식이나(단, 가로축은 X재의 소비량, 세로축은 Y재의 소비량을 나타낸다).
다. $M \leq 20$일 때, A의 Y재 엥겔곡선은 우상향하는 직선이다.

① 가
② 나
③ 가, 나
④ 가, 다
⑤ 나, 다

04

투자자 A와 B의 w원에 대한 폰노이만-모겐스턴(von Neumann-Morgenstern) 효용함수는 각각 $u_A(w) = w^{0.5}$, $u_B(w) = 2w$이다. 현재 두 사람은 각각 100만원의 투자자금으로 자금조달에 어려움을 겪고 있는 어떤 기업에 대한 투자를 고려하고 있다. 이 기업이 자금난을 극복하지 못하고 부도가 나면 투자한 금액을 전혀 돌려받지 못하나 자금난을 극복하고 새로운 기술개발에 성공하게 되면 이 기업의 주가는 1주당 10,000원으로 상승할 것으로 예상된다. 기업이 부도날 확률이 0.5인 경우 다음 설명 중 옳은 것을 <u>모두</u> 고르면? (단, 투자자는 투자금액 전액을 이 기업의 주식에만 투자할 것을 고려하고 있으며, 주식거래 관련 거래비용은 없다)

가. 투자기회에 대한 확실성등가는 A가 B보다 크다.
나. 투자시 A의 기대소득은 확실성등가보다 크다.
다. 투자시 B의 위험프리미엄은 확실성등가와 같다.
라. 주가가 현재 5,000원인 경우, A는 이 기업의 주식에 투자하지 않을 것이다.

① 가, 나
② 가, 라
③ 나, 다
④ 나, 라
⑤ 다, 라

05

어느 기업의 생산함수는 $Q = \sqrt{L + 2K}$이다. Q는 생산량, L은 노동투입량, K는 자본투입량이다. 노동과 자본의 단위당 가격이 각각 w와 r이다. 다음 설명 중 옳지 않은 것은?

① 생산함수는 규모에 대한 수익체감을 나타낸다.

② 생산요소간 대체탄력성이 1이다.

③ 한계기술대체율은 일정하다.

④ $w = 1$, $r = 3$인 경우, 총비용함수는 $TC(Q) = Q^2$이다.

⑤ $w = 2$, $r = 1$인 경우, 총비용함수는 $TC(Q) = \frac{1}{2}Q^2$이다.

06

완전경쟁인 X재 시장에 참여하고 있는 모든 기업의 장기총비용함수는 $LTC = q^3 - 10q^2 + 35q$로 동일하다. X재의 시장수요가 $Q_D = 400 - 10P + M$인 경우, 다음 (가), (나)에 대한 답으로 옳은 것은? (단, LTC는 개별기업의 장기총비용, q는 개별기업의 생산량이다. Q_D는 시장수요량, P는 가격, M은 상수이다)

> (가) $M = 100$인 경우, 장기균형에서 기업의 수는?
> (나) $M = 200$으로 증가하는 경우, 새로운 장기균형에서의 시장가격은?

	(가)	(나)
①	80개	10
②	80개	20
③	60개	20
④	40개	15
⑤	40개	10

07

시장구조에 대한 다음 설명 중 옳은 것을 <u>모두</u> 고르면?

> 가. 완전경쟁기업의 경우, 생산요소의 공급이 비탄력적일수록 단기공급곡선의 기울기가 가파르다.
> 나. 수요의 가격탄력성이 1일 때 독점기업의 한계수입은 0이다(단, 수요곡선은 우하향한다).
> 다. 독점기업이 직면하는 수요가 가격탄력적일수록 독점가격은 완전경쟁가격에 가깝다.
> 라. 독점적 경쟁시장에 참여하는 기업의 장기균형 생산량은 평균총비용이 최소화되는 생산량 수준에서 결정된다.

① 가, 나 　　　　　　② 나, 라
③ 다, 라 　　　　　　④ 가, 나, 다
⑤ 가, 다, 라

08

다음 세 가지 경우의 가격탄력성(절댓값 기준) A, B, C 크기를 올바르게 비교한 것은? (단, Q_D는 수요량, P는 가격을 나타낸다)

〈경우 1〉
한계비용이 10으로 일정한 독점기업이 이윤극대화를 위해 가격을 20으로 책정하였다. 이윤극대화 가격에서 시장수요의 가격탄력성(A)

〈경우 2〉
시장수요가 $Q_D = 50 - 2P$인 시장에서 $P = 10$이다. 이 가격에서 시장수요의 가격탄력성(B)

〈경우 3〉
소비자 갑의 X재에 대한 지출액은 X재 가격에 관계없이 일정하다. X재에 대한 소비자 갑의 수요의 가격탄력성(C)

① $A > B > C$　　　　　　　　　② $A > C > B$
③ $B > A > C$　　　　　　　　　④ $B > C > A$
⑤ $C > B > A$

09

소비자 선택은 주어진 소득으로 효용을 극대화하는 문제로 접근(효용 극대화 접근방법)하거나, 주어진 효용을 달성하기 위해 지출을 극소화하는 문제로 접근(지출 극소화 접근방법)할 수 있다. 다음 설명 중 옳은 것을 모두 고르면?

가. 효용 극대화 접근방법으로 도출된 수요함수는 가격과 효용의 함수이다.
나. 소득 $\overline{M}$으로 효용을 극대화하는 경우 극대화된 효용이 U^*라고 하면, U^*의 효용을 달성하기 위해 극소화된 지출은 $\overline{M}$이다.
다. 지출 극소화 접근방법으로 도출된 수요곡선은 우상향할 수 없다.

① 가　　　　　　　　　　　　　② 나
③ 다　　　　　　　　　　　　　④ 가, 나
⑤ 나, 다

10

☑ 확인 Check! ○ △ ✕

시장수요의 역함수가 $P = 30 - Q$인 복점시장에서 두 기업 A와 B가 동시에 자신의 생산량을 결정하는 꾸르노(Cournot) 경쟁을 한다. 두 기업의 비용함수가 각각 다음과 같을 때, 내쉬균형(Nash equilibrium)에서 기업 A의 생산량은? (단, P는 시장가격, $Q = q_A + q_B$, q_i는 기업 i의 생산량이다)

- 기업 A의 총생산비용(C_A) : $C_A = q_A^2$
- 기업 B의 총생산비용(C_B) : $C_B = 5q_B$

① 2   ② 3

③ 5   ④ 7

⑤ 10

11

☑ 확인 Check! ○ △ ✕

다음의 보수행렬로 나타낼 수 있는 전략형 게임에서 순수전략 내쉬균형(Nash equilibrium)이 1개만 존재하는 경우의 a값으로 옳지 않은 것은? (단, U와 D는 경기자 1의 전략이고, L, C와 R은 경기자 2의 전략이다. 괄호안의 첫 번째 숫자는 경기자 1의 보수를, 두 번째 숫자는 경기자 2의 보수를 나타낸다)

		경기자 2		
		L	C	R
경기자 1	U	(1, 2)	(5, 3)	(3, a)
	D	(4, 1)	(2, 4)	(3, 3)

① 1   ② 2

③ 3   ④ 4

⑤ 5

다음 그림은 각각 소비자 1, 2, 3이 두 예산선 하에서 선택한 점들을 나타낸다. 현시선호의 약공리를 만족하는 소비자를 <u>모두</u> 고르면? (단, 점 A와 점 B는 각각 예산선이 BC_A와 BC_B일 때의 선택을 나타낸다)

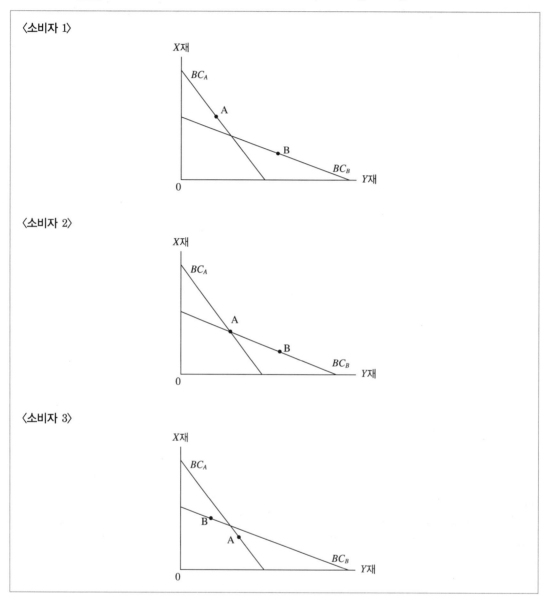

① 소비자 1

② 소비자 2

③ 소비자 3

④ 소비자 1, 소비자 2

⑤ 소비자 2, 소비자 3

13

☑확인 Check! ○ △ ✕

어느 완전경쟁시장에서 수요함수는 $Q_D = 60 - P$이며, 공급함수는 $Q_S = -20 + P$이다. 이때 정부가 시장 생산자들에게 단위당 10의 생산보조금을 지급한다. 다음 설명 중 옳은 것은? (단, Q_D, Q_S와 P는 각각 수요량, 공급량과 가격을 나타낸다)

① 생산보조금 지급으로 균형가격은 단위당 10만큼 하락한다.
② 생산보조금 지급으로 거래량은 10단위 증가한다.
③ 정부의 보조금 지급으로 사회후생은 증가한다.
④ 정부의 총보조금 지급액은 250이다.
⑤ 생산자잉여는 정부의 총보조금 지급액만큼 증가한다.

14

☑확인 Check! ○ △ ✕

사람들이 어떤 재화를 일단 소유하게 되면 그 재화에 더 큰 가치를 부여하게 되는 현상과 가장 밀접한 개념은?

① 부존효과(endowment effect)
② 심적회계방식(mental accounting)
③ 확실성효과(certainty effect)
④ 쌍곡선형 할인(hyperbolic discounting)
⑤ 닻내림효과(anchoring effect)

15

☑확인 Check! ○ △ ✕

공유자원(commons)과 관련한 다음 설명 중 옳은 것을 <u>모두</u> 고르면?

가. 소비의 비경합성(non-rivalry)이 존재한다.
나. 대가를 지불하지 않는 사람이라도 소비에서 배제할 수 없다.
다. 사회적 최적 수준보다 과도하게 사용되는 문제가 발생한다.
라. 막히지 않는 유료 도로는 공유자원의 예이다.

① 가, 나   ② 가, 다
③ 나, 다   ④ 나, 라
⑤ 다, 라

16

어느 사회에 두 명의 구성원(1과 2)만 있으며, 이 사회에 존재하는 두 재화(X재 100단위와 Y재 80단위)를 이들에게 분배하려고 한다. 구성원 1의 효용함수는 $U_1 = 2x_1 + y_1$이고, 구성원 2의 효용함수는 $U_2 = \min\{x_2, 2y_2\}$이다. 사회후생함수(SW)가 $SW = \min\{U_1, U_2\}$일 때 다음 중 사회적으로 가장 바람직한 분배 상태는? (단, x_i와 y_i는 각각 구성원 i의 X재와 Y재 소비량을 나타내며, $x_1 + x_2 = 100$, $y_1 + y_2 = 80$이다)

① $x_1 = 15$, $y_1 = 40$

② $x_1 = 20$, $y_1 = 40$

③ $x_1 = 30$, $y_1 = 50$

④ $x_1 = 50$, $y_1 = 40$

⑤ $x_1 = 60$, $y_1 = 30$

17

2국가 2재화 리카도(Ricardo) 모형을 가정하자. 아래의 표는 A국과 B국이 각각 1시간의 노동으로 생산할 수 있는 X재 및 Y재의 양이다.

구 분	A국	B국
X재	6개	1개
Y재	4개	2개

A국 임금은 시간당 A국 통화 6단위이고, B국 임금은 시간당 B국 통화 1단위이다. B국 통화 1단위당 A국 통화 2단위가 교환될 경우, 다음 중 옳은 것을 모두 고르면?

> 가. 교역 이전, A국에서 X재의 개당 가격은 A국 통화 1단위다.
> 나. 교역 이전, B국에서 Y재의 개당 가격은 A국 통화로 환산하면 A국 통화 1단위다.
> 다. 교역 이전, A국 통화로 환산한 Y재의 개당 가격은 B국에서 더 낮다.
> 라. A국은 X재를 수출하고, B국은 Y재를 수출할 것이다.

① 가

② 가, 다

③ 나, 라

④ 나, 다, 라

⑤ 가, 나, 다, 라

18

소국인 A국은 X재 생산에 사용되는 유일한 원자재인 Y재를 수입한다. A국은 수입되는 X재에 명목관세 10%를 부과하지만, Y재에는 관세를 부과하지 않는다. X재와 Y재의 세계 시장 가격은 각각 100, 80이다. X재에 대한 실효보호관세율(effective rate of protection)은?

① 10.0%   ② 12.5%
③ 20.0%   ④ 50.0%
⑤ 52.5%

19

아래 그림은 대국이 X재에 수입관세를 부과할 때 나타나는 경제적 효과를 보여준다. S는 X재에 대한 대국의 공급곡선을, D는 수요곡선을 나타낸다. 수입관세 부과는 X재의 세계 시장 가격을 P_W에서 P_T^*로 하락시키고 X재의 국내 가격을 P_T로 상승시킨다. 수입관세 부과의 경제적 효과에 대한 다음 설명 중 옳지 않은 것은?

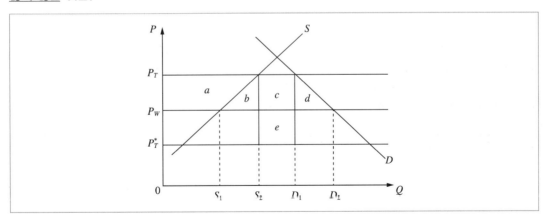

① 소비자잉여의 감소는 $a+b+c+d$이다.
② 대국의 사회적 후생 증가 조건은 $c>b+d$이다.
③ c는 국내 소비자에게 전가되는 관세 부담이다.
④ e는 관세의 교역조건 효과이다.
⑤ 생산자잉여의 증가는 a이다.

20

2국가(A국 및 B국) 2재화(X재 및 Y재) 헥셔–올린 모형을 가정하자. X재는 노동집약재이고 Y재는 자본집약재이다. 만약 A국이 상대적 노동풍부국, B국이 상대적 자본풍부국일 경우, 다음 설명 중 옳지 않은 것은?

① 무역 이전, $\dfrac{X재\ 가격}{Y재\ 가격}$ 은 A국이 B국보다 낮다.

② 무역 이전, $\dfrac{단위당\ 자본사용보수}{단위당\ 노동사용보수}$ 는 B국이 A국보다 낮다.

③ A국은 X재를, B국은 Y재를 각각 불완전특화 생산하여 수출한다.

④ 무역의 결과, 양국 간 단위당 노동사용보수의 격차는 감소하지만 단위당 자본사용보수의 격차는 증가한다.

⑤ 무역의 결과, A국의 자본 소유자의 실질소득은 감소한다.

21

1년 후 원/달러 환율이 1,100원으로 예상되고, 현재 달러예금이자율은 연 5%이다. 아래의 표는 현재 원/달러 환율에 따라 변동되는 원/달러 환율의 예상연간변화율과 원화표시 달러예금의 연간기대수익률을 보여준다. 만약 국내 원화예금의 이자율이 연 10%라면, 자산접근법에 따른 외환시장의 현재 균형환율은? (단, 자산은 예금이며 모든 계산은 소수 셋째 자리에서 반올림 하였다)

현재 원/달러 환율	원/달러 환율의 예상 연간변화율	원화표시 달러예금의 연간기대수익률
1,150	(−)0.04	0.01
1,100	0.00	0.05
1,050	0.05	0.10
1,000	0.10	0.15
950	0.16	0.21

① 1,150원/달러

② 1,100원/달러

③ 1,050원/달러

④ 1,000원/달러

⑤ 950원/달러

22

☑ 확인Check! ○ △ ✕

아래 그림은 자국의 화폐시장과 외환시장의 균형이 연계되어 있음을 보여준다. 국내화폐시장에서 결정된 균형이자율(R^*)이 외환시장에서는 자국예금수익률이 되어, 자국화폐표시 외국예금기대수익률과 같아질 때 현재의 균형환율(E^*)이 결정된다. 아래의 그림을 이용한 단기 분석으로 옳은 설명을 모두 고르면?

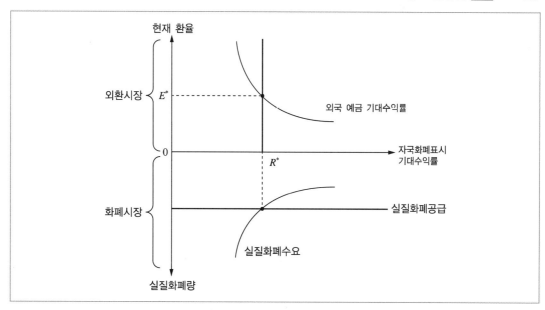

- 실질화폐공급 = $\dfrac{명목화폐\ 공급량}{물가수준}$

- 외국예금기대수익률 = 외국예금이자율 + $\dfrac{예상미래환율 - 현재환율}{현재환율}$

- 실질화폐수요는 소득의 증가함수이고, 이자율의 감소함수이다.

가. 자국의 소득증가는 현재의 자국화폐가치를 상승시킨다.
나. 예상미래환율의 하락은 현재의 자국화폐가치를 상승시킨다.
다. 외국예금이자율의 하락은 현재의 자국화폐가치를 상승시킨다.

① 가
② 나
③ 가, 다
④ 나, 다
⑤ 가, 나, 다

23

국제평가이론(international parity theorem)이 성립할 경우, A, B, C에 들어갈 숫자로 옳은 것은? (단, 환율은 외국화폐 1단위에 대한 자국화폐의 교환비율이다)

- 외국과 자국의 연간 기대인플레이션이 각각 3%와 (A)%이다.
- 외국과 자국의 1년 만기 국채금리가 각각 (B)%와 7%이다.
- 현물환율이 100이고, 1년 만기 선물환율이 (C)이다.

	A	B	C
①	4	6	102
②	5	5	102
③	5	6	103
④	5	6	102
⑤	4	5	103

24

다음은 어느 개방경제의 국민계정 항등식에 관한 자료이다.

- $Y = 1,000$
- $C + G = 700$
- $Y - T - C = 200$
- $X - IM = 100$

Y, C, G, T, X, IM은 각각 총생산, 소비, 정부지출, 조세, 수출, 수입을 나타낸다. 이때 투자(I)와 공공저축($T - G$)은?

	투 자	공공저축
①	100	80
②	150	90
③	200	100
④	250	110
⑤	300	120

25

두 기간 생존하는 소비자 A와 B로만 이루어진 가상의 경제를 고려하자. A는 1기에만 1의 소득을, B는 2기에만 1.5의 소득을 얻으며, A와 B 사이에서는 자금의 대차가 가능하다. 각 소비자는 다음의 효용극대화 조건을 만족한다.

$$\frac{C_2}{C_1} = 1 + r$$

C_1과 C_2는 각각 1기와 2기의 소비를 나타내고, r은 자금 대차에 적용되는 이자율이다. 이때 자금의 수요와 공급을 일치시키는 균형이자율과 A의 1기 소비를 올바르게 짝지은 것은? (단, 채무불이행 위험은 없다)

	균형이자율	A의 1기 소비
①	0.5	$\frac{1}{2}$
②	0.5	$\frac{3}{4}$
③	0.2	$\frac{1}{4}$
④	0.2	$\frac{1}{2}$
⑤	0.0	$\frac{3}{4}$

26

자국과 외국의 화폐시장이 다음의 균형조건을 각각 충족한다.

- 자국 : $\dfrac{M}{P} = kY$

- 외국 : $\dfrac{M^*}{P^*} = k^* Y^*$

M, P, Y는 각각 명목화폐공급, 물가 및 총생산을 나타내며, k는 상수이다. 외국 변수는 별(*) 표시로 자국 변수와 구분한다. 자국의 명목화폐공급 증가율과 경제성장률이 외국에 비해 각각 7%포인트와 2%포인트 높다. 상대적 구매력평가가 성립한다고 할 때, 명목환율의 변화율은? (단, 명목환율은 외국화폐 1단위에 대한 자국화폐의 교환비율이다)

① 2.0% ② 3.5%
③ 5.0% ④ 7.0%
⑤ 9.0%

27

확인 Check! ○ △ ✕

다음과 같은 대부자금시장 모형을 고려하자.

생산측면	지출측면
• $Y = F(A,\ K,\ L)$ • $A = \overline{A},\ K = \overline{K},\ L = \overline{L}$	• $C = C(Y - T,\ r)$ • $I = I(Y)$ • $T = \overline{T},\ G = \overline{G}$

Y는 총생산이다. A, K, L은 총요소생산성, 자본 및 노동이며, 각각 $\overline{A}$, $\overline{K}$ 및 $\overline{L}$로 고정되어 있다. $F(\cdot)$는 총생산함수이고 각각의 독립변수에 대해 증가함수이다. C, I, T, G, r은 소비, 투자, 조세, 정부지출 및 실질이자율을 나타내며, 조세와 정부지출은 $\overline{T}$와 $\overline{G}$로 고정되어 있다. $C(\cdot)$는 가처분소득($Y - T$)과 실질이자율에 대해 각각 증가함수 및 감소함수이고, $I(\cdot)$는 총생산에 대해 증가함수이다. 다음 중 옳지 않은 것은? (단, 저축곡선과 투자곡선의 세로축은 실질이자율을, 가로축은 저축 또는 투자를 나타낸다)

① 저축곡선은 양(+)의 기울기를 갖는다.
② 투자곡선은 수직이다.
③ 정부지출이 증가하면 실질이자율은 상승한다.
④ 소비가 외생적으로 증가해도 소득은 불변이다.
⑤ 노동 공급이 감소하면 실질이자율은 상승한다.

28

확인 Check! ○ △ ✕

다음 표는 어느 경제의 노동시장 관련 자료이다. 이 경제의 모든 생산가능인구는 경제활동인구이며, 현재 실업률은 자연실업률과 같다. 취업자 수와 실업률로 가장 가까운 것은? (단, 실업자가 일자리를 찾을 확률과 취업자가 일자리를 잃을 확률은 일정하다)

실업자 수	50만명
신규취업자 수	4만명
취업자가 일자리를 잃을 확률	1.6%

	취업자 수	실업률
①	250만명	16.67%
②	250만명	17.84%
③	250만명	18.32%
④	300만명	16.67%
⑤	300만명	17.84%

60 공인회계사 1차 경제원론(문제편)

29

확인 Check! ○ △ ×

다음과 같은 폐쇄경제 $IS-LM$ 모형을 가정하자.

상품시장	화폐시장
• $C = 170 + 0.5(Y - T)$ • $I = 100 - 10(i - \pi^e)$ • $G = \overline{G}, \ T = 60, \ \pi^e = 0$	• $L(Y, i) = Y - 40i$ • $P = 2$ • $M = 300$

$C, \ Y, \ T, \ I, \ i, \ G, \ M, \ P, \ L(Y, \ i), \ \pi^e$은 각각 소비, 소득, 조세, 투자, 명목이자율, 정부지출, 명목화폐공급, 물가수준, 실질화폐수요함수 및 기대인플레이션을 나타낸다. 또한 오쿤의 법칙이 다음과 같이 성립한다.

$$u - 4 = -\frac{1}{50}(Y - 500)$$

u는 실업률이다. 정부가 정부지출을 이용한 재정정책을 통해 실업률을 5%로 유지하고자 할 때 정부지출은? (단, 명목이자율과 실업률은 % 단위로 표시된다)

① 50

② 60

③ 70

④ 80

⑤ 90

30

확인 Check! ○ △ ×

인구증가를 고려한 솔로우 모형에서 1인당 생산(y), 자본(k), 투자(i)로 표시된 생산함수와 1인당 자본축적 방정식이 각각 다음과 같다.

- $y = \sqrt{k}$
- $\Delta k = i - (n + \delta)k$

인구성장률(n)과 감가상각률(δ)은 각각 0.15와 0.05이고, 저축률은 0.6이다. 현재 이 경제는 균제상태이다. 다음 중 이 경제의 황금률 균제상태와 황금률 균제상태로의 이행 과정에 대한 설명으로 옳지 않은 것은?

① 황금률 균제상태에 부합하는 저축률은 0.5이다.

② 황금률 균제상태에서 1인당 생산은 2.5이다.

③ 황금률 균제상태에서 1인당 소비는 현재의 균제상태에서 보다 크다.

④ 황금률 균제상태에 도달하기 전까지 1인당 자본의 증가율은 0보다 작다.

⑤ 황금률 균제상태에 도달하기 전까지 1인당 자본과 1인당 생산의 증가율은 같다.

2022년 | 제57회 **61**

31

어느 경제의 현금통화, 지급준비금, 요구불예금이 각각 다음과 같다. 이때 통화승수는?

현금통화	80억원
지급준비금	10억원
요구불예금	100억원

① 2.0 ② 2.5

③ 3.0 ④ 3.5

⑤ 4.0

32

폐쇄경제에 대한 케인즈의 국민소득결정 모형이 다음과 같다.

- $C = a + 0.75(Y - T)$
- $I = b + 0.15Y$
- $T = c + 0.2Y$
- $G = \overline{G}$

Y, C, I, T, G는 각각 소득, 소비, 투자, 조세 및 정부지출이다. a, b, c는 각각 소득에 의존하지 않는 자율적(autonomous) 소비, 투자 및 조세를 나타내는 상수이다. 정부지출이 $\overline{G}$로 일정할 때, 자율적 소비 승수는?

① 2.5 ② 3.0

③ 3.5 ④ 4.0

⑤ 4.5

33

갑국 경제의 성장회계와 자본의 한계생산물이 다음과 같다.

- 성장회계 : $\dot{Y} = \dot{A} + \alpha\dot{K} + (1-\alpha)\dot{L}$
- 자본의 한계생산물 : $MPK = \alpha\dfrac{Y}{K}$

여기서 $\dot{Y}$, $\dot{A}$, $\dot{K}$, $\dot{L}$은 각각 경제 전체의 생산량, 총요소생산성, 자본량, 노동량의 변화율을 나타낸다. 이 경제에서 $\dot{Y}$, $\dot{K}$, $\dot{L}$은 각각 3%, 3%, -1%, Y/K는 25%, 자본의 실질임대료는 10%로 일정하다. 이 경제에 고전학파 분배이론이 적용될 경우 총요소생산성 변화율은?

① 1.4%
② 2.4%
③ 3.4%
④ 4.4%
⑤ 5.4%

34

다음 표는 갑국의 고용 관련 자료를 나타낸다. 경제활동인구와 비경제활동인구의 합계가 1,000만명으로 일정할 경우, t기에 비하여 $t+1$기에 취업자 수는 몇 명이나 증가하였는가?

구 분	t기	$t+1$기
실업률	4%	5%
경제활동참가율	60%	70%

① 89만명
② 99만명
③ 109만명
④ 119만명
⑤ 129만명

35

다음 표는 갑국과 을국의 명목 GDP와 실질 GDP를 나타낸다. 물가수준은 양국 모두 GDP 디플레이터로 측정한다. 다음 설명 중 옳은 것은? (단, 양국은 동일한 통화를 사용한다)

(단위 : 달러)

구 분	갑 국		을 국	
	명목 GDP	실질 GDP	명목 GDP	실질 GDP
2010년	4.0조	2.0조	1.0조	1.5조
2015년	6.0조	6.0조	2.0조	2.0조
2020년	8.0조	7.0조	5.0조	3.5조

① 갑국의 2010년 GDP 디플레이터는 50이다.
② 갑국의 2010년과 2015년 사이의 실질 GDP 성장률은 2015년과 2020년 사이의 실질 GDP 성장률에 비해 100%포인트 높다.
③ 을국은 2010년에 비해 2015년에 물가수준이 상승하였다.
④ 을국의 2015년 물가수준은 기준년도 물가수준보다 낮다.
⑤ 2015년 대비 2020년 물가상승률은 갑국이 을국보다 높다.

36

갑국의 필립스 곡선은 다음과 같다.

$$\pi_t = \pi_{t-1} - 0.5\left(u_t - u_t^n\right)$$

여기서 π_t, π_{t-1}, u_t, u_t^n은 각각 t기 인플레이션, $t-1$기 인플레이션, t기 실업률, t기 자연실업률을 나타낸다. t기 자연실업률은 이력현상(hysteresis)의 존재로 $t-1$기 실업률과 같아 $u_t^n = u_{t-1}$이 성립한다. 중앙은행의 손실함수(LF)는 다음과 같다.

$$LF = 50\left(\pi_L\right)^2 + \left(u_L - 0.05\right)$$

여기서 π_L, u_L은 각각 장기 인플레이션, 장기 실업률을 나타낸다. 현시점은 1기이고 장기 균형 상태이며, 1기 및 0기 인플레이션은 모두 3%이고, 0기 실업률은 5%이다. 중앙은행이 손실함수가 최소화되도록 2기 이후 인플레이션을 동일하게 설정할 경우 장기 인플레이션은?

① 0% ② 1%
③ 2% ④ 3%
⑤ 4%

37

다음 그림은 변동환율제를 채택하고 있는 어느 소규모 개방경제의 $IS-LM-BP$ 곡선을 나타낸다. (가) 외국 소득 감소, (나) 외국 이자율 상승이 각각 가져오는 균형 소득 변화로 옳은 것은?

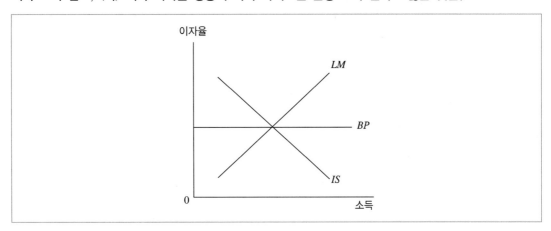

	(가)	(나)
①	소득 불변	소득 증가
②	소득 감소	소득 불변
③	소득 감소	소득 증가
④	소득 감소	소득 감소
⑤	소득 증가	소득 감소

38

다음 (가), (나) 경우의 실질화폐잔고 수요를 고려하자. 다음 설명 중 옳은 것은? (단, 실질화폐잔고 수요의 이자율탄력성과 소득탄력성은 유한하다. 폐쇄경제 $IS-LM$ 분석을 이용하며 IS 곡선은 우하향한다)

> (가) 실질화폐잔고 수요가 이자율에 의존하지 않고 소득의 증가함수이다.
> (나) 실질화폐잔고 수요가 소득에 의존하지 않고 이자율의 감소함수이다.

① (가)의 경우 실질화폐잔고 수요의 이자율탄력성이 0보다 크다.
② (나)의 경우 실질화폐잔고 수요의 소득탄력성이 0보다 크다.
③ (가)의 경우 LM 곡선은 수평선의 형태를 갖는다.
④ (나)의 경우 통화량을 늘리더라도 총수요가 증가하지 않는다.
⑤ (가)의 경우 재정지출을 늘리더라도 총수요가 증가하지 않는다.

39

☑ 확인Check! ○ △ ✕

갑국에서는 최근 자연재해로 생산 설비가 파괴되어 생산 비용이 크게 증가하였다. 갑국 정부는 국채를 발행하여 자연재해로 인한 피해를 극복하기 위한 재정지출을 늘리는 한편, 중앙은행은 공개 시장 운영을 통하여 발행된 국채를 전량 매입하였다. 다음 설명 중 옳은 것은? (단, 폐쇄경제 $IS-LM$ 및 $AD-AS$ 분석을 이용하며 IS곡선과 AD곡선은 우하향하고, LM곡선과 AS곡선은 우상향한다)

① 갑국에서 통화량이 증가하였다.
② 갑국에서 IS곡선이 좌측 이동하였다.
③ 갑국에서 물가가 하락하였다.
④ 갑국 정부의 재정적자가 감소하였다.
⑤ 갑국에서 AS곡선이 우측 이동하였다.

40

☑ 확인Check! ○ △ ✕

어느 거시경제에서 다음과 같이 화폐시장 균형과 피셔방정식이 성립한다.

- 화폐시장 균형 : $\dfrac{M}{P} = \dfrac{Y}{V}$
- 피셔방정식 : $i = r + \pi^e$

여기서 M, P, Y, V, i, r, π^e는 통화 공급량, 물가, 생산량, 화폐유통속도, 명목이자율, 실질이자율, 기대 인플레이션을 나타낸다. 이 경제에서 T시점 전까지 통화 공급량 증가율이 5%, 생산량 증가율이 2%, 실질이자율이 3%로 지속되어 왔다. T시점에서 통화 공급량 증가율이 예고 없이 7%로 영구히 상승하였다. 다음 설명 중 옳은 것을 모두 고르면? (단, 화폐유통속도는 일정하고, 생산량 증가율 및 실질이자율은 변하지 않으며 기대는 합리적으로 이루어진다)

가. T시점 전의 인플레이션은 2%이다.
나. T시점 후의 명목이자율은 8%이다.
다. T시점 후의 기대인플레이션은 T시점 전에 비해 5%포인트 높다.

① 가   ② 나
③ 가, 나   ④ 나, 다
⑤ 가, 나, 다

✅ Time　　분　|　정답 및 해설편 250p

※ 각 문제의 보기 중에서 물음에 가장 합당한 답을 고르시오.

01

다음 중 저량변수(stock variable)는?

① 소 비

② 저 축

③ 국내총생산

④ 외환보유고

⑤ 감가상각

02

소득 20으로 X재와 Y재만을 구매하는 소비자가 있다. 이 소비자가 이용하는 상점에서 X재와 Y재의 가격은 각각 1이었는데, 최근 이 상점에서 개업 기념으로 X재를 10단위 이상 구입하는 경우 구입한 X재 전체에 대해 가격을 0.5로 할인해주는 행사를 실시하였다. X재를 10단위 미만 구입하는 경우에는 할인이 적용되지 않는다. 이로 인해 늘어난 예산집합의 면적은?

① 100

② 175

③ 200

④ 325

⑤ 375

03

소득 M으로 X재와 Y재만을 소비하는 어느 소비자의 효용함수가 $u(x, y) = x + y$이다. X재의 가격은 P, Y재의 가격은 1이다. 이 소비자가 효용을 극대화할 때, 다음 설명 중 옳은 것만을 <u>모두</u> 고르면?

가. P가 하락하면 효용은 항상 증가한다.

나. 효용의 변화율은 M의 변화율과 같다.

다. P가 2에서 0.5로 하락하면 X재에 대해 대체효과만 발생한다.

① 가   ② 나

③ 다   ④ 가, 나

⑤ 나, 다

04

X재와 Y재만을 소비하며 소득이 1인 어느 소비자의 효용함수가 $u(x, y) = -\dfrac{1}{x} + y$이다. X재의 가격은 P, Y재의 가격은 1이다. 다음 설명 중 옳은 것은?

① 이 소비자에게 X재는 비재화이다.

② y값이 같다면 한계대체율은 x값에 관계없이 일정하다.

③ X재 수요곡선에 수평인 부분이 존재한다.

④ X재 수요곡선은 45°선을 기준으로 대칭이다.

⑤ X재에 대한 지출이 극대화되는 가격이 여러 개 존재한다.

05

☑ 확인 Check! ○ △ ✕

소득 20으로 X재와 Y재만을 소비하여 효용을 극대화하는 소비자의 효용함수가 $u(x, y) = \sqrt{xy}$ 이다. X재, Y재의 가격은 원래 각각 1이었는데, 가격 인상으로 각각 2와 8이 되었다. 가격 인상 후 이 소비자가 원래의 효용 수준을 누리기 위해 필요한 소득 증가분의 최솟값은?

① 20
② 30
③ 40
④ 60
⑤ 80

06

☑ 확인 Check! ○ △ ✕

소득 12로 X재와 Y재만을 구매하는 소비자가 있다. 이 소비자는 X재 가격이 2, Y재 가격이 1일 때 X재 2단위, Y재 8단위를 선택하였다. X재 가격이 1, Y재 가격이 2로 바뀔 때, 현시선호이론에 입각한 설명으로 옳은 것은?

① $(x, y) = (2, 5)$를 선택하면 약공리가 위배된다.
② $(x, y) = (6, 3)$을 선택하면 약공리가 위배된다.
③ $(x, y) = (8, 2)$를 선택하면 약공리가 위배된다.
④ $(x, y) = (10, 1)$을 선택하면 약공리가 위배된다.
⑤ 예산선상의 어느 점을 선택하더라도 약공리가 위배되지 않는다.

07

자산이 100인 갑은 $\frac{1}{2}$의 확률로 도난에 따른 손실 51을 입을 위험에 처해 있다. 자산액을 m이라 할 때 갑의 효용은 $\sqrt{m}$이다. 갑이 가격이 19인 보험상품을 구입하면 도난 발생 시 손실의 $(\alpha \times 100)$%를 보상받는다. 기대효용을 극대화하는 갑이 보험상품을 구입하기 위한 α의 최솟값은? (단, 구입과 비구입 간에 무차별하면 갑은 보험상품을 구입한다)

① $\frac{1}{7}$

② $\frac{1}{3}$

③ $\frac{2}{3}$

④ $\frac{3}{4}$

⑤ $\frac{4}{5}$

08

갑과 을이 동시에 1, 2, 3 중 하나의 숫자를 선택한다. 둘이 선택한 숫자가 다를 경우, 더 작은 수를 선택한 사람이 자신이 선택한 숫자의 2배를 상금으로 받고 다른 사람은 상금을 전혀 받지 못한다. 둘이 같은 숫자를 선택한 경우, 둘 다 자신이 선택한 값을 상금으로 받는다. 다음 중 이 게임의 내쉬균형을 모두 고르면?

가. 갑, 을 모두 1을 선택한다.
나. 갑, 을 모두 2를 선택한다.
다. 갑, 을 모두 3을 선택한다.
라. 한 사람이 다른 사람보다 1 큰 숫자를 선택한다.

---

① 가, 나

② 가, 다

③ 나, 다

④ 나, 라

⑤ 다, 라

09

어느 경제에 두 사람 1, 2가 있다. 공공재 G로부터 사람 i가 얻는 한계편익(MB_i)은 다음과 같다.

- $MB_1(G) = \begin{cases} 50 - G, & G \leq 50인 \ 경우 \\ 0, & G > 50인 \ 경우 \end{cases}$

- $MB_2(G) = \begin{cases} 50 - \dfrac{1}{2}G, & G \leq 100인 \ 경우 \\ 0, & G > 100인 \ 경우 \end{cases}$

공공재 생산의 한계비용은 20이다. 최적 수준의 공공재가 공급될 때 사람 1이 얻는 총편익은?

① 0
② 1,000
③ 1,250
④ 1,875
⑤ 3,125

10

보험시장에서 정보의 비대칭성에 의해 나타나는 시장실패를 개선하기 위한 다음 조치 중 성격이 다른 하나는?

① 건강 상태가 좋은 가입자의 의료보험료를 할인해준다.
② 화재가 발생한 경우 피해액의 일정 비율만을 보험금으로 지급한다.
③ 실손의료보험 가입자의 병원 이용 시 일정액을 본인이 부담하게 한다.
④ 실업보험 급여를 받기 위한 요건으로 구직 활동과 실업 기간에 대한 규정을 둔다.
⑤ 보험 가입 이후 가입기간 동안 산정한 안전운전 점수가 높은 가입자에게는 보험료 일부를 환급해준다.

11

X재와 Y재만을 소비하는 어느 소비자가 사전편찬식 선호(lexicographic preference)를 갖는다. 즉, 두 소비묶음 $a=(x_1,\ y_1)$과 $b=(x_2,\ y_2)$에 대해 만약 $x_1 > x_2$이거나, $x_1 = x_2$이며 $y_1 > y_2$이면, a를 b보다 선호한다. 이 소비자의 X재에 대한 수요함수와 동일한 수요함수가 도출되는 효용함수는?

① $u(x,\ y)=x$

② $u(x,\ y)=x+y$

③ $u(x,\ y)=y$

④ $u(x,\ y)=xy$

⑤ $u(x,\ y)=\min\{x,\ y\}$

12

X재와 Y재만을 소비하는 어느 소비자의 효용함수가 다음과 같다.

$$u(x,\ y)=\max\{2x+y,\ x+2y\}$$

Y재의 가격이 1로 주어진 경우, 효용을 극대화하는 이 소비자에 대한 설명으로 옳은 것만을 모두 고르면?

가. X재 가격의 각 수준에 대해 효용극대점은 유일하다.
나. 두 재화의 소비량이 같은 효용극대점이 존재한다.
다. X재 수요가 단위 탄력적인 점이 존재한다.
라. X재 수요가 완전 비탄력적인 점이 존재한다.

① 가, 나   ② 가, 다

③ 나, 다   ④ 나, 라

⑤ 다, 라

13

노동(L)과 자본(K)을 이용해 상품 Y를 생산하는 기업이 다음과 같은 세 가지 생산공정을 가지고 있다.

- 공정1 : $y = \min\left\{L, \dfrac{K}{3}\right\}$
- 공정2 : $y = \min\left\{\dfrac{2}{3}L, \dfrac{2}{3}K\right\}$
- 공정3 : $y = \min\left\{\dfrac{L}{3}, K\right\}$

노동과 자본의 가격이 각각 w와 r일 때, 다음 설명 중 옳은 것은?

① $w > r$이면 공정1만 사용된다.
② $w < r$이면 공정2만 사용된다.
③ $w = r$이면 공정2와 공정3이 동시에 사용될 수 있다.
④ 규모수익이 증가한다.
⑤ 이 기업의 비용함수는 선형이다.

14

노동(L)과 자본(K)을 이용해 Y재를 생산하는 어느 기업의 생산함수가 다음과 같다.

$$y = L^{1/2}K^{1/2}$$

노동과 자본의 가격은 모두 1로 동일하다. 이 기업의 한계비용함수는?

① $2y$
② $\sqrt{2}\,y$
③ 2
④ $\sqrt{2}$
⑤ $\dfrac{1}{\sqrt{2}}$

15

확인 Check! ○ △ ✕

어느 완전경쟁시장에서 수요 $Q_D = 30 - p$와 공급 $Q_S = p$가 주어져 있다. 정부가 생산자에게 판매금액의 50%에 해당하는 종가세(ad valorem tax)를 부과할 때 발생하는 사회적 후생손실은? (단, p는 시장가격, Q_D는 수요량, Q_S는 공급량을 나타낸다)

① 4.5
② 9
③ 12
④ 18
⑤ 36

16

확인 Check! ○ △ ✕

분리 가능한 두 시장 A, B에서 하나의 독점기업이 3급 가격차별을 하려 한다. 두 시장에서의 역수요함수가 각각 다음과 같다.

- $p_A = 30 - y_A$
- $p_B = 40 - 2y_B$

이 독점기업의 한계비용이 4이며, 생산시설의 한계로 생산량이 10을 넘지 못할 때 시장 A에서의 판매량은? (단, p_i와 y_i는 각각 시장 i에서의 가격과 수량을 나타낸다)

① 4
② 5
③ 6
④ 7
⑤ 8

17

☑ 확인 Check! ○ △ ✕

수요가 $y = 15 - p$인 시장에서 두 기업 A와 B가 쿠르노 경쟁을 한다. 기업 A와 B의 한계비용이 각각 1과 2일 때, 내쉬균형에서 시장가격은? (단, p는 시장가격, y는 시장수요량을 나타낸다)

① 3

② 4

③ 5

④ 6

⑤ 7

18

☑ 확인 Check! ○ △ ✕

두 소비자 1과 2가 두 재화 X와 Y를 소비하는 순수교환경제를 고려하자. 소비자 1은 초기에 X재 1단위, Y재 2단위의 부존자원을 가지고 있으며 효용함수는 다음과 같다.

$$u_1(x_1, \ y_1) = 2x_1 + 3y_1$$

소비자 2는 초기에 X재 2단위, Y재 1단위의 부존자원을 가지고 있으며 효용함수는 다음과 같다.

$$u_2(x_2, \ y_2) = \sqrt{x_2} + \sqrt{y_2}$$

이 경제의 경쟁균형(competitive equilibrium) 소비점에서 소비자 2의 Y재로 표시한 X재의 한계대체율은?

① $\dfrac{2}{3}$

② 1

③ $\dfrac{3}{2}$

④ $\sqrt{\dfrac{2}{3}}$

⑤ $\sqrt{\dfrac{3}{2}}$

19

☑ 확인 Check! ○ △ ✕

어느 국가의 제조업 부문과 서비스업 부문 노동의 한계생산물이 다음과 같다.

• 제조업 부문 노동의 한계생산물 : $\dfrac{2}{\sqrt{L_M}}$

• 서비스업 부문 노동의 한계생산물 : $\dfrac{1}{\sqrt{L_S}}$

이 국가에서는 제조업과 서비스업 부문 간의 노동 이동이 자유로워 제조업과 서비스업 부문의 명목임금이 W로 같다. 신고전학파의 분배이론을 적용할 경우 다음 설명 중 옳은 것만을 <u>모두</u> 고르면? (단, L_M과 L_S는 각각 제조업과 서비스업 부문의 노동 투입, P_M과 P_S는 각각 제조업과 서비스업 부문의 생산물 가격을 나타낸다)

가. L_M과 L_S가 같다면 W/P_S는 W/P_M의 2배이다.

나. W가 1이고 P_M이 20이면 L_M은 16이다.

다. P_M과 P_S가 같고 L_M과 L_S의 합계가 50이라면 L_S는 10이다.

---

① 가

② 나

③ 다

④ 가, 나

⑤ 나, 다

20

☑ 확인 Check! ○ △ ✕

X재와 Y재만을 생산하는 두 국가 A국, B국으로 이루어진 리카르도 모형을 가정하자. A국과 B국의 노동자 수는 각각 600으로 동일하다. 두 국가에서 교역 이전에는 X재 산업에 고용된 노동자 수와 Y재 산업에 고용된 노동자 수가 동일하다. 즉, $L_X^A = L_Y^A$, $L_X^B = L_Y^B$이다. 교역이 이루어지는 경우 각국은 비교우위가 있는 재화 생산에 완전특화한 후 X재와 Y재를 1 : 1로 교환한다. A국과 B국에서 각 재화 한 단위를 생산하는 데 소요되는 노동자 수는 아래 표와 같다. 다음 설명 중 <u>옳지 않은</u> 것은? (단, L_j^i는 i국의 j재 산업에 고용된 노동자 수이다)

구 분	A국	B국
X재	2	6
Y재	3	4

① A국은 모든 재화에 대해 절대우위를 갖는다.

② 교역 이전에 A국은 Y재를 100단위 생산한다.

③ 교역이 이루어지면 A국의 X재 생산량은 교역 이전의 두 배가 된다.

④ 교역이 이루어지면 A국과 B국의 X재 생산량 합계는 교역 이전에 비해 100단위 늘어난다.

⑤ 교역 전후 B국의 X재 소비량이 동일하다면 교역 이후 B국의 Y재 소비량은 125단위이다.

76 공인회계사 1차 경제원론(문제편)

21

헥셔-올린 모형에 관한 다음 설명 중 옳은 것만을 <u>모두</u> 고르면?

가. 생산기술 차이에 따른 국가 간 교역 발생을 설명하는 이론이다.
나. 완전한 자유무역이 이루어지면 양국의 생산요소 가격은 절대적으로 균등화된다.
다. 완전한 자유무역이 이루어지면 자본이 풍부한 국가의 자본집약도는 증가한다.

① 가
② 나
③ 다
④ 가, 다
⑤ 나, 다

22

X재를 교역하는 수입국과 수출국에 관한 다음 설명 중 옳은 것만을 <u>모두</u> 고르면? (단, 수요곡선은 우하향하고 공급곡선은 우상향한다)

가. 교역 이후 수출국의 X재 가격은 상승하나 수입국의 X재 가격은 하락한다.
나. 대국인 수입국이 수입관세를 부과할 경우 수입국의 후생 변화는 불분명하다.
다. 소국인 수입국이 수입관세를 부과할 경우 수입국에서 소비자는 손실을 보고 생산자는 이득을 얻는다.
라. 수출국이 수출보조금을 도입하는 경우 수출국의 후생은 증가한다.

① 가, 나
② 나, 다
③ 디, 리
④ 가, 나, 다
⑤ 가, 다, 라

23

폐쇄경제였던 어느 소규모 국가가 자본이동이 자유로운 개방경제로 전환하였다. 괄호 안의 $a \sim c$에 들어갈 말로 바르게 짝지은 것은?

가. IS곡선은 폐쇄경제였을 때에 비해 더 (a) 기울기를 갖는다.

나. 변동환율제도를 채택한다면 AD곡선은 폐쇄경제였을 때에 비해 더 (b) 기울기를 갖는다.

다. 고정환율제도를 채택한다면 AD곡선은 폐쇄경제였을 때에 비해 더 (c) 기울기를 갖는다.

	a	b	c
①	가파른	완만한	가파른
②	가파른	가파른	완만한
③	가파른	가파른	가파른
④	완만한	완만한	가파른
⑤	완만한	가파른	완만한

24

케인즈학파와 비교한 고전학파 이론의 특징과 관련한 설명으로 옳은 것만을 <u>모두</u> 고르면?

가. 가격이 신축적이다.

나. 총공급곡선이 수평이다.

다. 화폐공급의 증가는 총생산에 영향을 미치지 못한다.

라. 재정정책의 변화가 총생산에 미치는 영향을 강조한다.

① 가, 나   ② 가, 다

③ 나, 다   ④ 나, 라

⑤ 다, 라

25

디플레이션에 대처하기 위한 경제정책에 대한 입장과 학파를 바르게 짝지은 것은?

가. 정부정책에 대해 민간이 충분히 신뢰하는 상황이라면 통화량을 늘릴 계획을 발표하는 것으로 충분하다.

나. 디플레이션의 원인은 통화에 있으므로 통화량을 늘리고 준칙에 따른 통화정책을 수행하면 된다.

다. 디플레이션의 원인은 유효수요 부족에 기인하므로 재정정책을 통해 소득을 확대시켜야 한다.

	가	나	다
①	새고전학파	통화주의학파	케인즈학파
②	새고전학파	케인즈학파	통화주의학파
③	케인즈학파	새고전학파	통화주의학파
④	케인즈학파	통화주의학파	새고전학파
⑤	통화주의학파	새고전학파	케인즈학파

26

비경제활동인구가 존재하지 않는 경제의 노동시장에서 이번 기(t)의 실업자(U_t) 중에서 다음 기$(t+1)$에 고용되는 비율은 e, 이번 기의 취업자 중에서 다음 기에 실업자로 전환되는 비율은 b이다. 즉, 이번 기의 경제활동인구를 L_t라고 하면 다음 기의 실업자는 아래 식과 같이 결정된다.

$$U_{t+1} = (1-e)U_t + b(L_t - U_t)$$

이 경제의 인구 증가율이 n이다. 즉, $L_{t+1} = (1+n)L_t$이다. 장기균형에서의 실업률은?

① $\dfrac{e+b}{n+b}$

② $\dfrac{n+e}{n+b}$

③ $\dfrac{n+e}{n+e+b}$

④ $\dfrac{b}{n+e+b}$

⑤ $\dfrac{e}{n+e+b}$

A국은 X재와 Y재 두 재화만을 생산한다. 2010년과 2011년에 A국에서 생산된 각 재화의 시장가격과 거래금액은 아래와 같다. 이때 2010년을 기준연도로 하여 2011년 GDP 디플레이터를 구하는 산식으로 옳은 것은? (단, 그해 A국에서 생산된 재화는 그해에 모두 A국 시장에서 거래되어 소비되었다)

연 도	시장가격(원)		거래금액(원)	
	X재	Y재	X재	Y재
2010년	P_0^x	P_0^y	M_0^x	M_0^y
2011년	P_1^x	P_1^y	M_1^x	M_1^y

① $\dfrac{M_1^x + M_1^y}{P_0^x \dfrac{M_1^x}{P_1^x} + P_0^y \dfrac{M_1^y}{P_1^y}}$

② $\dfrac{M_1^x + M_1^y}{P_1^x \dfrac{M_1^x}{P_0^x} + P_1^y \dfrac{M_1^y}{P_0^y}}$

③ $\dfrac{P_0^x \dfrac{M_1^x}{P_1^x} + P_0^y \dfrac{M_1^y}{P_1^y}}{M_0^x + M_0^y}$

④ $\dfrac{P_1^x \dfrac{M_1^x}{P_0^x} + P_1^y \dfrac{M_1^y}{P_0^y}}{M_0^x + M_0^y}$

⑤ $\dfrac{P_1^x \dfrac{M_1^x}{P_0^x} + P_1^y \dfrac{M_1^y}{P_0^y}}{P_0^x \dfrac{M_1^x}{P_1^x} + P_0^y \dfrac{M_1^y}{P_1^y}}$

28

A국의 통화당국은 통화량 또는 이자율을 중간목표로 운영하여 소득변동을 최소화함으로써 경기를 안정시키는 정책목표를 달성하고자 한다. 통화량 중간목표제는 통화량을 현재 수준으로, 이자율 중간목표제는 이자율을 현재 수준으로 유지하는 것이다. 재화시장에 충격이 발생하여 IS곡선이 이동하였다고 하자. $IS-LM$곡선을 이용한 분석으로 옳은 것만을 <u>모두</u> 고르면? (단, IS곡선은 우하향하고 LM곡선은 우상향한다)

> 가. 통화량 중간목표제가 이자율 중간목표제에 비해 정책목표 달성에 더 효과적이다.
> 나. 통화량 중간목표제의 경기안정 효과는 화폐수요의 이자율탄력성이 높을수록 작아진다.
> 다. 이자율 중간목표제의 경기안정 효과는 투자의 이자율탄력성이 높을수록 커진다.

① 가
② 나
③ 가, 나
④ 나, 다
⑤ 가, 나, 다

29

대표적 소비자의 생애효용함수가 다음과 같다.

$$U(c_1,\ c_2) = \sqrt{c_1} + \frac{1}{1+r}\sqrt{c_2}$$

이 소비자는 1기에 근로소득 y를 얻는 반면, 2기에는 근로소득이 없다. 이 소비자가 1기에 s를 저축하면 2기에 원리금 $(1+r)s$를 돌려받는다. 정부가 1기에 τy를 걷은 다음, 2기에 원리금 $(1+r)\tau y$를 돌려주는 공적연금정책을 도입하려 한다. 이에 따른 각 시기의 예산제약식은 다음과 같다.

> • 1기 : $c_1 = (1-\tau)y - s$
> • 2기 : $c_2 = (1+r)(\tau y + s)$

이 경우 공적연금이 개인저축을 구축하며 τ^* 이상에서는 개인저축이 0이다. τ^*의 최솟값은? (단, c_t는 t기의 소비를 나타낸다)

① $\dfrac{1}{1+r}$
② $\dfrac{1}{2+r}$
③ $\dfrac{1}{3+r}$
④ $\dfrac{r}{1+r}$
⑤ $\dfrac{r}{2+r}$

30

다음 그림은 고정환율제를 채택하고 있는 어느 소규모 개방경제의 $IS-LM-BP$곡선을 나타낸다. BP곡선은 BP_1과 BP_2 중 하나이다. 다음 설명 중 옳지 않은 것은? (단, 현재 균형점은 E이다)

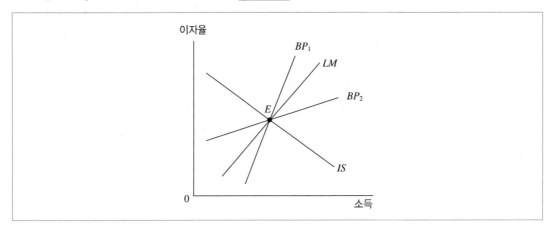

① 자본의 이동은 BP_1인 경우보다 BP_2인 경우에 더 자유롭다.
② 확장적 재정정책이 시행되면 BP_1인 경우와 BP_2인 경우 모두 이자율이 상승한다.
③ 확장적 재정정책에 따른 소득 증가효과는 BP_1인 경우보다 BP_2인 경우에 더 크다.
④ 확장적 재정정책에 따른 구축효과는 BP_1인 경우보다 BP_2인 경우에 더 크다.
⑤ 확장적 통화정책이 소득에 미치는 효과는 BP_1인 경우와 BP_2인 경우에 동일하다.

31

다음 그림은 자국통화의 평가절하에 따른 경상수지 변화를 나타낸다. 구간 (가), (나)에서 나타나는 외화표시 수출가격 및 수출물량 변화에 대한 설명으로 가장 적절한 것은?

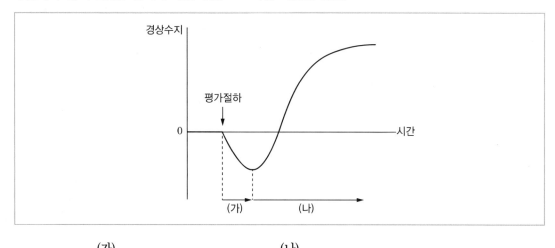

	(가)		(나)	
	수출가격	수출물량	수출가격	수출물량
①	상 승	불 변	상 승	불 변
②	하 락	불 변	상 승	증 가
③	하 락	불 변	하 락	증 가
④	불 변	감 소	하 락	증 가
⑤	불 변	감 소	불 변	증 가

32

다음 중 우리나라 국제수지상의 경상수지 흑자로 기록되는 것은?

① 한국은행이 IMF로부터 10억 달러를 차입했다.
② 외국 투자자들이 국내 증권시장에서 1억 달러 어치의 국내 기업 주식을 매입했다.
③ 국내 기업 A가 특허권을 외국에 매각하고 20만 달러를 벌었다.
④ 외국에서 1년 미만 단기로 일하는 우리나라 근로자가 근로소득으로 받은 10만 달러를 국내로 송금했다.
⑤ 우리나라 정부가 개발도상국에 2천만 달러의 무상원조를 제공했다.

33

우리나라의 반도체 수출업자가 미국에 1만 달러의 상품을 수출하고 그 대금을 6개월 후에 지급받기로 계약했다. 현재 선물시장에서 6개월 후 달러의 선물가격은 1,170원이다. 원화 금융시장에서 연간 이자율은 10%, 달러화 금융시장에서 연간 이자율은 12%이다. 수출업자가 수출계약 체결과 동시에 시행할 수 있는 환위험 관리전략은 아래와 같다. 현물환율이 현재 달러당 1,200원에서 6개월 후에 달러당 1,150원이 된다면 6개월 후에 수출업자가 얻는 이득이 큰 순으로 나열된 것은? (단, 수수료 및 거래비용은 없다)

> (가) 6개월 후에 1만 달러를 팔기로 하는 선물계약을 체결한다.
> (나) 6개월 후에 원리금 1만 달러를 갚기로 하고 달러화 금융시장에서 해당 원금을 빌린 후에 원화 금융시장에 6개월 동안 투자한다.
> (다) 아무런 조치를 취하지 않는다.

① (가) – (나) – (다)
② (가) – (다) – (나)
③ (나) – (가) – (다)
④ (나) – (다) – (가)
⑤ (다) – (가) – (나)

34

아래 표는 자국통화 표시 빅맥 가격과 미국 달러화 대비 자국통화의 현재 환율을 나타낸다. 미국의 빅맥 가격이 4달러일 때, 빅맥 PPP(Purchasing Power Parity)에 근거한 환율 대비 현재 환율이 높은 순으로 국가를 나열한 것은?

국 가	자국통화 표시 빅맥 가격	현재 환율
A	30	5
B	200	100
C	100	20

① $A-B-C$
② $A-C-B$
③ $B-C-A$
④ $C-A-B$
⑤ $C-B-A$

35

기술진보가 없는 솔로우 모형을 고려하자. 총생산함수는 다음과 같다.

$$Y_t = K_t^{1/2} L_t^{1/2}$$

감가상각률과 저축률은 각각 10%, 30%이다. 노동(인구)증가율이 0%일 때의 정상상태(steady state)와 비교하여 −2%일 때의 정상상태에 대한 다음 설명 중 옳은 것은? (단, Y_t, K_t, L_t는 각각 t기 경제 전체의 생산, 자본, 노동을 나타낸다)

① 1인당 자본이 감소한다.
② 1인당 생산이 감소한다.
③ 1인당 소비가 감소한다.
④ 1인당 생산 대비 1인당 소비 비율은 변하지 않는다.
⑤ 1인당 생산 대비 1인당 자본 비율은 변하지 않는다.

36

다음 개방경제 모형을 고려하자.

- IS : $Y = C(Y) + I(i) + G_0 + NX(EP_0^*/P_0, \ Y_0^*)$
- LM : $\dfrac{M_0}{P_0} = L(Y, \ i)$
- UIP(유위험이자율평가) : $i = i_0^* + (E_0^e - E)/E$

외국 소득 감소에 따른 분석으로 옳지 않은 것은? (단, Y, C, I, i, G, NX, E, P, M/P, L, E^e는 각각 소득, 소비, 투자, 명목이자율, 정부지출, 순수출, 명목환율, 물가, 실질화폐공급, 실질화폐수요, 기대환율이고, 위 첨자 (*)가 있는 변수는 외국 변수이며 아래 첨자 0이 표시되어 있는 변수는 외생변수이다. 소비는 소득의 증가함수, 투자는 명목이자율의 감소함수, 순수출은 실질환율(EP^*/P), 외국 소득에 대하여 모두 증가함수이며, 실질화폐수요는 소득, 명목이자율에 대하여 각각 증가함수, 감소함수이다)

① 명목환율이 하락한다.
② 명목이자율이 하락한다.
③ 소득이 감소한다.
④ 투자가 증가한다.
⑤ 소비가 감소한다.

다음 그림은 어느 폐쇄경제의 $IS-LM$ 균형과 완전고용생산량(Y^f)을 나타낸다. 현재의 이자율을 변경하지 않고 완전고용생산량을 달성하기 위한 중앙은행과 정부의 정책조합으로 가장 적절한 것은?

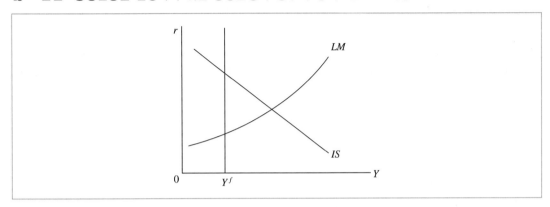

	중앙은행	정 부
①	국공채 매입	재정지출 확대
②	국공채 매입	재정지출 축소
③	국공채 매각	재정지출 불변
④	국공채 매각	세금 인하
⑤	국공채 매각	세금 인상

38

☑ 확인 Check! ○ △ ✕

다음 그림은 폐쇄경제인 A국의 화폐시장, 대부자금시장, $IS-LM$ 및 $AD-AS$ 균형을 나타낸다. 소비가 외생적으로 감소한 경우 다음 설명 중 옳은 것은? (단, M/P, L, S, I, r, Y, C, G, T, P는 각각 실질화폐잔고 공급, 실질화폐잔고 수요, 저축, 투자, 이자율, 총생산, 소비, 정부지출, 조세, 물가를 나타낸다)

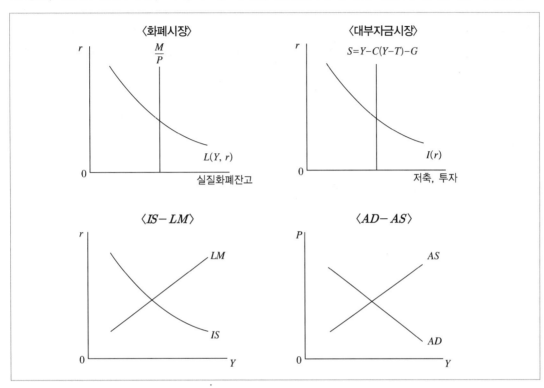

① 대부자금시장에서 저축곡선이 좌측 이동한다.
② $IS-LM$에서 IS곡선이 상향 이동한다.
③ $AS-AD$에서 AS곡선이 좌측 이동한다.
④ 화폐시장에서 실질화폐잔고 공급곡선이 좌측 이동한다.
⑤ 화폐시장에서 실질화폐잔고 수요곡선이 좌측 이동한다.

39

어느 경제의 필립스 곡선이 다음과 같다.

$$\pi = \pi^e - 0.5(u - 0.05)$$

이 경제에서 장기 필립스 곡선(LPC)과 단기 필립스 곡선(SPC)을 따라 인플레이션율을 각각 1% 포인트 낮출 때 실업률의 변화는? (단, π, π^e, u는 각각 인플레이션율, 기대인플레이션율, 실업률을 나타낸다)

	LPC	SPC
①	변화 없음	2% 포인트 증가
②	변화 없음	2% 포인트 감소
③	2% 포인트 증가	2% 포인트 증가
④	2% 포인트 감소	2% 포인트 감소
⑤	2% 포인트 증가	변화 없음

40

다음은 어느 경제의 $AD-AS$ 곡선과 필립스 곡선을 나타낸다. $AD-AS$ 균형이 $A \rightarrow B \rightarrow C$로 이동할 경우 필립스 곡선에서 해당하는 균형 이동으로 적절한 것은?

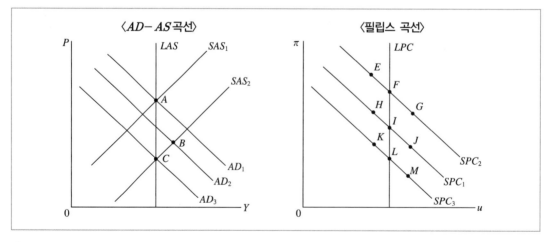

① $I \rightarrow H \rightarrow I$

② $I \rightarrow J \rightarrow L$

③ $I \rightarrow K \rightarrow L$

④ $L \rightarrow M \rightarrow L$

⑤ $F \rightarrow I \rightarrow J$

　Time　분 | 정답 및 해설편 265p

※ 각 문제의 보기 중에서 물음에 가장 합당한 답을 고르시오.

01

☑ 확인 Check! ○ △ X

정보의 비대칭성으로 인해 시장에 저품질 상품은 많아지는 반면, 고품질 상품이 적어지는 현상을 가리키는 용어는?

① 무지의 장막(veil of ignorance)
② 죄수의 딜레마(prisoner's dilemma)
③ 무임승차자 문제(free-rider problem)
④ 공유지의 비극(tragedy of commons)
⑤ 역선택(adverse selection)

02

☑ 확인 Check! ○ △ X

A는 자신의 소득을 모두 사용하여 X재와 Y재만을 소비하고 이를 통해 효용을 얻는다. X재 가격은 10, Y재 가격은 4이다. A는 소득이 100일 때 X재 6개와 Y재 10개를 소비하고, 소득이 130일 때 X재 7개와 Y재 15개를 소비했다. A의 수요에 대한 설명 중 옳은 것을 모두 고르면?

> 가. X재는 열등재이고, Y재는 정상재이다.
> 나. X재는 사치재이고, Y재는 필수재이다.
> 다. 소득을 세로 축에 두었을 때 X재의 엥겔곡선 기울기는 Y재보다 더 가파르다.
> 라. 소득확장경로는 우상향한다.

① 가, 나　　　　　　② 가, 다
③ 나, 다　　　　　　④ 나, 라
⑤ 다, 라

03

다음은 X재 수요에 대한 분석 결과이다.

- Y재 가격 변화에 대한 수요의 교차가격 탄력성 : -0.5
- Z재 가격 변화에 대한 수요의 교차가격 탄력성 : 0.6
- 수요의 소득 탄력성 : -0.5

다음 중 X재 수요를 가장 크게 증가시키는 경우는? (단, Y재 가격 변화 시 Z재 가격은 불변이고, Z재 가격 변화 시 Y재 가격은 불변이다)

① Y재 가격 1% 인상과 소득 1% 증가
② Y재 가격 1% 인상과 소득 1% 감소
③ Y재 가격 1% 인하와 소득 1% 증가
④ Z재 가격 1% 인상과 소득 1% 감소
⑤ Z재 가격 1% 인하와 소득 1% 감소

04

기업 A는 자본(K)과 노동(L)만을 생산요소로 투입하여 최종산출물(Q)을 생산하며, 생산함수는 $Q = K^{1/2}L^{1/2}$이다. K와 L의 가격이 각각 r과 w일 때, 다음 설명 중 옳은 것을 <u>모두</u> 고르면?

가. 생산함수는 규모수익불변이다.

나. 비용(C)과 노동은 $C = 2wL$을 만족한다.

다. 비용극소화 조건은 $K = \dfrac{r}{w}L$로 표현할 수 있다.

라. r은 100, w는 1이고, 목표산출량이 50이라면 최적 요소투입량은 노동 500단위, 자본 6단위이다.

① 가, 나   ② 가, 다
③ 나, 다   ④ 나, 라
⑤ 다, 라

05

다음은 대규모 재정이 투입되는 공공투자사업의 경제적 타당성 평가에 대한 설명이다. 이 사업은 분석기간 (=공사기간+완공 후 30년) 초기에 사업비용의 대부분이 발생하는 반면, 편익은 후기에 대부분 발생한다. 분석기간 동안의 비용−편익 분석을 수행해 보니, 5.5%의 사회적 할인율 수준에서 편익/비용 비율(B/C ratio)이 정확히 1.0이었다. 그런데 경제상황이 변해 사회적 할인율을 4.5%로 변경하여 다시 분석을 하게 되었다. 새로운 분석결과에 대한 다음 설명 중 옳은 것은?

① 분석기간 동안 발생한 할인 전 편익의 총합이 할인 전 비용의 총합보다 더 많이 증가하였다.
② 할인 후 편익의 총합은 증가하고, 할인 후 비용의 총합은 감소하였다.
③ 순현재가치(NPV)는 감소하여 0보다 작아졌다.
④ 편익/비용 비율은 증가하여 1.0보다 커졌다.
⑤ 내부수익률(IRR)은 더 커졌다.

06

다음은 강 상류에 위치한 생산자 A와 강 하류에 위치한 피해자 B로만 구성된 경제를 묘사한 것이다. A는 제품(Q)의 생산 과정에서 불가피하게 오염물질을 배출하며, 이로 인해 B에게 피해를 발생시킨다. 강의 소유권은 B에게 있으며, A의 한계편익(MB_A)과 B의 한계비용(MC_B)은 각각 다음과 같다.

- $MB_A = 10 - \dfrac{1}{2}Q$

- $MC_B = \dfrac{1}{2}Q$

A의 고정비용 및 한계비용은 없고, B의 한계편익도 없다. 양자가 협상을 통해 사회적으로 바람직한 산출량을 달성할 수 있다면, 피해보상비를 제외하고 A가 지불할 수 있는 협상비용의 최댓값은?

① 25
② 50
③ 75
④ 100
⑤ 125

시간만을 부존(endowments)으로 하는 여가–노동공급 결정 모형을 가정하자. 표는 정부가 저소득층 소득 증대와 노동참여 활성화를 위해 도입한 정책을 나타낸다. 이 정책에 따라 예산선은 다음 그림의 가는 실선에서 굵은 실선으로 변경되었다.

소 득	보조금 지급액
100만원 미만	소득 1원당 50%
100만원 이상~300만원 미만	50만원
300만원 이상~500만원 미만	50만원－소득 1원당 10%

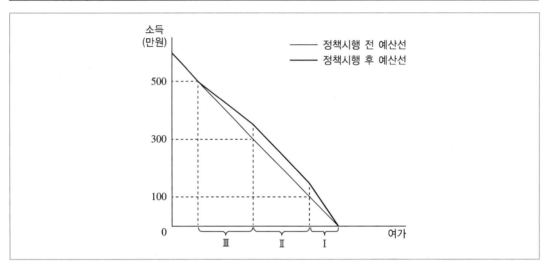

여가는 정상재라고 가정할 때, 정책시행에 따른 노동공급 변화에 대한 다음 설명 중 옳은 것만을 <u>모두</u> 고르면? (단, 무차별곡선은 원점에 대해 강볼록하다)

가. 정책시행 전 Ⅰ구간에 속한 사람에게는 대체효과와 소득효과가 노동공급에 대해 반대방향으로 작용하므로, 노동공급이 증가할지 감소할지 명확하지 않다.

나. 정책시행 전 Ⅱ구간에 속한 사람에게는 대체효과와 소득효과 모두 노동공급에 대해 같은 방향으로 작용하므로, 노동공급은 감소할 것이다.

다. 정책시행 전 Ⅲ구간에 속한 사람에게는 대체효과와 소득효과 모두 노동공급에 대해 같은 방향으로 작용하므로, 노동공급은 감소할 것이다.

① 가
② 가, 나
③ 가, 다
④ 나, 다
⑤ 가, 나, 다

08

A는 매일 자가운전으로 출근한다. A가 자동차 주행속도를 S로 선택했을 때 사고 없이 직장에 도착하는 데 소요되는 시간은 $\frac{1}{S}$이고, 만약 사고가 날 경우 추가적으로 소요되는 시간은 16이다. 사고가 날 확률(π)은 자동차 주행속도의 함수로서 $\pi(S)=\min\{S,\,1\}$이다. A의 기대 출근소요시간을 최소화하기 위한 주행속도는?

① $\frac{1}{32}$

② $\frac{1}{16}$

③ $\frac{1}{8}$

④ $\frac{1}{4}$

⑤ $\frac{1}{2}$

09

소득 m을 갖는 소비자가 두 재화 X와 Y를 통해 $u(x,\,y)=x^2+y^2$의 효용을 얻는다. Y재의 가격이 1일 때, 효용을 극대화하는 이 소비자에 대한 다음 설명 중 옳은 것은? (단, $0<m<\infty$)

① X재 수요가 가격에 단위 탄력적인 점이 있다.

② X재의 가격이 1이면 두 재화의 소비량은 같다.

③ X재의 가격이 2에서 0.5로 떨어지면 대체효과는 $m/2$이다.

④ X재의 모든 가격 하에서 효용극대화 소비점은 유일하다.

⑤ 한계대체율이 X재의 가격과 같아지는 효용극대화 소비점이 존재한다.

10

2명의 소비자에게 이동통신 서비스(y)를 제공하는 독점기업의 비용함수는 $c(y) = 2y$이다. 한 소비자는 $p = 10 - y$, 다른 소비자는 $p = 10 - 2y$의 역수요함수를 갖는다. 만약 이 독점기업이 가입비와 서비스 가격(p)을 분리하여 부과하는 이부가격제(two-part tariff)를 실시한다면 극대화된 이윤은?

① 16
② 32
③ 36
④ 45
⑤ 48

11

양(+)의 이윤을 얻고 있는 독점기업에 정부가 $T1 \sim T4$의 과세 방안을 고려 중이다. 한계비용은 모든 생산량에서 일정하고, 시장수요곡선은 우하향한다. 다음 설명 중 옳은 것은? (단, 납세 후에도 이윤은 양(+)이다)

- $T1$: 생산량에 관계없이 일정액의 세금을 부과
- $T2$: 단위 생산량에 일정액의 세금을 부과
- $T3$: 가격에 일정비율의 세금을 부과
- $T4$: 이윤에 일정비율의 세금을 부과

① $T1$에 의해 생산량이 감소한다.
② $T2$는 생산량을 감소시키지 않는다.
③ $T3$에 의해 생산량이 감소한다.
④ 양(+)의 조세수입을 얻는 한 $T4$로 인한 자중손실(deadweight loss)이 $T1 \sim T3$보다 크다.
⑤ $T1 \sim T4$ 모두 조세의 전가는 나타나지 않는다.

12

☑ 확인 Check! ○ △ ✕

100의 재산을 가지고 있는 A가 $\frac{2}{5}$의 확률로 주차위반에 적발되면 75의 범칙금을 내야 한다. 정부는 예산절감을 위해 단속인력을 줄이고자 하나, 이 경우 적발확률은 $\frac{1}{3}$로 낮아진다. A의 재산 w에 대한 기대효용함수가 $\sqrt{w}$일 때, 만약 정부가 A의 주차위반 행위를 이전과 같은 수준으로 유지하려면 책정해야 할 주차위반 범칙금은?

① 64
② 75
③ 84
④ 91
⑤ 96

13

☑ 확인 Check! ○ △ ✕

기업 1은 현재 기업 2가 4의 독점이윤을 얻고 있는 시장에 진입할지 말지를 선택하려 한다. 기업 1의 시장진입에 기업 2가 협조적으로 반응하면 각각 2의 이윤을 얻지만, 경쟁적으로 반응하면 각각 -1의 이윤을 얻는다. 이 게임에 대한 다음 설명 중 옳지 않은 것은? (단, 순수전략만을 고려한다)

① 유일한 부분게임(subgame)을 갖는다.
② 역진귀납(backward induction)에 의해 얻는 전략조합은 유일하다.
③ 기업 2의 경쟁적 반응은 공허한 위협(empty threat)에 해당한다.
④ 복수의 내쉬균형(Nash equilibrium)을 갖는다.
⑤ 유일한 부분게임완전균형(subgame perfect Nash equilibrium)을 갖는다.

14

☑ 확인 Check! ○ △ ✕

역수요함수가 $p = 84 - y$인 시장에서 선도 기업 1과 추종 기업 2가 슈타켈베르그 경쟁(Stackelberg competition)을 한다. 기업 1과 기업 2의 한계비용이 각각 21과 0일 때, 기업 1의 생산량은?

① 7
② 10.5
③ 21
④ 31.5
⑤ 63

☑ 확인 Check! ○ △ ✕

두 소비자 1, 2가 두 재화 X, Y를 소비하는 순수교환경제에서 각 소비자의 효용함수가 다음과 같다.

- 소비자 1 : $u_1(x_1, y_1) = \min\{x_1, y_1\}$
- 소비자 2 : $u_2(x_2, y_2) = \min\{2x_2, 3y_2\}$

이 경제의 부존량이 X재 3단위, Y재 2단위라면, 다음 중 파레토 효율적인 배분점으로 옳지 않은 것은?

	소비자 1	소비자 2
①	(0, 0)	(3, 2)
②	(1, 1)	(2, 1)
③	(1.5, 1)	(1.5, 1)
④	(2, 1)	(1, 1)
⑤	(3, 2)	(0, 0)

16

시장 수요함수와 공급함수가 각각 $y_d = 10 - p$와 $y_s = p$인 시장에서 정부가 가격하한을 6으로 두거나, 공급을 4로 제한하는 쿼터를 고려 중이다. 정부는 가격하한제를 실시하면 무작위로 선정된 공급자에게 판매를 허용한다. 만약 쿼터제를 실시하면 공급권한은 경쟁적으로 매각한다. 다음 설명 중 옳은 것은?

① 가격하한제에서 자중손실은 1이다.
② 가격하한제에서 소비자 잉여는 8이다.
③ 가격하한제에서 공급자 잉여는 16이다.
④ 쿼터제에서 공급자 잉여는 16이다.
⑤ 쿼터제에서 자중손실은 2이다.

17

두 재화 X와 Y를 통해 효용을 극대화하는 소비자의 소득은 10이고 효용함수는 $u(x, y) = 4\sqrt{x} + 2y$이다. Y재의 가격이 1일 때, 다음 설명 중 옳은 것을 모두 고르면?

가. X재의 가격이 0.5일 때, X재의 소비량은 4단위이다.
나. X재의 가격이 0.5에서 0.2로 하락하면, X재의 소비량은 10단위로 증가한다.
다. X재의 가격이 0.5에서 0.2로 하락하면, 대체효과만 발생하고 소득효과는 발생하지 않는다.
라. Y재의 소비가 증가할 때, Y재의 한계효용은 감소한다.

① 가, 나   ② 가, 다
③ 나, 다   ④ 나, 라
⑤ 다, 라

18

화학제품에 대한 역수요함수와 사적 한계비용은 각각 $P = 12 - Q$, $PMC = 2 + Q$이다. 화학제품 1단위가 생산될 때마다 오염물질이 1단위 배출되고 화학제품이 2단위를 초과하면 양(+)의 외부비용이 발생하는데 이는 다음 외부 한계비용(EMC) 함수에 따른다.

$$EMC = \begin{cases} -2 + Q, & Q > 2 \\ 0, & Q \le 2 \end{cases}$$

이 시장에 대한 설명으로 옳은 것만을 <u>모두</u> 고르면?

가. 생산자가 사적 이윤을 극대화하는 산출량과 그때의 가격은 각각 5와 7이다.
나. 화학제품의 사회적 최적산출량은 생산자의 사적 이윤을 극대화하는 수준보다 1단위 적다.
다. 정부가 배출요금을 2만큼 부과하면 소비자가 지불해야 하는 가격은 1.5만큼 상승한다.
라. 정부가 효율적인 배출요금을 부과하게 되면 외부비용은 사라진다.

① 가, 나
② 가, 다
③ 나, 라
④ 가, 다, 라
⑤ 나, 다, 라

19

A국은 주어진 노동 1,000시간과 자본 3,000단위를 사용해 두 재화 X와 Y를 생산한다. X재 1개를 생산하기 위해 노동 1시간과 자본 2단위가 필요하고 Y재 1개를 생산하기 위해 노동 1시간과 자본 4단위가 필요하다. 다음 설명 중 옳은 것은? (단, A국은 생산가능곡선 상에서만 생산한다)

① X재 최대 생산량은 1,500개이다.
② Y재 최대 생산량은 1,000개이다.
③ X재 생산의 기회비용은 일정하다.
④ X재와 Y재를 균등하게 생산하는 경우 유휴자원은 발생하지 않는다.
⑤ X재의 가격이 2, Y재의 가격이 3이면 X재와 Y재 생산에 노동과 자본이 균등하게 배분된다.

20

☑ 확인Check! ○ △ ✕

2국 2재화 리카도(Ricardo) 모형을 가정하자. 두 국가는 각각 100시간의 노동을 보유한다. 다음 표는 각국이 재화 X, Y 각 1단위를 생산하는 데 필요한 노동투입 시간과 교역 후 소비조합을 나타낸다.

구 분	단위당 노동투입 시간		교역 후 소비조합	
	A국	B국	A국	B국
X재	1	$\dfrac{5}{4}$	60	a
Y재	2	$\dfrac{5}{4}$	b	c

다음 설명 중 옳은 것만을 <u>모두</u> 고르면? (단, 교역은 이득이 양(+)인 경우에만 일어난다)

가. A국은 X재, B국은 Y재에 비교우위가 있다.

나. a는 60이다.

다. b는 20보다 크고 40보다 작아야 한다.

라. c가 50이면 A국은 수출 재화 1단위당 수입 재화 $\dfrac{3}{4}$ 단위의 이득을 본다.

① 가, 나
② 가, 다
③ 나, 라
④ 가, 다, 라
⑤ 나, 다, 라

21

☑ 확인Check! ○ △ ✕

대국 개방 경제인 A국의 X재에 대한 시장수요와 시장공급이 다음과 같다.

- 시장수요 : $Q_d = 100 - 20P$
- 시장공급 : $Q_s = 20 + 20P$

(단, Q_d, Q_s, P는 각각 X재의 수요량, 공급량, 가격을 나타낸다)

X재의 세계시장가격은 3이고, A국은 세계시장가격에 X재를 수출하고 있다. 정부는 수출을 증진하기 위해 수출하는 물량을 대상으로 개당 1의 보조금 정책을 도입한다. 이 정책으로 인해 수출량이 늘어남에 따라 세계시장가격이 2.5로 하락한다면, 다음 설명 중 옳은 것은?

① 수출은 30만큼 증가한다.
② 국내 소비는 20만큼 감소한다.
③ 보조금은 40만큼 지출된다.
④ 생산자 잉여는 80만큼 증가한다.
⑤ 사회적 후생은 35만큼 감소한다.

22

☑ 확인 Check! ○ △ ✕

그림은 어느 대국 개방 경제에서 수입 재화에 대한 관세 부과로 인한 효과를 나타낸다. 관세 부과는 자국 내 가격을 P_W에서 P_T로 상승시키지만 세계시장가격을 P_W에서 P_T^*로 하락시킨다. 이에 대한 설명으로 옳은 것은?

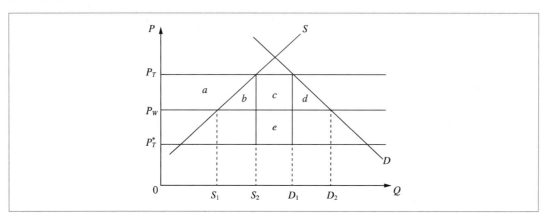

① 관세 부과 후 수입량은 $D_1 - S_1$이다.
② 관세 부과로 인해 소비자 잉여는 $a+c$만큼 감소한다.
③ 관세 부과로 인해 생산자 잉여는 $a+b+c+d$만큼 증가한다.
④ 관세 부과로 인한 생산의 비효율성은 b로 표시된다.
⑤ $b+d$의 크기가 e보다 크면 관세 부과로 인해 사회적 후생은 증가한다.

23

☑ 확인 Check! ○ △ ✕

두 재화 X와 Y를 통해 효용을 얻는 소비자의 효용함수가 $u(x, y) = xy + 10x$이고, $I = 10$, $P_X = 1$, $P_Y = 2$일 때, 효용을 극대화하는 X재와 Y재의 소비묶음은? (단, I는 소득, P_X는 X의 가격, P_Y는 Y의 가격이다)

① $(0, 5)$
② $(2, 4)$
③ $(5, 2.5)$
④ $(6, 2)$
⑤ $(10, 0)$

24

소국 개방 경제인 A국 정부는 자국 산업을 보호하기 위해 X재와 Y재에 각각 40%와 50%의 종가관세를 부과한다. X재의 세계시장가격은 150이고 X재의 생산에 투입되는 유일한 부품인 Y재의 세계시장가격은 100이다. 관세가 국내 산업을 얼마나 보호하는지 파악하기 위해 관세 부과에 따른 부가가치의 상승 정도를 나타내는 실효보호율에 관심 있다면, A국이 X재에 대해 부과한 관세의 실효보호율은?

① 10% ② 20%

③ 30% ④ 40%

⑤ 50%

25

현재 1개월 만기 달러화 선물환율이 1,000원/달러이다. 은행 A, B, C는 각각 990원/달러, 1,010원/달러, 1,080원/달러로 1개월 후 환율을 예측하고 있다. 1개월 후 달러화의 현물환율이 1,020원/달러인 경우 다음 설명 중 옳은 것을 <u>모두</u> 고르면? (단, 거래 비용은 존재하지 않는다)

> 가. 예측환율에서 실제환율을 차감한 예측오차의 절댓값이 가장 큰 곳은 C이다.
> 나. 현재 A가 선물로 달러화를 매도하고 1개월 후 현물로 달러화를 매입하면 달러당 20원의 손해가 발생한다.
> 다. 현재 B가 선물로 달러화를 매입하고 1개월 후 현물로 달러화를 매도하면 달러당 10원의 이익을 얻는다.
> 라. 현재 C가 선물로 달러화를 매입하고 1개월 후 현물로 달러화를 매도하면 달러당 60원의 이익을 얻는다.

① 가, 나 ② 가, 다

③ 나, 다 ④ 나, 라

⑤ 다, 라

26

A국 정부는 영구히 소득세율을 $5\%p$ 인상하기로 하고 그 시행 시기는 1년 후로 발표하였다. 항상소득가설의 관점에서 소득세율 개정 발표 이후 소비에 대한 다음 설명 중 옳은 것은?

① 소비는 발표 즉시 감소하고 이후 그 수준으로 계속 유지된다.

② 소비는 발표 즉시 감소하지만 1년 후에는 발표 이전 수준으로 회복된다.

③ 발표 후 1년 동안 소비는 균일하게 감소하고 이후 그 수준으로 계속 유지된다.

④ 발표 후 1년 동안 소비는 영향을 받지 않지만 1년 후에는 감소하고 이후 그 수준으로 계속 유지된다.

⑤ 소비는 영향을 받지 않는다.

27

물가안정목표제(inflation targeting)에 대한 설명으로 옳은 것만을 <u>모두</u> 고르면?

> 가. 물가안정목표제는 자유재량 정책에 비해 중앙은행 정책 수행의 투명성을 높인다.
> 나. 물가안정목표제는 자유재량 정책에 비해 시간 불일치성(time inconsistency) 문제를 증가시킨다.
> 다. 물가안정목표제는 물가안정에 초점을 두기 때문에 자유재량 정책에 비해 생산과 고용의 변동에 적절히 대응하지 못한다.
> 라. 우리나라 물가안정목표제의 기준 지표는 GDP 디플레이터이다.

① 가, 나
② 가, 다
③ 나, 라
④ 가, 다, 라
⑤ 나, 다, 라

28

다음은 단기 폐쇄 경제 모형을 나타낸 것이다.

상품 시장	화폐 시장
• $C=360+0.8(Y-T)$ • $I=400-20r$ • $G=180$ • $T=150$	• $M=2,640$ • $P=6$ • $L=Y-200r$

C, Y, T, I, G, M, P, L, r은 각각 소비, 총생산, 세금, 투자, 정부지출, 화폐공급량, 물가수준, 실질화폐수요, 이자율(%)을 나타낸다. 정부가 정부지출은 60만큼 늘리고 세금은 60만큼 줄이는 정책을 시행한다. 중앙은행이 이자율을 고정시키고자 할 때 화폐공급량은?

① 2,640
② 3,240
③ 3,420
④ 5,160
⑤ 5,880

29

외환 시장에서 국내 통화가치를 상승시키는 요인으로 옳은 것을 모두 고르면?

가. 국내 실질 이자율 상승
나. 수입 수요의 증가
다. 외국 물가 대비 국내 물가 수준의 하락
라. 우리나라 제품에 대한 외국의 무역 장벽 강화

① 가, 나　　　　　　　　　　　② 가, 다
③ 나, 다　　　　　　　　　　　④ 나, 라
⑤ 다, 라

30

표는 A국의 연도별 명목 GDP와 실질 GDP를 나타낸 것이다. 다음 설명 중 옳지 않은 것은?

연 도	명목 GDP	실질 GDP
2015년	95	100
2016년	99	102
2017년	100	100
2018년	103	98
2019년	104	97

① 2016년~2019년 중 GDP 디플레이터 상승률이 가장 높은 해는 2017년이다.
② 2017년 이후 실질 GDP 성장률은 음(−)이다.
③ 2016년 이후 명목 GDP 성장률은 양(+)이다.
④ 2017년 GDP 디플레이터는 기준연도와 같다.
⑤ 2015년 이후 GDP 디플레이터는 지속적으로 상승하고 있다.

31

현재 명목 이자율은 0%이며 그 이하로 하락할 수 없다. 인플레이션율이 2%에서 1%로 하락할 경우 실질 이자율과 국민소득의 변화는?

	실질 이자율	국민소득
①	상승	증가
②	상승	감소
③	불변	불변
④	하락	증가
⑤	하락	감소

32

표는 각국의 1인당 명목 GDP와 구매력평가(PPP) 기준 1인당 GDP를 나타낸다. 이에 대한 설명 중 옳은 것을 모두 고르면?

국 가	1인당 명목 GDP(US달러)	PPP 기준 1인당 GDP(US달러)
A	85,000	80,000
B	48,000	54,000
C	55,000	55,000
D	65,000	54,000
E	45,000	90,000

가. A국의 물가수준이 가장 높다.
나. B국의 물가수준은 D국과 같다.
다. C국의 물가수준은 미국과 같다.
라. E국의 구매력은 C국의 2배이다.

① 가, 나   ② 가, 다
③ 나, 다   ④ 나, 라
⑤ 다, 라

33

고전학파와 비교한 케인즈 이론의 특징과 관련한 설명으로 옳은 것을 <u>모두</u> 고르면?

> 가. 장기적 경제성장 문제보다는 단기적 경기불안 문제를 중요시한다.
> 나. 총공급보다는 총수요 측면을 중요시한다.
> 다. 물가는 통화량에 비례하여 결정된다고 본다.
> 라. 가격이 신축적으로 조정된다고 가정한다.

① 가, 나   ② 가, 다
③ 나, 다   ④ 나, 라
⑤ 다, 라

34

표는 A국의 고용 관련 자료를 나타낸다. 고용률$\left(=\dfrac{\text{취업자 수}}{\text{생산가능인구}}\right)$은?

취업자	1,000만명
실업률	20%
경제활동참가율	80%

① 48%   ② 52%
③ 56%   ④ 60%
⑤ 64%

35

다음은 폐쇄 경제에 대한 국민소득 결정 모형이다. 정부가 총생산을 잠재 총생산 수준과 일치하도록 조정하려면 정부지출의 변화는?

- $C = 100 + 0.8(Y - T)$
- $G = 50$
- $Y = C + I + G$
- $I = 200$
- $T = 50 + 0.25Y$
- $Y^p = 750$

(단, Y, C, I, G, T, Y^p는 각각 총생산, 소비, 투자, 정부지출, 조세, 잠재 총생산을 나타낸다)

① 50 감소　　　　　　　　　　② 25 감소
③ 10 감소　　　　　　　　　　④ 10 증가
⑤ 25 증가

36

다음은 A국 거시경제에 대한 고전학파 모형이다. 이 모형에 따를 경우 원금 100달러를 빌리면 1년 후에 갚아야 하는 원리금은? (단, 소수점 이하는 반올림한다)

- 화폐수량방정식 : $MV = PY$
- 피셔방정식 : $(1+i) = (1+r)(1+\pi)$
- 통화량 증가율 : 8%
- 국내총생산 증가율 : 3%
- 화폐유통속도 변화율 : 0%
- 실질 이자율 : 1%

(단, M, V, P, Y, i, r, π는 각각 통화량, 화폐유통속도, 물가, 국내총생산, 명목 이자율, 실질 이자율, 물가상승률을 나타낸다. 증가율, 변화율, 이자율은 연간 기준이다)

① 102달러　　　　　　　　　　② 104달러
③ 106달러　　　　　　　　　　④ 108달러
⑤ 110달러

37

그림은 폐쇄 경제인 A국의 화폐시장, 대부자금시장 및 $IS-LM$ 균형을 나타낸다. 화폐시장에서 실질화폐 잔고 수요가 외생적으로 감소한 경우 이에 대한 설명 중 옳은 것은? (단, M/P, L, S, I, r, Y, C, G, T는 각각 실질화폐잔고 공급, 실질화폐잔고 수요, 저축, 투자, 이자율, 총생산, 소비, 정부지출, 조세를 나타낸다)

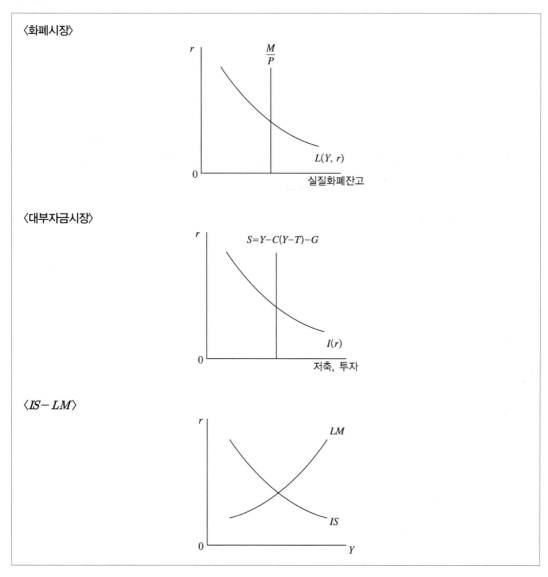

① 이자율이 상승한다.

② 대부자금시장에서 저축곡선이 우측 이동한다.

③ $IS-LM$에서 LM곡선이 상향 이동한다.

④ $IS-LM$에서 IS곡선이 좌측 이동한다.

⑤ 총생산이 감소한다.

솔로우 성장 모형을 따르는 어느 경제에서 생산함수가 $Y = AK^{1/2}L^{1/2}$이고, 인구증가율이 0%, 감가상각률이 10%, 저축률이 10%, 총요소생산성 수준이 0.5이다. 총요소생산성 수준이 1로 변할 경우 정상상태(steady state)에서 1인당 소비의 증가량은? (단, Y는 생산량, A는 총요소생산성 수준, K는 자본량, L은 노동량이다)

① 0.325 　　　　　　　② 0.500

③ 0.675 　　　　　　　④ 0.850

⑤ 1.025

현재 원/달러 환율이 1,000원/달러이다. 달러로 예금할 경우 연 1% 수익을 얻고 원화로 예금할 경우 연 2% 수익을 얻는다. 금융시장에서 환율변동을 고려할 경우 달러 예금과 원화 예금의 1년 투자 수익률이 동일하다고 기대된다. 금융시장에서 기대되는 1년 후 원/달러 환율은? (단, 소수점 이하는 반올림하며 거래비용은 존재하지 않는다)

① 980 　　　　　　　② 990

③ 1,000 　　　　　　④ 1,010

⑤ 1,020

소규모 개방 경제 모형이 다음과 같을 때, 정부지출 증가가 순수출 및 실질 환율에 미치는 영향으로 옳은 것은?

> • 재화시장 : $Y_0 = C(Y_0) + I(r) + G_0 + NX(\varepsilon, \ Y_0, \ Y_0^*)$
> • 실질 이자율 : $r = r_0^*$
>
> (단, $Y, \ C, \ I, \ G, \ NX, \ \varepsilon, \ r, \ Y^*, \ r^*$는 각각 소득, 소비, 투자, 정부지출, 순수출, 실질 환율, 실질 이자율, 외국 소득, 외국 실질 이자율을 나타낸다. 변수에 아래 첨자 0이 표시되어 있으면 외생변수이다. 소비는 소득의 증가함수, 투자는 실질 이자율의 감소함수, 순수출은 실질 환율, 소득, 외국 소득에 대하여 각각 증가함수, 감소함수, 증가함수이다)

	순수출	실질 환율
①	감 소	하 락
②	증 가	하 락
③	불 변	하 락
④	감 소	상 승
⑤	증 가	상 승

● Time 분 | 정답 및 해설편 280p

※ 각 문제의 보기 중에서 물음에 가장 합당한 답을 고르시오.

01

☑ 확인 Check! ○ △ ✕

두 재화 X, Y를 통해 효용을 극대화하고 있는 소비자를 고려하자. 이 소비자의 소득은 50이고 X재의 가격은 2이다. 현재 X재의 한계효용은 2, Y재의 한계효용은 4이다. 만약 이 소비자가 X재를 3단위 소비하고 있다면, Y재의 소비량은? (단, 현재 소비점에서 무차별곡선과 예산선이 접한다)

① 7.4

② 11

③ 12

④ 22

⑤ 44

02

☑ 확인 Check! ○ △ ✕

두 재화 X, Y만을 구매하여 효용을 극대화하는 소비자가 있다. X재는 정상재인 반면 Y재는 열등재이다. X재 가격이 상승할 때 두 재화의 구매량 변화로 옳은 것은?

	X재	Y재
①	증 가	감 소
②	감 소	감 소
③	감 소	증 가
④	감 소	불확실
⑤	불확실	불확실

03

월 소득 10으로 두 재화 X, Y만을 구매하는 소비자가 있다. 이 소비자가 이용하는 상점에서 두 재화의 가격은 각각 1인데, 이번 달은 사은행사로 X재를 6단위 이상 구입하는 소비자에게는 2단위의 Y재가 무료로 지급된다. 다음 설명 중 옳지 않은 것은?

① 지난 달에 X재 1단위 소비의 기회비용은 Y재 1단위이다.

② 행사로 인해 예산집합의 면적이 8 증가한다.

③ 이번 달 예산선의 우하향하는 부분의 기울기는 지난 달 예산선의 기울기와 같다.

④ 이 소비자의 선호가 단조성을 만족하면, 이번 달에 X재 5단위를 구입하는 것은 최적선택이 될 수 없다.

⑤ 이 소비자의 효용함수가 $u(x, y) = xy$라면, 이번 달 이 소비자의 X재 소비량은 Y재 소비량보다 크다.

04

100만원의 자동차를 가지고 있는 A는 0.1의 확률로 사고를 당해 36만원의 손해를 볼 수 있으며, 자동차 손해보험을 판매하는 B로부터 사고 시 36만원을 받는 보험을 구매할 수 있다. m원에 대한 A의 기대효용함수가 $U(m) = \sqrt{m}$일 때, B가 받을 수 있는 보험료의 최댓값은?

① 0원

② 2만 5,400원

③ 3만 9,600원

④ 6만원

⑤ 9만 8,000원

05

두 재화 X, Y를 통해 효용을 극대화하는 소비자의 효용함수가 다음과 같다.

$$u(x,\ y) = -(x-a)^2 - (y-b)^2$$

a, b는 양(+)의 상수이다. 이 소비자에 대한 설명으로 옳은 것은?

① 두 재화가 모두 비재화(bads)인 부분이 존재한다.
② 초기부존점이 $(a,\ b)$라면 예산선 위의 모든 점에서 효용이 극대화된다.
③ 주어진 소득 수준에서 효용을 극대화하는 소비점이 여러 개 존재할 수 있다.
④ 효용함수 $u(x,\ y) = -|x-a| - |y-b|$도 같은 선호체계를 나타낸다.
⑤ 선호체계가 이행성(transitivity)을 위배한다.

06

두 생산요소 L과 K를 이용하여 Y재를 생산하는 기업의 생산함수가 $y = \min\left\{2L,\ \dfrac{1}{2}(L+K),\ 2K\right\}$일 때, 이 기업의 등량곡선의 모양으로 옳은 것은?

①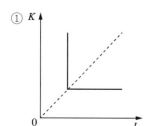

②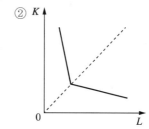

③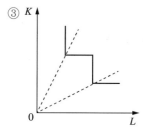

④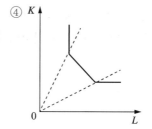

⑤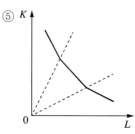

07

다음 그림은 완전경쟁시장에서 조업하는 어느 기업의 총비용곡선을 나타낸다. 다음 설명 중 <u>옳지 않은</u> 것은?

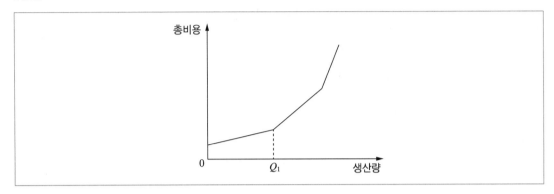

① 장기가 아닌 단기의 비용곡선을 나타낸다.

② 규모의 경제가 발생하는 구간이 존재한다.

③ 생산량이 Q_1보다 작은 구간에서 생산량이 증가함에 따라 평균가변비용이 증가한다.

④ 평균비용은 Q_1에서 최소가 된다.

⑤ 조업중단가격은 생산량이 Q_1보다 작은 구간에서의 한계비용과 일치한다.

08

소득 m으로 두 재화 X_1과 X_2를 소비하는 소비자의 효용함수가 $u(x_1, x_2) = \min\{2x_1 + x_2, x_1 + 2x_2\}$로 주어져 있다. X_2의 가격이 1일 때, X_1의 수요곡선에 관한 설명 중 옳은 것을 <u>모두</u> 고르면? (단, $0 < m < \infty$ 이다)

가. 가격탄력성이 0인 점이 있다.

나. 가격탄력성이 무한(∞)인 점이 있다.

다. 수요량은 모든 가격에서 0보다 크다.

라. 가격이 $\frac{3}{2}$에서 $\frac{2}{3}$로 하락하면 대체효과가 소득효과보다 크다.

---

① 가, 나   ② 가, 다

③ 나, 다   ④ 나, 라

⑤ 다, 라

09

소비자가 하루 중 취침 시간을 제외한 16시간을 여가(ℓ)와 노동에 배분하여 효용을 극대화한다. 이 소비자는 노동수입으로 가격이 1인 식료품(c)을 구입하며 효용함수는 $u(\ell,\ c)=\ell^{1/2}c^{1/2}$ 이다. 시간당 임금률은 8시간까지는 10이고 8시간을 초과하는 노동에 대해서는 $(10+\alpha)$이다. 만약 이 소비자가 10시간의 노동을 공급하고 있다면 α는?

① 8

② 9

③ 10

④ 11

⑤ 12

10

규모수익불변의 생산기술을 나타내는 생산함수를 <u>모두</u> 고르면? (단, $0<\alpha<1$ 이다)

가. $f(x_1,\ x_2)=x_1^\alpha+x_2^{1-\alpha}$

나. $f(x_1,\ x_2)=x_1^\alpha x_2^{1-\alpha}$

다. $f(x_1,\ x_2)=\sqrt{\alpha x_1+(1-\alpha)x_2}$

라. $f(x_1,\ x_2)=\left(\alpha\sqrt{x_1}+(1-\alpha)\sqrt{x_2}\right)^2$

① 가, 나

② 가, 다

③ 나, 다

④ 나, 라

⑤ 다, 라

11

동일한 재화를 공장 1, 공장 2에서 생산하려는 기업이 있다. 각 공장의 비용함수는 다음과 같다.

- $C_1(q)=\begin{cases} 0, & q=0\text{인 경우} \\ 2q^2+200, & q>0\text{인 경우}\end{cases}$

- $C_2(q)=\begin{cases} 0, & q=0\text{인 경우} \\ q^2+1,300, & q>0\text{인 경우}\end{cases}$

이 기업이 최소비용으로 30단위를 생산할 때 공장 1의 생산량은?

① 0

② 10

③ 15

④ 20

⑤ 30

어느 독점기업이 직면하는 시장수요가 $Q = 100 - P$로 주어져 있다. 이 독점기업의 한계비용이 60에서 40으로 하락할 때, 이에 따른 자중손실(deadweight loss)의 변화는?

① 변화가 없다.

② 125만큼 감소한다.

③ 125만큼 증가한다.

④ 250만큼 감소한다.

⑤ 250만큼 증가한다.

다음과 같은 동시게임에 내쉬균형(Nash equilibrium)이 1개만 존재할 때, a의 전체 범위는? (단, A와 B는 각 경기자의 전략이며, 괄호 안의 첫 번째 숫자는 경기자 1의 보수를, 두 번째 숫자는 경기자 2의 보수를 나타낸다)

		경기자 2	
		A	B
경기자 1	A	$(a, 2)$	$(10, 10)$
	B	$(6, 4)$	$(5, 4)$

① $a > 0$　　　　　　② $a > 2$

③ $a > 4$　　　　　　④ $a > 5$

⑤ $a > 6$

14

확인 Check! ○ △ ✕

X재와 Y재가 10단위씩 존재하며 두 소비자 1, 2가 두 재화 X, Y를 소비하는 2×2 순수교환경제가 있다. 소비자 1의 효용함수는 $u(x_1, y_1) = x_1 + 2y_1$이고 소비자 2의 효용함수는 $v(x_2, y_2) = 2x_2 + y_2$이다. 여기서 x_i, y_i는 각각 소비자 i의 X재와 Y재 소비량을 나타낸다. 다음 중 이 경제의 계약곡선(contract curve), 즉 파레토 효율적인 배분을 이은 선을 에지워스 상자에 나타낸 것으로 옳은 것은? (단, 에지워스 상자의 가로 길이와 세로 길이는 각각 10이며, O_1, O_2는 각각 소비자 1, 2의 원점을 나타낸다)

①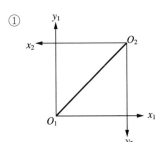

②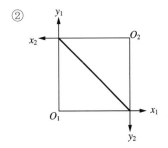

③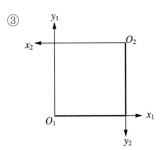

④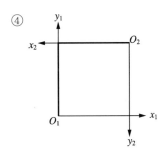

⑤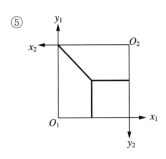

공인회계사 1차 2019년 제54회

15

독점적 경쟁시장에서 조업하는 A기업의 비용함수는 $C(Q) = Q^2 + 2$이다. 이 시장의 기업 수가 n일 때 A기업이 직면하는 개별수요함수가 $Q = \dfrac{100}{n} - P$이면, 이 시장의 장기균형에서 기업의 수 n은?

① 16

② 25

③ 36

④ 49

⑤ 64

16

노동(L)과 자본(K)을 이용하여 두 재화 X재와 Y재만을 생산하는 경제를 고려하자. 각 재화의 생산함수는 $Q_x = L_x + K_x$, $Q_y = L_y^{1/2} K_y^{1/2}$이고, 노동과 자본은 10단위씩 주어져 있다. 생산이 효율적으로 이루어질 때, X재 생산을 한 단위 늘리기 위해 포기해야 하는 Y재 생산량, 즉 한계변환율(marginal rate of transformation)은?

① $\dfrac{1}{4}$

② $\dfrac{1}{2}$

③ 1

④ 2

⑤ 4

17

확인 Check! ○ △ ✕

사적 재화(X)와 공공재(Y)를 통해 효용을 극대화하는 A는 사적 재화 4단위를 가지고 있다. 공공재 1단위를 생산하기 위해서는 사적 재화 1단위가 필요하다. 현재 이 경제에 1단위의 공공재가 존재하고 A의 효용함수가 $u(x,\ y)=xy$라면, A의 공공재 공급량은?

① 0 ② 1

③ 1.5 ④ 2

⑤ 2.5

18

확인 Check! ○ △ ✕

비용함수가 $C(Q)=Q^2+10$인 독점기업의 시장수요가 $Q=100-P$이다. 이 기업은 생산과정에서 생산량 한 단위당 25의 외부공해비용을 발생시킨다. 이 기업의 이윤극대화 생산량을 Q_M, 사회적 최적생산량을 Q_S라 할 때, (Q_M-Q_S)의 값은?

① 0 ② 5

③ 6.25 ④ 10

⑤ 12.5

공인회계사 1차 2019년 제54회

2019년 | 제54회 **117**

19

확인Check! ○ △ ✕

좋은 품질과 나쁜 품질, 두 가지 유형의 차가 거래되는 중고차 시장이 있다. 좋은 품질의 차가 시장에서 차지하는 비중은 50%이다. 각 유형에 대한 구매자의 지불용의금액(willingness to pay)과 판매자의 수용용의금액(willingness to accept)은 다음 표와 같다. 판매자는 자신이 파는 차의 유형을 알고 있으며, 구매자는 위험중립적이다.

구 분	좋은 품질	나쁜 품질
구매자의 지불용의금액	a	800
판매자의 수용용의금액	1,000	b

이 시장에서 구매자가 차 유형을 알 수 있는 경우와 차 유형을 알 수 없는 경우 각각에서 두 유형의 중고차가 모두 거래될 수 있는 a, b의 값으로 가능한 것은?

	a	b
①	900	600
②	1,100	600
③	1,300	600
④	1,300	900
⑤	1,400	900

20

확인Check! ○ △ ✕

동일한 노동량을 보유하고 있는 두 국가 A, B는 유일한 생산요소인 노동을 이용하여 두 재화 X, Y만을 생산한다. 두 국가 각각의 생산가능곡선은 직선이다. 각국은 교역의 이득이 있는 경우에만 자국에 비교우위가 있는 재화의 생산에 완전특화한 후 상대국과 교역한다. 다음 표는 이에 따른 두 국가의 생산 조합과 교역 후 소비 조합을 나타낸다.

구 분	A국		B국	
	생 산	소 비	생 산	소 비
X재	100	80	0	20
Y재	0	20	100	80

다음 설명 중 옳은 것만을 <u>모두</u> 고르면? (단, 교역은 두 국가 사이에서만 일어난다)

가. X재 수량을 가로축에 놓을 때, 생산가능곡선 기울기의 절댓값은 A국이 B국보다 크다.
나. B국은 X재 생산에 절대우위가 있다.
다. 교역조건은 'X재 1단위 = Y재 1단위'이다.

① 가
② 나
③ 다
④ 가, 다
⑤ 나, 다

118 공인회계사 1차 경제원론(문제편)

21

은퇴까지 앞으로 20년간 매년 6,000만원의 소득을 얻을 것으로 예상되는 노동자가 있다. 현재 이 노동자는 잔여 생애가 40년이고 자산은 없으며 2억원의 부채를 갖고 있다. 생애소득가설에 따를 때, 이 노동자의 은퇴 시 순자산(＝자산−부채)과 잔여 생애 동안의 연간 소비는? (단, 이자율은 항상 0이고, 사망 시 이 노동자의 순자산은 0이다)

	순자산	연간 소비
①	4억원	2,000만원
②	5억원	2,500만원
③	6억원	3,000만원
④	7억원	3,500만원
⑤	8억원	4,000만원

22

어느 경제의 화폐수요함수가 다음과 같다.

$$\frac{M^d}{P} = \frac{Y}{4i}$$

M^d, P, Y, i는 각각 명목화폐수요, 물가수준, 총생산, 명목이자율을 나타낸다. 이 경제의 화폐유통속도는?

① i

② $4i$

③ $\dfrac{1}{4i}$

④ $\dfrac{1}{4}$

⑤ 4

23

어느 경제의 현금통화는 400조원, 법정지급준비율은 5%이며 은행은 50조원의 초과지급준비금을 보유하고 있다. 이 경제의 요구불예금 대비 현금보유 비율이 40%라면 본원통화와 M1 통화승수는? (단, 요구불예금 이외의 예금은 없다고 가정한다)

	본원통화	M1 통화승수
①	450조원	2.5
②	450조원	2.8
③	450조원	3.2
④	500조원	2.5
⑤	500조원	2.8

24

다음은 어떤 나라의 고용 관련 자료를 정리한 표이다.

생산가능인구	1,000만명
경제활동참가율	70%
실업자	35만명
실업자가 일자리를 구할 확률	0.24
취업자가 일자리를 잃을 확률	0.01

실업률갭을 실제실업률에서 자연실업률을 차감한 값으로 정의할 때, 이 나라의 실업률갭은? (단, 생산가능인구, 실업자가 일자리를 구할 확률, 취업자가 일자리를 잃을 확률은 일정하고, 경제활동인구와 비경제활동인구 사이의 이동은 없다)

① −0.5%
② 0.0%
③ 0.5%
④ 1.0%
⑤ 1.5%

25

고전학파와 케인즈학파에 관한 다음 설명 중 옳은 것만을 <u>모두</u> 고르면?

가. 케인즈학파는 동일한 규모라면 정부지출 확대가 조세 감면보다 총수요 증대 효과가 크다고 보았다.
나. 고전학파는 정부의 확장적 재정정책이 민간투자를 감소시킬 수 있다고 보았다.
다. 고전학파는 재량적인 총수요 관리 정책이 경기안정화에 효과적이라고 보았다.
라. 케인즈학파는 수요측 요인보다는 공급측 요인에 의해 경기변동이 발생한다고 보았다.

① 가, 나
② 가, 다
③ 다, 라
④ 가, 나, 라
⑤ 나, 다, 라

26

주어진 소득과 이자율하에서 효용을 극대화하는 소비자의 효용함수가 다음과 같다.

$$U(C_1, C_2) = \sqrt{C_1} + \sqrt{C_2}$$

C_1과 C_2는 각각 1기와 2기의 소비를 나타낸다. 이 소비자의 소득은 1기에 0이고 2기에 1,300이다. 만약 이 소비자가 1기에 400까지만 차입할 수 있다면, 이 소비자의 효용은? (단, 이자율은 0이다)

① 38
② 40
③ 45
④ 48
⑤ 50

27

다음은 인구증가와 노동부가형(labor-augmenting) 기술진보를 고려한 솔로우 모형을 나타낸 그래프이다. L, E는 노동량과 노동의 효율성을 나타내고 각각의 연간 증가율은 n과 g이며 모두 양(+)이다. K는 총자본량이며 효율노동($=L \times E$) 1단위당 자본량은 $k = K/(L \times E)$로 정의된다. 총생산(Y)에 대한 생산함수는 $Y = F(K, L \times E)$로 일차동차이며, 효율노동 1단위당 생산량으로 표시된 생산함수는 $y = f(k)$이다. s, δ는 각각 저축률, 감가상각률을 나타내며, 노동량은 인구와 같다.

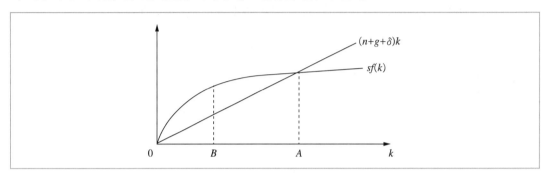

x, y, z를 각각 '$k = A$일 때 1인당 생산($\frac{Y}{L}$)의 증가율', '$k = A$일 때 총생산(Y)의 증가율', '$k = B$일 때 총생산(Y)의 증가율'이라고 할 때, 이들 사이의 대소를 비교한 결과로 옳은 것은?

① $x > y > z$

② $y = z > x$

③ $z > y = x$

④ $z > x > y$

⑤ $z > y > x$

28

자본의 한계생산(MP_K)이 다음과 같이 자본량(K)의 함수로 주어진 기업이 있다.

$$MP_K = \frac{16}{K} + 0.02$$

최종 생산물인 소비재의 자본재에 대한 상대가격은 언제나 1이고, 실질이자율과 감가상각률은 각각 0.10과 0이다. 현재 자본량이 220이면, 이 기업은 최적자본량에 도달하기 위해 자본량을 어떻게 조정해야 하는가?

① 20만큼 줄인다.

② 20만큼 늘린다.

③ 30만큼 줄인다.

④ 30만큼 늘린다.

⑤ 현재의 수준을 유지한다.

29

금융위기가 발생한 신흥시장국에서 일반적으로 나타나는 현상으로 가장 <u>거리가 먼</u> 것은?

① 자본유출이 발생한다.
② 주가지수가 하락한다.
③ 해당국 통화의 대외 가치가 하락한다.
④ 현금보유성향이 강해져 통화승수가 상승한다.
⑤ 신용경색과 대출축소로 실물경기가 악화된다.

30

어느 경제의 IS곡선이 다음과 같이 주어져 있다.

$$Y = 20 + 0.75(Y - T) + I(r) + G$$

Y, T, I, r, G는 각각 총생산, 조세, 투자, 실질이자율, 정부지출을 나타낸다. 정부가 다음과 같은 정부지출 확대와 조세 감면의 조합으로 확장적 재정정책을 실시할 때, 그에 따른 투자감소가 가장 작은 경우는? (단, LM곡선은 우상향하고 투자는 실질이자율의 감소함수이다)

	정부지출	조 세
①	4단위 증가	2단위 감소
②	3단위 증가	4단위 감소
③	2단위 증가	6단위 감소
④	1단위 증가	7단위 감소
⑤	변화 없음	9단위 감소

☑ 확인Check! ○ △ ✕

중앙은행이 다음과 같은 준칙에 따라 정책금리를 설정하여 통화정책을 운용한다.

$$i = 0.02 + \pi + 0.5(\pi - \pi^*) + 0.5\left(\frac{Y - Y^*}{Y^*}\right)$$

i, π, π^*, Y, Y^* 는 각각 정책금리, 인플레이션율, 목표인플레이션율, 실제총생산, 잠재총생산을 나타내며, $\left(\dfrac{Y - Y^*}{Y^*}\right)$ 는 총생산갭이다. 이에 대한 설명으로 옳은 것을 <u>모두</u> 고르면?

가. 정부지출의 외생적 증가로 총생산이 증가하면 정책금리가 인상된다.
나. 총생산갭의 변화 없이 인플레이션율이 1% 포인트 높아지면 정책금리도 1% 포인트 높아진다.
다. 소비심리가 악화되어 총생산이 감소하면 정책금리가 인하된다.
라. π^*의 인상은 총수요를 감소시킨다.

① 가, 나
② 가, 다
③ 나, 다
④ 나, 라
⑤ 다, 라

☑ 확인Check! ○ △ ✕

인구가 일정하고 기술진보가 없는 솔로우 모형을 고려하자. 1인당 생산(y)과 1인당 자본(k)으로 표시된 생산함수는 다음과 같다.

$$y = \sqrt{k}$$

감가상각률이 0.25일 때, 황금률 균제상태(steady state)의 1인당 자본량은?

① 4
② 5
③ 6
④ 7
⑤ 8

33

A국과 B국 사이에 상대적 구매력평가가 성립한다. 다음 표는 A국과 B국의 2010년과 2018년의 물가지수를 나타낸다.

구 분	A국	B국
2010년	100	110
2018년	112	121

2010년에 A국과 B국 사이의 환율(B국 통화 1단위와 교환되는 A국 통화의 양)이 1이었다면, 2018년의 환율은?

① 0.94

② 0.96

③ 0.98

④ 1.00

⑤ 1.02

34

A국의 중앙은행은 다음과 같이 주어진 손실함수를 최소화하도록 통화정책을 운용한다.

$$L(\pi) = (\pi - 0.03)^2$$

이 국가의 필립스 곡선은 다음과 같다.

$$\pi = \pi^e - (u - 0.05)$$

π, π^e, u는 각각 인플레이션율, 기대인플레이션율, 실업률을 나타낸다. A국의 민간 경제주체가 인플레이션에 대한 기대를 합리적으로 형성한다고 가정할 때, 기대인플레이션율과 실업률은? (단, 민간 경제주체는 중앙은행의 손실함수를 정확하게 알고 있으며, 실업률은 항상 양(+)이다)

	기대인플레이션율	실업률
①	0.03	0.06
②	0.03	0.05
③	0.04	0.05
④	0.04	0.04
⑤	0.05	0.04

35

다음과 같은 폐쇄경제 $IS-LM$ 모형을 가정하자.

상품시장	화폐시장
• $C = 250 + 0.75(Y-T)$ • $I = 160 - 15r$ • $G = 235$ • $T = 120$	• $M = 2,400$ • $P = 6$ • $L(Y,\ r) = Y - 200r$

C, Y, T, I, G, M, P, $L(Y,\ r)$, r은 각각 소비, 총생산, 조세, 투자, 정부지출, 화폐공급, 물가수준, 실질화폐수요함수, 실질이자율(%)을 나타낸다. 이 경제의 균형 실질이자율과 균형 총생산은?

	균형 실질이자율	균형 총생산
①	7.0	1,800
②	6.5	1,700
③	6.0	1,600
④	5.5	1,500
⑤	5.0	1,400

36

다음과 같은 관계식이 성립하는 경제가 있다.

$$\pi_t = \pi_{t-1} - 2(u_t - u^N)$$
$$\frac{Y_t - Y^*}{Y^*} = -2(u_t - u^N)$$

π_t, u_t, Y_t는 각각 t기의 인플레이션율, 실업률, 총생산을 나타내고, u^N, Y^*는 각각 자연실업률, 잠재총생산을 나타낸다. 현재 실업률이 자연실업률과 같을 때, 인플레이션율을 1% 포인트 낮추려는 정책이 실업률과 총생산에 미치는 효과는?

	실업률	총생산
①	0.5% 포인트 상승	0.5% 감소
②	0.5% 포인트 상승	1% 감소
③	1% 포인트 상승	1% 감소
④	1% 포인트 하락	2% 증가
⑤	2% 포인트 하락	4% 증가

37

☑ 확인 Check! ○ △ ✕

다음 중 중앙은행이 소득을 안정화하기 위해 확장적 통화정책을 실시해야 하는 경우만을 <u>모두</u> 고르면?

가. 인공지능 시스템 도입을 위하여 기업들이 새로운 컴퓨터를 구입하였다.
나. 금융불안으로 금융기관의 초과지급준비금이 크게 증가하였다.
다. 지정학적 리스크 확대로 투자심리가 악화되어 기업의 투자가 감소되었다.

① 가
② 나
③ 다
④ 나, 다
⑤ 가, 나, 다

38

☑ 확인 Check! ○ △ ✕

다음은 개방경제에 대한 케인즈의 국민소득결정 모형이다.

- $C = 500 + 0.6(Y - T)$
- $I = 200$
- $G = 100$
- $T = 100$
- $X = 300$
- $IM = 0.1Y$

(Y, C, I, G, T, X, IM은 각각 총생산, 소비, 투자, 정부지출, 조세, 수출, 수입을 나타낸다)

이때 수출 승수는?

① 0.5
② 1.0
③ 1.5
④ 2.0
⑤ 2.5

39

완전한 자본이동과 소규모 개방경제를 가정하는 먼델-플레밍(Mundell-Fleming) 모형을 고려하자. 변동환율제도하에서 다른 모든 조건은 동일한 가운데, 교역상대국의 보호무역조치로 인해 수출이 외생적으로 감소하였다. 이에 따른 새로운 균형을 기존의 균형과 비교한 결과로 옳지 않은 것은? (단, 소비는 처분가능소득만의 함수이고 투자는 실질이자율만의 함수이다)

① 투자는 불변이다.
② 총소득은 불변이다.
③ 순수출은 감소한다.
④ 자국 통화가치는 하락한다.
⑤ 오쿤의 법칙이 성립하면 실업률은 불변이다.

40

한국의 물가상승률은 2%로 향후에도 동일할 것으로 예상되고 있으며, 한국의 명목이자율은 3%이고 한국과 미국의 실질이자율은 동일하다고 하자. 또한, 현재 미달러 대비 원화의 현물환율은 1달러당 1,100원이며, 1년 선물환율은 1달러당 1,111원이라고 하자. 피셔효과, 화폐수량설, 이자율평가설(interest rate parity theory)이 성립한다면 다음 중 옳은 것은?

① 한국의 실질이자율은 2%이다.
② 미국의 명목이자율은 4%이다.
③ 미국의 향후 1년 동안 물가상승률은 1%로 예상된다.
④ 한국의 실질 GDP 증가율이 2%라면 한국의 통화증가율은 3%이다.
⑤ 한국의 명목 GDP 증가율이 5%라면 한국의 통화증가율은 4%이다.

● Time 분 | 정답 및 해설편 291p

※ 각 문제의 보기 중에서 물음에 가장 합당한 답을 고르시오.

01

☑ 확인Check! ○ △ ✕

한 기업이 X재 1단위를 생산하기 위해 노동 1단위, 자본 2단위, 중간재 3단위가 필요하다. 그리고 Y재 1단위를 생산하기 위해 노동 3단위, 자본 2단위, 중간재 1단위가 필요하다. X재가 Y재보다 시장에서 두 배의 가격으로 거래되고 있으며, 이 기업이 노동, 자본, 중간재를 각각 90단위씩 가지고 있을 때 수입을 극대화하는 각 재화의 생산량 (X^*, Y^*)는?

① (22.5, 22.5)   ② (30, 30)

③ (30, 0)   ④ (0, 30)

⑤ (60, 0)

02

☑ 확인Check! ○ △ ✕

두 기업 A, B만이 존재하는 복점 시장의 수요가 $y = 10 - p$로 주어져 있다. 두 기업의 한계비용이 1일 때 다음 중 옳지 않은 것은?

① 두 기업이 완전경쟁적으로 행동한다면 시장 공급량은 9이다.

② 두 기업이 꾸르노 경쟁(Cournot competition)을 한다면 시장 공급량은 6이다.

③ 기업 A가 선도자, 기업 B가 추종자로서 슈타켈베르그 경쟁(Stackelberg competition)을 한다면 시장 공급량은 6.25이다.

④ 두 기업이 카르텔을 형성하여 독점기업처럼 행동한다면 시장공급량은 4.5이다.

⑤ 두 기업이 베르뜨랑 경쟁(Bertrand competition)을 한다면 시장공급량은 9이다.

03

두 사람이 평균값 맞추기 게임을 한다. 1부터 10까지의 자연수 중 하나를 동시에 선택하면 그 평균과의 차이만큼을 10만원에서 뺀 값을 상금으로 제공한다. 다시 말해, 경기자 i가 a_i를 선택하면 i의 상금은 $\left(10 - \left|\frac{a_1 + a_2}{2} - a_i\right|\right)$ 만원이 된다. 다음 설명 중 옳은 것은? (단, $i = 1, 2$)

> 가. 우월전략이 존재한다.
> 나. 복수의 내쉬균형(Nash equilibrium)이 존재한다.
> 다. 내쉬균형에서 각 경기자의 상금은 서로 같다.
> 라. 경기자가 셋이 되면 내쉬균형에서 각 경기자의 상금은 동일하지 않다.

① 가, 나 　　　　　　　　　　② 가, 다
③ 나, 다 　　　　　　　　　　④ 나, 라
⑤ 다, 라

04

세 기업만이 활동하는 완전경쟁시장의 수요곡선은 $y = 10 - p$이다. 각 기업의 한계비용은 5로 고정되어 있다. 만약 세 기업이 합병을 통해 독점기업이 되면 한계비용은 2로 낮아진다. 그리고 합병 기업은 독점가격을 설정한다. 다음 설명 중 옳은 것은?

① 합병 전 소비자 잉여는 25이다.
② 합병 후 소비자 잉여는 8이다.
③ 합병 전 생산자 잉여는 16이다.
④ 합병 후 생산자 잉여는 12.5이다.
⑤ 사회적 잉여를 극대화하는 정책당국은 합병을 허가하지 않는다.

05

소득 m으로 두 재화를 소비하는 한 소비자의 효용함수가 $u(x, y) = 3x + y$ 이다. Y재의 시장가격이 1일 때, 다음 설명 중 옳은 것은? (단, $0 < m < \infty$)

가. X재에 대한 수요곡선은 45°선을 기준으로 대칭이다.

나. X재에 대한 수요곡선은 가격탄력성이 무한(∞)인 점을 갖는다.

다. X재의 가격이 2에서 4로 상승하면 소득효과는 $\dfrac{m}{3}$ 이다.

라. X재의 가격이 4에서 2로 하락하면 대체효과는 $\dfrac{m}{3}$ 이다.

① 가, 나   ② 가, 다
③ 나, 다   ④ 나, 라
⑤ 다, 라

06

어떤 산에서 n명의 사냥꾼이 토끼 사냥을 하면 $10\sqrt{n}$ (kg)만큼의 토끼 고기를 얻을 수 있다. 토끼 고기는 kg당 2만원에 팔리고 있다. 또한 사냥꾼 한 명이 사냥을 하는 데 드는 비용은 2만원이다. 만약 이 산이 공유지라면 사회적으로 효율적인 사냥꾼 수보다 얼마나 더 많은 사냥꾼이 사냥을 하게 되는가? (단, 사냥꾼 들은 모두 동일한 사냥 능력을 지녔다)

① 35명   ② 45명
③ 55명   ④ 65명
⑤ 75명

07

☑ 확인Check! ○ △ ✕

한 기업이 Y재를 공장 1, 2에서 생산한다. 두 공장의 비용함수는 $c_1(y_1) = 5y_1^2 + 50$, $c_2(y_2) = 10y_2^2 + 10$이다. 이 기업이 최소의 비용으로 Y재 60단위를 생산한다면 공장 1의 생산량은? (단, y_i는 공장 i의 Y재 생산량이다. $i=1$, 2)

① 50   ② 40
③ 30   ④ 20
⑤ 10

08

☑ 확인Check! ○ △ ✕

두 소비자 1, 2가 두 재화 X, Y를 소비하는 순수교환경제를 고려하자. 두 소비자의 효용함수가 $u(x, y) = x + \sqrt{y}$로 같을 때, 다음 설명 중 옳은 것은? (단, 각 소비자는 두 재화 모두 양(+)의 유한한 초기부존자원을 갖는다)

가. 에지워드 상자의 대각선이 계약곡선(contract curve)이 된다.
나. 각 소비자의 한계대체율은 X재 소비량과 무관하게 결정된다.
다. 주어진 초기부존점에서 복수의 경쟁균형(competitive equilibrium)을 갖는다.
라. 만약 두 소비자의 Y재 초기부존량이 같다면 초기부존점이 곧 경쟁균형 소비점이 된다.

① 가, 나   ② 가, 다
③ 나, 다   ④ 나, 라
⑤ 다, 라

09

☑ 확인Check! ○ △ ✕

강 상류에 제철소(S)가 있고 강 하류에는 어부(F)가 산다. S의 철강생산은 F의 어획량에 영향을 주는 공해물질을 배출한다. 철강과 물고기는 각각 단위당 10과 2의 가격에 판매된다. S와 F의 비용함수는 아래와 같다.

$$C_S(s, x) = s^2 - 10x + x^2, \quad C_F(f, x) = \frac{1}{10}f^2 + \frac{1}{5}fx$$

공해물질 배출규제가 없는 경우 공해물질 배출량은? (단, s는 철강생산량, f는 어획량, x는 공해물질 배출량을 나타낸다)

① 5   ② 10
③ 15   ④ 20
⑤ 25

10

다음 표는 완전경쟁시장에서 생산 활동을 하고 있는 어떤 기업의 비용을 나타낸 것이다. 이 표를 이용하여 평균비용곡선과 평균가변비용곡선을 그렸더니 그림과 같이 U자 형태로 나타났다. 이 기업의 조업중단가격을 B라고 할 때, 사각형 $ABCD$의 면적은 얼마인가?

생산량	총비용	가변비용	생산량	총비용	가변비용
1	30	16	5	72	58
2	36	22	6	92	78
3	44	30	7	116	102
4	56	42			

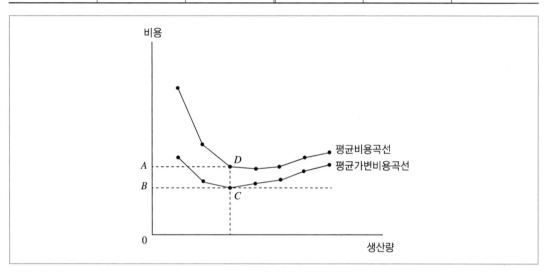

① 10

② 12

③ 14

④ 16

⑤ 30

11

다음 그림은 세금이 부과되기 전의 X재와 Y재 시장을 나타낸 것이다. 두 시장에 각각 단위당 2원이 생산자에게 부과되었을 때, 다음 설명 중 옳은 것은?

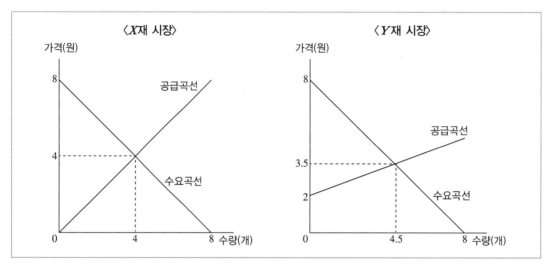

① 조세 수입은 X재 시장이 Y재 시장보다 많다.
② 소비자 잉여는 X재 시장이 Y재 시장보다 작다.
③ 생산자 잉여는 X재 시장이 Y재 시장보다 작다.
④ 경제적 순손실(deadweight loss)은 X재 시장이 Y재 시장보다 작다.
⑤ X재 시장과 Y재 시장 모두 소비자와 생산자에게 귀착되는 조세부담의 크기는 동일하다.

12

기업 A는 X재를 독점 생산하고 있다. X재 시장의 역수요함수가 $p_X = 100 - X$이고, X재 한 단위 생산에는 Y재 한 단위만이 투입되며 다른 생산비용은 없다. 기업 B는 Y재를 기업 A에게 독점 가격 P_Y로 공급하고 한계비용은 0이다. 각 기업이 이윤을 극대화할 때, P_Y의 값은?

① 10   ② 25
③ 50   ④ 75
⑤ 100

13

재화를 배제가능성과 경합성 여부에 따라 다음과 같이 분류할 수 있다. 다음 설명 중 옳은 것을 <u>모두</u> 고르면?

구 분	배제가능	배제불가능
경합적	㉠	㉡
비경합적	㉢	㉣

가. 의복, 식품 등과 같은 사적 재화는 ㉠에 해당한다.
나. 혼잡한 유료도로는 ㉡에 해당한다.
다. 케이블 TV와 같은 클럽재(club goods)는 ㉢에 해당한다.
라. 국방 서비스와 같은 공공재는 ㉣에 해당한다.

① 가, 나
② 가, 라
③ 나, 다
④ 가, 다, 라
⑤ 나, 다, 라

14

16억원 가치의 상가를 보유하고 있는 A는 화재에 대비하기 위해 손해액 전부를 보상해 주는 화재보험을 가입하려고 한다. 상가에 화재가 발생하여 7억원의 손해를 볼 확률이 20%이고, 12억원의 손해를 볼 확률이 10%이다. A의 재산에 대한 폰 노이만-모겐스턴(von Neumann-Morgenstern) 효용함수가 $u(x) = \sqrt{x}$ 라고 한다면, 기대효용을 극대화하는 조건에서 지불할 용의가 있는 최대금액의 보험료는?

① 2.96억원
② 3.04억원
③ 3.56억원
④ 4.28억원
⑤ 5.24억원

X재 생산으로부터 발생하는 환경오염으로 인한 외부성의 문제에 대한 설명으로 옳은 것을 <u>모두</u> 고르면?

가. X재 생산의 사회적 한계비용보다 기업의 사적 한계비용이 더 크다.

나. X재 시장이 완전경쟁이라면 X재 소비에서 얻는 사적 한계편익보다 X재 생산에 따른 사회적 한계비용이 더 크다.

다. X재 생산에서 발생하는 환경오염을 0으로 줄이는 것이 사회적으로 가장 효율적이다.

라. 코우즈(Coase) 정리에 따르면 거래비용이 없고 재산권이 설정되어 있으면 이해당사자들의 자유로운 협상을 통해 자원의 효율적 배분을 달성할 수 있다.

① 가, 나　　　　　　　　　② 가, 다

③ 나, 다　　　　　　　　　④ 나, 라

⑤ 다, 라

다음은 어느 노동시장의 수요와 공급곡선을 나타낸다. 최저임금제를 실시할 경우 최저임금제를 실시하지 않을 경우에 비하여 노동자가 받는 총임금(total wage)은 얼마나 변화하는가?

- 노동 공급곡선 : $L^S = 100 + w$
- 노동 수요곡선 : $L^d = 500 - w$
- 최저임금 : 300

(단, L^s, L^d, w는 각각 노동 공급량, 노동 수요량, 임금(wage)을 나타낸다)

① 10,000 증가

② 10,000 감소

③ 변화 없음

④ 20,000 증가

⑤ 20,000 감소

17

다음은 X재에 대한 갑과 을의 수요곡선과 X재 생산에 따른 한계비용을 나타낸다. X재가 공공재일 경우 파레토 효율적인 X재 생산량은 얼마인가? (단, X재는 갑과 을만 소비한다)

- 갑의 수요곡선 : $Q=3,000-P$
- 을의 수요곡선 : $Q=2,000-2P$
- 한계비용 : 1,000
  (단, P, Q는 X재의 가격과 수량을 나타낸다)

① 2,000
② 3,000
③ 4,000
④ 5,000
⑤ 6,000

18

수입관세부과의 효과에 대한 부분균형분석을 고려해 보자. 소국의 수입관세부과는 X재의 국제가격에 영향을 주지 않으나, 대국의 수입관세부과는 X재의 국제가격을 하락시킨다. 수입관세부과의 효과에 대한 다음 설명 중 옳지 않은 것은?

① 소국의 수입관세부과는 소국의 소비자 잉여를 감소시킨다.
② 소국의 수입관세부과는 소국의 생산자 잉여를 증가시킨다.
③ 소국의 수입관세부과는 소국의 사회후생을 감소시킨다.
④ 대국의 수입관세부과가 대국의 사회후생에 미치는 효과는 일률적이지 않다.
⑤ 대국의 수입관세부과는 대국의 교역조건을 악화시킨다.

19

두 국가(자국과 외국)와 두 재화(X재와 Y재)로 구성된 리카도 모형을 가정하자. 자국의 X재와 Y재의 단위노동투입량(unit labor requirement)을 a_{LX}와 a_{LY}로, X재와 Y재의 가격을 P_X와 P_Y로 표시한다. 그리고 외국의 X재와 Y재의 단위노동투입량을 a_{LX}^*와 a_{LY}^*로 표시한다. 다음 설명 중 옳지 않은 것은?

① $\dfrac{P_X}{P_Y} > \dfrac{a_{LX}}{a_{LY}}$ 이면 자국은 X재만 생산한다.

② 폐쇄경제 균형에서 자국이 두 재화를 모두 생산하는 경우 $\dfrac{P_X}{P_Y} = \dfrac{a_{LX}}{a_{LY}}$ 가 성립한다.

③ $\dfrac{a_{LX}^*}{a_{LY}^*} > \dfrac{a_{LX}}{a_{LY}}$ 이면 자국은 X재에 대해 비교우위를 갖는다.

④ $\dfrac{a_{LX}^*}{a_{LY}^*} > \dfrac{a_{LX}}{a_{LY}}$ 이면 자유무역 하에서 X재의 균형 상대가격은 $\dfrac{a_{LX}}{a_{LY}}$ 보다 크거나 같다.

⑤ 자국이 외국과 비교하여 두 재화의 생산에 있어 절대우위를 가질 때 자유무역은 자국의 임금과 외국의 임금을 일치시킨다.

20

다국적 기업과 해외직접투자에 대한 다음 설명 중 옳은 것을 모두 고르면?

> 가. 다른 조건이 일정할 때, 규모의 경제가 클수록 기업은 수출보다는 해외직접투자를 선호한다.
> 나. 독립된 기업으로부터 중간재를 조달(outsourcing)할 때 발생하는 거래비용은 기업들로 하여금 해외직접투자를 선호하게 만드는 요인이다.
> 다. 다른 조건이 일정할 때, 한 국가의 수입관세가 높을수록 그 국가로의 해외직접투자가 일어날 가능성은 커진다.

① 가   ② 나
③ 다   ④ 가, 나
⑤ 나, 다

21

☑ 확인Check! ○ △ ✕

다음 그림은 생산함수가 $y = k^{1/4}$, 자본의 축적식이 $\Delta k = sy - \delta k$, 국민소득계정 항등식이 $y = c + i$인 솔로우 모형에서 황금률 수준의 k에 도달하기 위하여 저축률을 변화시켰을 때 시간에 따른 값의 움직임을 나타낸 것이다. 이러한 움직임을 만들어낸 저축률의 변화로 가장 적절한 것은? (단, y는 1인당 생산량, k는 1인당 자본량, c는 1인당 소비, i는 1인당 투자, s는 저축률, δ는 감가상각률을 의미하고, 저축률을 변화시키기 직전까지 k가 황금률 수준보다 작은 정상상태(steady state)에 있었다)

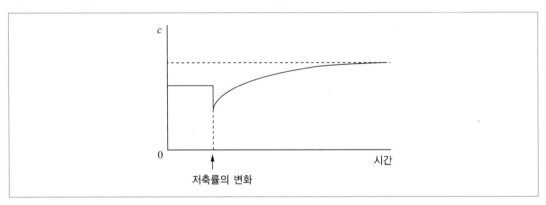

① 저축률을 현재의 20%에서 25%로 5%p 올렸을 때
② 저축률을 현재의 25%에서 20%로 5%p 내렸을 때
③ 저축률을 현재의 30%에서 25%로 5%p 내렸을 때
④ 저축률을 현재의 25%에서 30%로 5%p 올렸을 때
⑤ 저축률을 현재의 30%에서 35%로 5%p 올렸을 때

22

☑ 확인Check! ○ △ ✕

생애주기가설(life-cycle hypothesis)에 대한 설명으로 가장 적절한 것은?

① 부(wealth)가 일정한 양(+)의 수준으로 주어진 경우 소비함수의 기울기는 1보다 크다.
② 부가 증가하면 소비함수가 아래쪽으로 이동한다.
③ 생애 전 기간 동안 부는 지속적으로 증가한다.
④ 장기적으로 평균소비성향이 일정해진다는 사실을 설명할 수 있다.
⑤ 단기적으로 소비는 부에 의존하지만 소득에는 의존하지 않는다고 가정한다.

23

다음과 같은 고전학파 모형에서 정부가 조세를 100억원 증가시켰을 때, 그 결과가 옳게 짝지어진 것은?

- $Y = C = I + G$
- $C = 100 + 0.7(Y - T)$
- $I = 1,000 - 50r$
- $Y = 5,000$

(단, Y, C, I, G, T, r은 각각 국민소득, 소비, 투자, 정부지출, 조세, 이자율을 의미한다.)

	공공저축의 변화	개인저축의 변화	투자의 변화
①	100억원 증가	30억원 감소	70억원 증가
②	100억원 증가	70억원 감소	30억원 증가
③	70억원 증가	30억원 감소	70억원 증가
④	70억원 증가	70억원 감소	30억원 감소
⑤	70억원 증가	30억원 감소	70억원 감소

24

이자율평가설(interest rate parity theory)과 구매력평가설(purchasing power parity theory)이 항상 성립할 때, 같은 값을 갖는 두 변수는?

① 외국의 명목이자율과 자국의 명목이자율
② 외국의 실질이자율과 자국의 실질이자율
③ 외국의 물가상승률과 자국의 물가상승률
④ 자국의 명목이자율과 자국의 실질이자율
⑤ 명목환율과 실질환율

25

통화정책의 전달경로에 대한 설명으로 옳은 것은?

① 통화정책의 이자율 경로에 의하면, 통화량의 증가가 금융시장의 신용차입조건을 완화시켜 실물경제에 영향을 미친다.
② 통화정책의 이자율 경로에 의하면, 주식이나 부동산과 같은 자산의 가격을 변화시킴으로써 실물경제에 영향을 미친다.
③ 통화정책의 신용경로에 의하면, 팽창적인 통화정책은 금융시장에 나타나는 역선택과 도덕적 해이 문제를 악화시킨다.
④ 통화정책의 신용경로는 은행대출에 영향을 미치는 것이 아니라, 금융시장의 가격변수에 영향을 미쳐서 실물경제에 영향을 미치는 것이다.
⑤ 고정환율제도 하에서는 자본이동의 자유로운 정도에 관계없이 통화정책의 환율경로는 존재하지 않는다.

26

케인즈의 균형 국민소득결정 모형에서 실제 지출이 Y_3 수준이라고 할 때, 재고와 생산량에 대한 설명으로 옳은 것은?

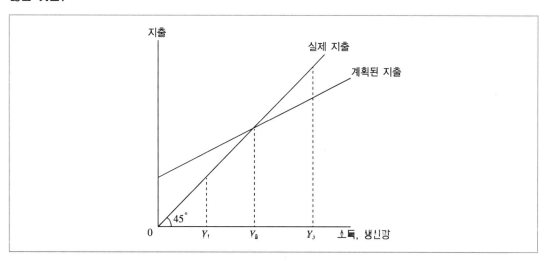

① 재고가 증가하여 생산량이 증가한다.
② 재고가 감소하여 생산량이 증가한다.
③ 재고가 증가하여 생산량이 감소한다.
④ 재고가 감소하여 생산량이 감소한다.
⑤ 재고가 불변하여 생산량이 불변한다.

27

통화 수요 함수가 다음과 같다.

$$(\frac{M}{P})^d = 2,200 - 200r$$

여기서 r은 %로 표현된 이자율(예를 들어 이자율이 10%라면, $r=10$)이며, M은 통화량, P는 물가수준, 그리고 d는 수요를 나타내는 첨자이다. 물가수준이 2라고 하면 중앙은행이 이자율을 7% 수준으로 맞추고자 할 때 통화 공급량은 얼마인가?

① 1,600

② 1,400

③ 1,200

④ 1,000

⑤ 800

28

유동성 함정에 대한 다음 설명 중 옳은 것은?

> 가. 실질이자율이 0일 경우 유동성 함정이 발생한다.
> 나. 유동성 함정에서 재정정책은 총수요에 영향을 미치지 못한다.
> 다. 유동성 함정에서 화폐 수요가 이자율에 대해 완전탄력적이다.
> 라. 유동성 함정에서 채권가격이 하락할 것이라고 예상된다.

① 가, 나

② 가, 다

③ 나, 다

④ 나, 라

⑤ 다, 라

29

☑ 확인Check! ○ △ ✕

다음 그래프는 IS곡선과 물가수준 P와 통화 공급량 M에 따른 LM곡선이다. 물가수준과 통화 공급량의 관계가 가장 적절한 것은? (단, $LM(P=P_i,\ M=M_j)$은 물가수준이 P_i이고 통화 공급량이 M_j인 LM곡선을 나타낸다. $i,\ j=1,\ 2$)

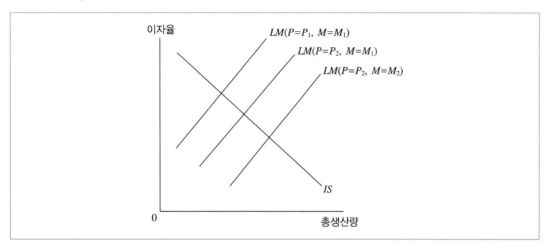

① $P_1 > P_2,\ M_1 > M_2$

② $P_1 < P_2,\ M_1 > M_2$

③ $P_1 > P_2,\ M_1 < M_2$

④ $P_1 < P_2,\ M_1 < M_2$

⑤ $P_1 = P_2,\ M_1 = M_2$

30

☑ 확인Check! ○ △ ✕

다음 중 우리나라의 실업률 통계 기준에 따라 실업자로 분류되는 경우는?

① 정규직 일자리를 찾으며 주 40시간 근무하는 38세 슈퍼마켓 비정규직 직원

② 방과 후 아르바이트 자리를 찾고 있는 만 14세 중학생

③ 박사 취득 후 지난 1년 동안 구직활동을 하다가 육아에 전념하기 위해 구직활동을 포기한 34세 여성

④ 20년 동안 근속하던 직장에서 파업이 발생하자 사용자가 직장폐쇄를 하여 현재 집에서 쉬고 있는 42세 남성

⑤ 아버지가 운영중인 식당에서 매일 2시간 무급으로 일하면서 구직활동을 하고 있는 28세 남성

31

고전학파이론에 따르면 기업의 이윤을 극대화하는 노동량 수준에서 만족하는 조건으로 가장 적절한 것은?

① 명목임금＝명목임대가격
② 명목임금＝노동의 한계생산물
③ 명목임금＝실질임금
④ 명목임금＝실질임금×노동의 한계생산물
⑤ 명목임금＝재화의 가격×노동의 한계생산물

32

A국과 B국 모두에서 노동투입량(L)과 자본투입량(K)이 각각 300으로 동일하다고 하자. 두 나라의 생산함수는 다음과 같이 주어져 있다.

- A국의 생산함수 : $Y = L^{0.25} K^{0.75}$
- B국의 생산함수 : $Y = L^{0.75} K^{0.25}$

두 나라의 노동의 한계생산물(MPL_A와 MPL_B)과 노동소득 분배율(l_A와 l_B)을 비교한 것으로 옳은 것은?

① $MPL_A > MPL_B$, $l_A < l_B$
② $MPL_A > MPL_B$, $l_A > l_B$
③ $MPL_A < MPL_B$, $l_A < l_B$
④ $MPL_A < MPL_B$, $l_A < l_B$
⑤ $MPL_A = MPL_B$, $l_A = l_B$

☑ 확인 Check! ○ △ ✕

미국의 명목이자율이 8%이고, 우리나라의 명목이자율이 12%라고 하며, 두 나라의 실질이자율은 동일하다고 한다. 두 나라의 실질환율이 일정하다고 할 때, 달러로 표시되는 원화의 가치는 어떻게 될 것으로 예상되는가?

① 8% 하락
② 4% 하락
③ 4% 상승
④ 5% 상승
⑤ 8% 상승

☑ 확인 Check! ○ △ ✕

다음은 어느 경제의 2017년 노동시장 관련 자료이다. 이 경제의 2018년 초 취업자 수는 얼마인가?

- 비경제활동인구의 15%가 경제활동인구가 되었다.
- 경제활동인구의 10%가 비경제활동인구가 되었다.
- 실업자의 20%가 취업자가 되었다.
- 취업자의 5%가 실업자가 되었다.
- 경제활동인구와 비경제활동인구를 합한 수는 1,000만명으로 변함이 없다.
- 경제활동참가율은 변함이 없다.
- 실업률은 변함이 없다.

① 420만명
② 480만명
③ 540만명
④ 600만명
⑤ 660만명

다음은 어느 경제의 통화량 관련 자료이다. 이 경제에서 본원통화량이 3억 달러 증가하면 통화량은 얼마나 증가하는가?

> • 통화량은 현금과 예금의 합계이다.
> • 본원통화량은 현금과 지급준비금의 합계이다.
> • 예금 대비 지급준비금의 비율은 10%이다.
> • 예금 대비 현금의 비율은 50%이다.

① 3억 달러   ② 4.5억 달러
③ 6억 달러   ④ 7.5억 달러
⑤ 9억 달러

다음은 어느 폐쇄경제를 나타낸다. 이 경제에 대한 다음 설명 중 옳은 것은?

> • $Y = C + I + G$
> • $C = 1,000 + 0.5Y$
> • $I = 100 - 25r$
> • $G = 0$
> • $\overline{Y} = 2,100$
> • $S = \overline{Y} - C - G$
> • $GAP = Y - \overline{Y}$
>
> (단, Y, C, I, G, r, $\overline{Y}$, S, GAP은 총수요, 소비, 투자, 정부지출, 실질이자율, 총생산, 총저축, 인플레이션 갭이며 실질이자율은 중앙은행이 조정한다)

① 중앙은행이 실질이자율을 일정하게 유지할 경우 투자가 외생적으로 50만큼 증가하면 총수요는 150만큼 증가한다.
② 중앙은행이 실질이자율을 4로 설정할 경우 양(+)의 인플레이션 갭이 발생한다.
③ 중앙은행이 실질이자율을 1로 설정할 경우 총저축이 투자보다 많은 초과 저축이 발생한다.
④ 중앙은행이 실질이자율을 인플레이션 갭이 0이 되도록 설정할 경우 투자는 50이 된다.
⑤ 정부지출 증가로 총수요가 50만큼 증가하는 경우 중앙은행이 인플레이션 갭을 이전 수준으로 유지하려면 실질이자율을 2만큼 인상하여야 한다.

37

다음 그림은 고정환율제를 채택하고 있는 어느 소규모 개방경제의 $IS-LM-BP$곡선을 나타낸다. 해외 이자율이 상승할 경우 통화량과 소득의 변화로 옳은 것은? (단, 중앙은행은 불태화정책을 사용하지 않는다)

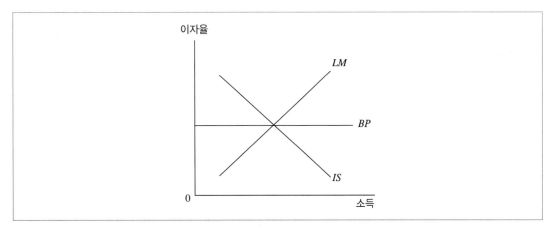

	통화량	소득
①	증가	증가
②	감소	감소
③	증가	감소
④	감소	증가
⑤	불변	불변

38

☑ 확인Check! ○ △ ✕

총수요와 총공급이 다음과 같은 경제의 현재 균형점은 A이다. 이 경제에서 기대 물가가 일시적으로 상승할 경우 단기 및 장기균형점으로 옳은 것은?

- 총수요 : $P = a - bY$
- 총공급 : $P = P^e + d(Y - Y^n)$

(단, P, Y, P^e, Y^n는 물가, 생산량, 기대 물가, 자연생산량을 나타내며, a, b, d는 양(+)의 상수이다)

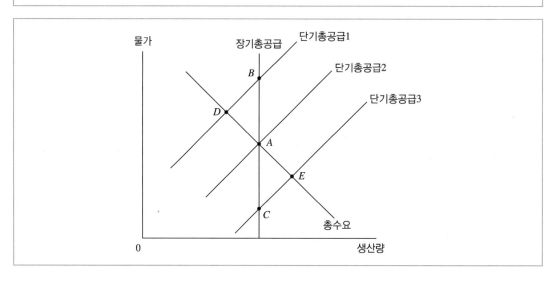

	단기균형점	장기균형점
①	E	C
②	E	A
③	D	B
④	D	A
⑤	B	A

39

다음 그림은 어느 개방경제의 BP곡선을 나타낸다. C점은 경상수지와 자본수지가 모두 균형인 상태이다. D점에서의 경상수지와 자본수지 상태로 옳은 것은?

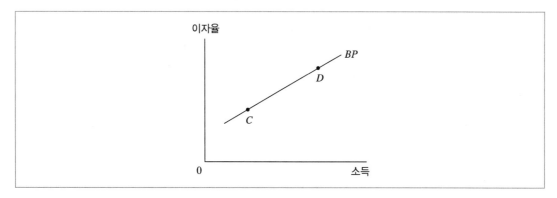

	경상수지	자본수지
①	적 자	적 자
②	적 자	흑 자
③	흑 자	적 자
④	흑 자	흑 자
⑤	균 형	균 형

40

다음 그림은 폐쇄경제의 $IS-LM$곡선을 나타낸다. 중앙은행은 다음 두 가지 방식 중 하나로 통화정책을 실시한다. 다음 설명 중 옳지 않은 것은?

- 방식 (가) : 이자율이 현재 균형 수준에서 일정하게 유지되도록 통화량을 조절하는 방식
- 방식 (나) : 통화량을 현재 균형 수준에서 일정하게 유지하고 이자율이 변동할 수 있도록 허용하는 방식

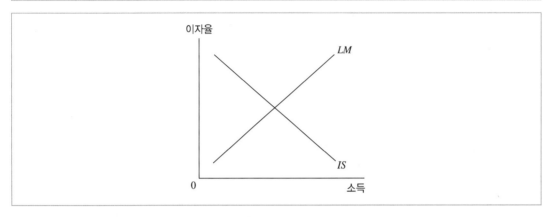

① 방식 (가)를 실시할 경우, 화폐수요가 외생적으로 증가하면 통화량이 감소한다.
② 방식 (가)를 실시할 경우, 화폐수요가 외생적으로 증가하더라도 소득이 변화하지 않는다.
③ 방식 (가)를 실시할 경우, 재정지출이 증가하면 통화량이 증가한다.
④ 방식 (나)를 실시할 경우, 재정지출이 증가하면 소득이 증가한다.
⑤ 방식 (나)를 실시할 경우, 재정지출이 증가하면 구축효과가 나타난다.

✔ Time 분 | 정답 및 해설편 300p

※ 각 문제의 보기 중에서 물음에 가장 합당한 답을 고르시오.

01

☑ 확인 Check! ○ △ ×

어느 소비자의 효용함수는 $U(C_1,\ C_2)=C_1 C_2$이고, 예산제약식은 $C_1+\dfrac{C_2}{1+r}=Y_1+\dfrac{Y_2}{1+r}$이다. 주어진 소득($Y_1=Y_2=100$)에서 효용을 극대화하는 이 소비자에 대한 다음의 설명 중 옳은 것은? (단, C_1과 C_2는 1기와 2기의 소비량, Y_1과 Y_2는 1기와 2기의 소득, r은 이자율이고, $0<r<1$이라고 가정한다)

① 효용극대화 소비점에서 2기 소비로 표시한 1기 소비의 한계대체율은 $1/(1+r)$이다.
② 1기에 차용을 하는 소비자이다.
③ 이자율이 높아지면 극대화된 효용은 항상 증가한다.
④ 이자율이 높아지면 1기의 소비량이 1기의 소득보다 커진다.
⑤ 이자율이 높아지면 실질소득의 증가로 1기와 2기의 소비량 모두 증가한다.

02

☑ 확인 Check! ○ △ ×

어느 소비자의 효용함수는 $U(X,\ Y)=\min\{2X,\ Y\}$이고, 소득은 M이다. 효용을 극대화하는 이 소비자에 대한 다음의 설명 중 옳은 것은? (단, $0<M<\infty$)

① X재를 2단위 소비하는 경우, Y재를 1단위 소비한다.
② S원의 현금을 보조하는 경우와 S원어치의 X재를 현물로 보조하는 경우의 최적 소비점은 항상 동일하다.
③ X재의 가격소비곡선 기울기와 소득소비곡선 기울기는 동일하다.
④ X재의 수요곡선은 우하향하는 직선이다.
⑤ 소득이 2배가 되면, X재 소비량은 2배, Y재 소비량은 4배가 된다.

03

어느 소비자는 X재와 Y재만을 소비하고, 우하향하고 원점에 대해 볼록한 무차별곡선을 가진다. 주어진 가격에서 이 소비자의 효용극대화 소비점은 $a=(X_a,\ Y_a)$이다. X재의 가격이 하락하고 Y재의 가격은 변화하지 않은 경우, 효용극대화 소비점은 $b=(X_b,\ Y_b)$가 된다. 다음 설명 중 <u>옳지 않은</u> 것은?

① $X_a = X_b$인 경우, X재의 보통의 수요곡선은 수직선이다.

② $X_a = X_b$인 경우, X재는 열등재이다.

③ $X_a = X_b$인 경우, X재의 대체효과와 소득효과의 절대값 크기가 동일하다.

④ 대체효과에 따른 X재의 소비량이 X_b인 경우, X재의 보상수요곡선 기울기가 보통의 수요곡선 기울기보다 가파르다.

⑤ 대체효과에 따른 X재의 소비량이 X_b인 경우, 소득소비곡선이 수직선이다.

04

X재는 소비자 1과 소비자 2만 소비하며, Y재는 이 두 소비자를 포함하여 많은 소비자들이 소비한다. 소비자 1, 2의 소득은 각각 M으로 동일하고, X재에 대한 소비자 1의 수요함수(x_1)와 소비자 2의 수요함수 (x_2)가 다음과 같을 때 이에 대한 설명 중 옳은 것은?

• 소비자 1의 수요함수 : $x_1 = 70 - 8P_X - 2P_Y + M$

• 소비자 2의 수요함수 : $x_2 = 60 - 10P_X + 4P_Y + 0.5M$

(단, P_X와 P_Y는 X재와 Y재의 가격을 나타낸다)

---

① P_Y가 5이고 M이 100인 경우, X재의 시장수요함수(Q)는 $Q = 290 - 18P_X$이다.

② X재는 소비자 1에게 열등재이다.

③ X재는 소비자 2에게 기펜재(Giffen good)이다.

④ 소비자 2에게 X재와 Y재는 보완관계에 있다.

⑤ 동일한 양의 X재를 소비하는 경우, X재에 대한 소비자 1의 수요가 소비자 2의 수요보다 X재 가격에 더 탄력적이다.

05

X재를 생산하며 이윤극대화를 추구하는 어느 기업은, X재의 단위당 생산비용이 10% 증가하여 가격 인상을 고려하고 있다. 다음 설명 중 옳지 않은 것은?

① X재의 수요의 가격탄력성이 비탄력적인 경우, 가격을 인상하면 X재의 판매수입이 증가한다.

② X재의 수요의 가격탄력성이 탄력적인 경우, 가격을 인상하면 X재의 판매수입이 감소한다.

③ X재의 수요의 가격탄력성이 단위탄력적인 경우, 가격을 인상하면 X재로부터 얻는 이윤은 변화하지 않으나 판매수입은 증가한다.

④ X재의 수요의 가격탄력성이 무한대인 경우, 가격을 인상하면 X재에 대한 수요가 0이 된다.

⑤ X재의 수요의 가격탄력성이 0인 경우, 가격을 인상하면 X재의 판매수입이 증가한다.

06

어느 기업의 장기총비용곡선은 우상향하는 곡선이고, 장기평균비용곡선과 단기평균비용곡선은 U자형이다. 현재 생산량에서 장기평균비용이 60이고, 장기한계비용이 60이다. 그리고 생산량과 관계없이 생산요소가격은 일정하다. 이 기업에 대한 다음 설명 중 옳은 것을 모두 고르면?

가. 현재 생산량에서 장기평균비용곡선은 단기평균비용곡선의 최저점에서 접한다.
나. 생산량이 현재의 2배가 되면, 총비용은 현재의 2배보다 크다.
다. 생산량이 현재의 0.5배가 되면, 총비용은 현재의 0.5배보다 크다.
라. 모든 생산량에서 장기총비용은 단기총비용보다 작거나 같다.

① 가, 나　　　　　　　　　　② 가, 라

③ 가, 나, 다　　　　　　　　④ 나, 다, 라

⑤ 가, 나, 다, 라

07

X재 시장은 완전경쟁시장이고, 시장수요곡선은 $Q = 1,000 - P$이다. 모든 개별 기업의 장기평균비용곡선 (AC)은 $AC = 40 - 10q + q^2$이다. 기업들의 진입과 퇴출에 의해서도 개별 기업의 장기총비용곡선은 변하지 않는다. 다음 설명 중 옳지 <u>않은</u> 것은? (단, Q는 X재의 시장수요량, P는 X재의 가격, q는 개별 기업의 X재 생산량이다)

① 개별 기업의 X재 장기균형생산량은 5이다.
② X재의 가격이 18인 경우, 장기적으로 기업의 진입이 발생한다.
③ X재의 가격이 15인 경우, 장기적으로 개별 기업은 양(+)의 경제적 이윤을 얻는다.
④ X재의 가격이 12인 경우, 장기적으로 기업의 퇴출이 발생한다.
⑤ 장기균형에서는 총 197개의 기업이 생산 활동을 한다.

08

동일한 상품을 생산하는 기업 1과 기업 2가 경쟁하는 복점시장을 가정하자. 시장수요함수는 $Q = 70 - P$이다. 두 기업은 모두 고정비용이 없으며, 한계비용은 10이다. 이윤을 극대화하는 두 기업에 대한 다음 설명 중 옳지 <u>않은</u> 것은? (단, P는 시장가격, $Q = q_1 + q_2$, 그리고 q_1은 기업 1의 생산량, q_2는 기업 2의 생산량이다)

① 꾸르노 모형(Cournot model)에서 기업 1의 반응함수는 $q_1 = 30 - 0.5q_2$이고, 기업 2의 반응함수는 $q_2 = 30 - 0.5q_1$이다.
② 꾸르노 모형의 균형에서 각 기업의 생산량은 20이며, 각 기업의 이윤은 400이다.
③ 두 기업이 담합을 하는 경우, 꾸르노 모형의 균형에서보다 각 기업의 이윤이 증가하며 소비자 후생은 감소한다.
④ 기업 1이 선도자로 생산량을 결정하는 슈타켈버그 모형(Stackelberg model)의 균형에서는 기업 1의 생산량이 기업 2의 생산량의 2배이다.
⑤ 기업 1이 선도자로 생산량을 결정하는 슈타켈버그 모형의 균형에서는 꾸르노 모형의 균형에서보다 전체 생산량이 감소하고 소비자 후생이 감소한다.

09

X재를 생산하는 어느 독점기업의 한계생산비용은 생산량과 상관없이 4이고 고정비용은 없다. 이 기업은 X재를 A국과 B국에 수출하고 있는데, 두 국가 간에는 무역이 단절되어 있다. 각국에서의 X재 수요함수는 다음과 같다. 이 기업이 이윤을 극대화할 때, 다음 설명 중 옳지 않은 것은?

- A국의 수요함수 : $Q_A = 50 - \dfrac{1}{2}P_A$
- B국의 수요함수 : $Q_B = 40 - P_B$

  (단, P_A는 A국에서의 가격, P_B는 B국에서의 가격, Q_A는 A국에서의 수요량, Q_B는 B국에서의 수요량이다)

① 이 기업은 B국보다 A국에 더 많이 수출한다.

② P_A가 P_B보다 크다.

③ 각국에 동일한 생산량을 수출하는 경우, A국에서의 한계수입이 B국에서의 한계수입보다 항상 더 크다.

④ 균형소비량에서 A국의 수요가 B국의 수요보다 가격에 더 탄력적이다.

⑤ 두 국가에 동일한 가격으로 제품을 수출하는 것보다 차별적인 가격으로 제품을 수출하는 것이 이윤을 증가시킨다.

10

X재 시장은 완전경쟁시장으로, 이윤극대화를 하는 600개 기업이 존재한다. 노동만을 투입하여 X재를 생산하는 모든 개별 기업의 노동수요곡선은 $l = 8 - \dfrac{w}{600}$ 로 동일하다. X재 생산을 위한 노동시장은 완전경쟁시장으로, 100명의 노동자가 있으며 노동 공급은 완전비탄력적이다. 노동시장의 균형임금은 얼마인가? (단, l은 노동자 수이고, w는 노동자 1인당 임금이다)

① 4,600

② 4,700

③ 4,800

④ 4,900

⑤ 5,000

다음 그래프는 독감백신의 공급곡선(S), 사적 한계편익곡선(PMB), 사회적 한계편익곡선(SMB)을 나타낸다. 이 시장에 대한 설명 중 옳은 것을 <u>모두</u> 고르면? (단, 공급곡선은 독감백신 공급의 한계비용곡선과 일치한다)

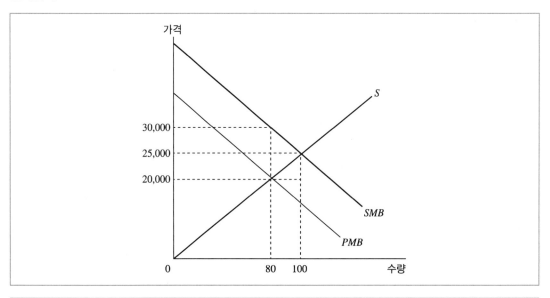

가. 정부의 개입이 없는 경우 독감백신 소비량은 80이다.
나. 독감백신의 사회적 최적 소비량은 100이다.
다. 정부의 개입이 없는 경우 자중손실(deadweight loss)은 100,000이다.
라. 독감백신의 사회적 최적 소비량을 달성하기 위해서, 보조금은 독감백신 공급자보다는 구매자에게 지급하는 것이 보다 효율적이다.
마. 단위당 5,000의 보조금을 독감백신 공급자에게 지급하는 경우 균형소비량은 80으로 변화가 없다.

① 가, 나
② 가, 나, 다
③ 가, 나, 다, 라
④ 가, 다, 라, 마
⑤ 나, 다, 라, 마

12

레몬 문제(lemons problem)는 판매자가 구매자보다 제품에 더 많은 정보를 가지고 있어 나타나는 문제이다. 레몬 문제에 대한 설명으로 옳은 것을 <u>모두</u> 고르면?

> 가. 평균보다 높은 품질의 제품을 생산하는 판매자는 평균 품질에 해당하는 가격으로 판매하고 싶지 않다.
> 나. 품질보증은 소비자가 제품에 대한 정보가 충분하지 않더라도 평균 품질에 해당하는 가격 이상으로 구매를 가능하게 한다.
> 다. 경매에 의한 판매를 통해 레몬 문제를 해결할 수 있다.

① 가
② 나
③ 다
④ 가, 나
⑤ 나, 다

13

완전경쟁시장인 X재 시장에서 시장수요와 시장공급이 다음과 같다.

> • 시장수요 : $Q_d = 200 - P$
> • 시장공급 : $Q_s = -40 + 0.5P$
> (단, Q_d, Q_s, P는 각각 X재의 수요량, 공급량, 가격을 나타낸다)

위 상황에서 X재 한 단위당 30씩 세금을 부과할 때, 세금을 제외하고 공급자가 받는 가격은 얼마인가?

① 120
② 140
③ 160
④ 180
⑤ 200

14

두 소비자 1, 2가 재화묶음 (x, y)를 소비하는 순수교환경제 모형을 고려하여 보자. 소비자 1의 효용함수는 $U_1(x_1, y_1) = x_1 y_1$이고, 소비자 2의 효용함수는 $U_2(x_2, y_2) = 0.5 x_2 y_2$이다. 초기에 소비자 1은 $(2.0, 6.0)$, 소비자 2는 $(2.0, 2.0)$의 재화묶음을 가지고 있다. 주어진 시장가격으로 교환이 이루어질 때 각 소비자의 최종 소비점 (x_1^*, y_1^*)와 (x_2^*, y_2^*)는?

	(x_1^*, y_1^*)	(x_2^*, y_2^*)
①	$(1.5, 7.0)$	$(2.5, 1.0)$
②	$(2.0, 6.0)$	$(2.0, 2.0)$
③	$(2.5, 5.0)$	$(1.5, 3.0)$
④	$(3.0, 4.0)$	$(1.0, 4.0)$
⑤	$(3.5, 3.0)$	$(0.5, 5.0)$

15

다음은 생산가능곡선에 대한 설명이다. (가)와 (나)를 바르게 짝지은 것은?

> 하루에 생산할 수 있는 X재와 Y재의 조합을 나타내는 생산가능곡선은 갑의 경우 $2Q_X + Q_Y = 16$, 을의 경우 $Q_X + 2Q_Y = 16$이다. 이때, 갑에 있어서 Y재의 기회비용은 (가)이고, 을에 있어서 X재의 기회비용은 (나)이다(단, Q_X는 X재의 생산량, Q_Y는 Y재의 생산량을 의미한다).

	(가)	(나)
①	X재 2개	Y재 $\frac{1}{2}$개
②	X재 2개	Y재 2개
③	X재 1개	Y재 1개
④	X재 $\frac{1}{2}$개	Y재 $\frac{1}{2}$개
⑤	X재 $\frac{1}{2}$개	Y재 2개

16

다음 그림은 X재와 Y재의 등량곡선을 나타낸 것이다. X재와 Y재의 생산함수에 대한 특성을 바르게 짝지은 것은? (단, Q_A, Q_B, Q_C는 등량곡선을 의미한다)

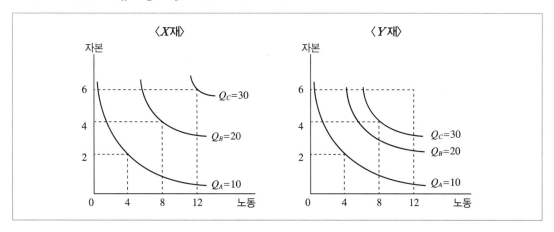

	X재 생산	Y재 생산
①	규모에 대한 수확불변	규모에 대한 수확체증
②	규모에 대한 수확불변	규모에 대한 수확체감
③	규모에 대한 수확체증	규모에 대한 수확체감
④	규모에 대한 수확체증	규모에 대한 수확불변
⑤	규모에 대한 수확체감	규모에 대한 수확체증

17

독점 방송사가 공급하는 프로그램에 대한 수요함수는 $Q = 100 - 5P$이다. 고정비용인 프로그램의 조달비용은 200이며 그 밖에 다른 비용은 발생하지 않는다고 가정한다. 독점 방송사는 아래의 두 가지 전략 중 하나를 선택할 수 있다. 다음의 설명 중 옳지 않은 것은? (단, Q는 시청자 수, P는 시청요금이다)

〈전략 1〉
광고를 판매하지 않고 이윤극대화를 위한 독점 시청요금을 부과한다.

〈전략 2〉
시청요금을 부과하지 않고 광고주에게 광고를 판매하여 시청자 1인당 6의 이윤을 얻는다. 단, 광고시청으로 인한 시청자의 비효용(disutility)은 없다고 가정한다.

① 독점 방송사가 〈전략 1〉을 선택하면 양(+)의 이윤을 얻는다.
② 독점 방송사가 〈전략 2〉를 선택하면 양(+)의 이윤을 얻는다.
③ 독점 방송사는 〈전략 1〉을 선택하면 〈전략 2〉에서보다 더 많은 이윤을 얻는다.
④ 독점 방송사가 〈전략 1〉을 선택하면 자중손실(deadweight loss)이 발생한다.
⑤ 〈전략 2〉에서의 시청자의 잉여가 〈전략 1〉에서보다 더 크다.

18

다음 보수행렬(payoff matrix)을 갖는 게임에 대한 설명으로 옳은 것은? (단, A와 B는 각 경기자의 전략이며, 괄호 안의 첫 번째 숫자는 경기자 1의 보수를, 두 번째 숫자는 경기자 2의 보수를 나타낸다)

		경기자 2	
		A	B
경기자 1	A	(7, 7)	(4, 10)
	B	(10, 4)	(3, 3)

① 모든 경기자에게 우월전략(dominant strategy)이 존재한다.
② 내쉬균형이 존재하지 않는다.
③ 내쉬균형은 두 경기자가 모두 A전략을 선택하는 것이다.
④ 내쉬균형은 두 경기자가 모두 B전략을 선택하는 것이다.
⑤ 내쉬균형에서 두 경기자는 서로 다른 전략을 선택한다.

19

다음과 같이 노동과 토지를 투입하여 하나의 재화만 생산하는 자국과 외국으로 이루어진 경제를 상정해 보자. 국가 간 노동이동의 효과에 대한 다음 설명 중 옳지 않은 것은?

- 두 생산요소 중 노동만 국가 간 이동이 가능하다.
- 수평축은 자국과 외국의 노동량을 합한 세계 총노동량을 나타낸다.
- 자국의 노동량은 왼쪽 축(원점은 O로 표시함)에서부터, 외국의 노동량은 오른쪽 축(원점은 O^*로 표시함)에서 부터 측정된다.
- 왼쪽 수직축은 자국의 한계생산물, 오른쪽 수직축은 외국의 한계생산물을 나타낸다.
- 노동의 국가 간 이동이 발생하기 이전의 자국의 노동량은 OL_1, 외국의 노동량은 O^*L_1이다.

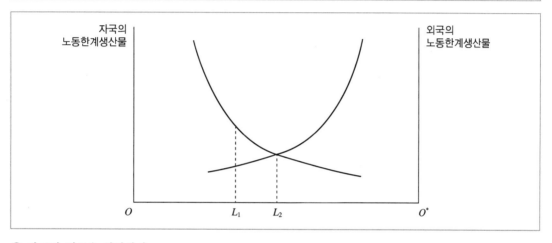

① 자국의 임금은 하락한다.
② 외국의 임금은 상승한다.
③ 재화의 세계 총생산량은 증가한다.
④ 노동은 외국에서 자국으로 이동한다.
⑤ 자국 토지 소유자의 실질소득은 감소한다.

20

다음은 신고전학파의 투자 모형이 적용되는 경제이다. 이 경제에서 자본량은 자본 추가에 따른 실질이윤율이 양수이면 증가, 음수이면 감소, 영이면 변함이 없다. 이 경제의 정상상태(steady state)에서 자본량은 얼마인가?

- 자본 추가에 따른 실질이윤율 : $MPK - p_K(r+\delta)$
- 생산함수 : $Y = K^{1/2}(\overline{L})^{1/2}$
- 시장에서 주어진 자본의 실질가격, 실질이자율 : $p_K = 100$, $r = 2\%$
- 고정된 노동량, 감가상각률 : $\overline{L} = 100$, $\delta = 8\%$

(단, MPK, p_K, r, δ, Y, K, $\overline{L}$ 는 각각 자본의 한계생산물, 자본의 실질가격, 실질이자율, 감가상각률, 생산물, 자본량, 고정된 노동량이며 자본의 가격 상승률은 생산물 가격 상승률과 같다고 가정한다)

① $\dfrac{1}{4}$ ② $\dfrac{1}{2}$

③ 1 ④ 2

⑤ 4

21

솔로우(R. Solow) 성장 모형에서 생산함수가 $Y = K^{1/2}L^{1/2}$ 이고, 인구증가율이 0%, 감가상각률이 10%, 저축률이 30%일 경우 다음 설명 중 옳은 것은? (단, Y 는 실질 GDP, K 는 자본량, L 은 노동량이다)

① 정상상태(steady state)에서 자본량(K)의 증가율은 10%이다.

② 정상상태에서 1인당 실질 GDP(Y/L)는 9이다.

③ 1인당 자본량(K/L)이 4보다 작을 경우 1인당 실질 GDP(Y/L)는 감소한다.

④ 감가상각률이 20%로 증가할 경우 정상상태에서 1인당 자본량(K/L)은 증가한다.

⑤ 정상상태에서 황금률 수준의 1인당 자본량(K/L)을 달성하려면 저축률을 증가시켜야 한다.

22

다음은 어느 폐쇄경제의 총수요부문을 나타낸 것이다. 실질이자율을 수직축으로, 총수요를 수평축으로 하여 $IS-LM$ 곡선을 나타내고자 한다. 기대 인플레이션이 0%에서 -1%로 변화할 경우 그 효과에 대한 설명으로 가장 적절한 것은?

- IS 관계식 : $0.25\,Y = 425 - 25r$
- LM 관계식 : $500 = Y - 100i$
- 피셔 방정식 : $i = r + \pi^e$

(단, Y, r, i, π^e는 각각 총수요, 실질이자율, 명목이자율, 기대 인플레이션을 나타낸다)

① IS 곡선이 하향 이동하며 실질이자율은 하락한다.

② IS 곡선이 상향 이동하며 실질이자율은 상승한다.

③ LM 곡선이 하향 이동하며 실질이자율은 하락한다.

④ LM 곡선이 상향 이동하며 실질이자율은 상승한다.

⑤ IS 곡선은 하향 이동하는 반면 LM 곡선은 상향 이동하여 실질이자율이 변하지 않는다.

23

다음 그림과 같은 노동시장에서 노동 공급곡선이 우측으로 평행하게 이동할 경우 취업자 수와 실업률의 변화로 옳은 것은?

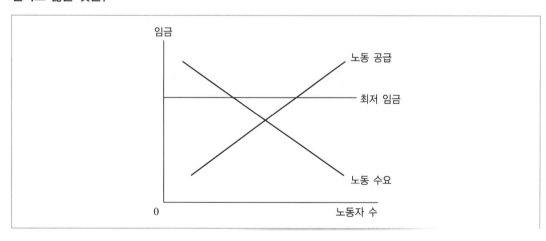

	취업자 수	실업률
①	증 가	감 소
②	감 소	증 가
③	불 변	감 소
④	불 변	증 가
⑤	불 변	불 변

24

새케인즈학파(new Keynesian)의 경직적 가격 모형(sticky-price model)과 관련한 설명으로 옳지 않은 것은?

① 팽창적 통화정책은 단기적으로 생산량을 증가시킨다.
② 가격을 신축적으로 조정하는 기업은 한계비용이 상승하면 가격을 인상한다.
③ 물가가 기대 물가보다 높을 경우 생산량은 잠재 생산량보다 커진다.
④ 가격을 신축적으로 조정하는 기업이 많아질수록 총공급곡선의 기울기가 커진다.
⑤ 가격을 신축적으로 조정하지 않는 기업은 미래의 경제상황보다는 과거의 경제상황에 근거하여 가격을 설정한다.

25

다음과 같은 개방 거시경제 모형에서 정부가 정부지출을 40만큼 증가시키고자 한다. 이 경우 순수출은 얼마나 변하는가?

- $Y = C + I + G + EX - IM$
- $C = 100 + 0.6(Y - T)$
- $I = 100$
- $G = 50$
- $T = 50$
- $EX = 70$
- $IM = 20 + 0.1Y$

(단, Y, C, I, G, EX, IM, T 는 각각 총수요, 소비, 투자, 정부지출, 수출, 수입, 조세이다)

① 4 감소   ② 8 감소
③ 12 감소   ④ 4 증가
⑤ 8 증가

26

다음 그림은 변동환율제를 채택하고 있는 어떤 소규모 개방경제의 $IS-LM-BP$ 곡선을 나타낸다. 중앙은행이 팽창적 통화정책을 실시할 경우 환율 및 총수요 변화로 옳은 것은? (단, 환율은 외국통화 1단위에 대한 자국통화의 교환비율을 의미한다)

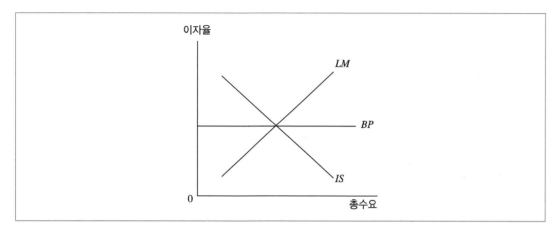

	환 율	총수요
①	상 승	증 가
②	하 락	감 소
③	상 승	감 소
④	하 락	증 가
⑤	불 변	불 변

27

다음과 같이 수익률곡선이 상승하는 모습을 보이고 있을 때 이에 대한 설명으로 옳은 것은?

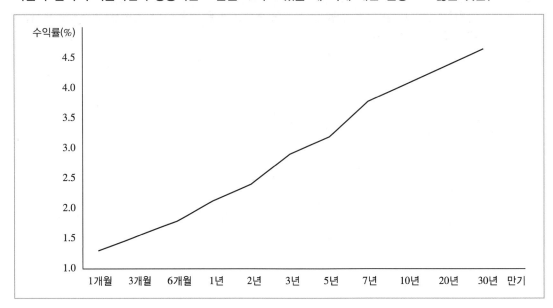

① 단기 이자율이 미래에 급격히 하락할 것으로 기대된다.
② 단기 이자율이 미래에 완만하게 하락할 것으로 기대된다.
③ 단기 이자율이 미래에 변화가 없을 것으로 기대된다.
④ 단기 이자율이 미래에 상승할 것으로 기대된다.
⑤ 장기 이자율이 미래에 변화가 없을 것으로 기대된다.

28

구매력 평가가설(PPP, Purchasing Power Parity)에 따르면 두 나라의 물가지수 비율과 통화의 교환비율은 같아야 한다. 다음 그림에서 A는 한국 대 미국의 소비자 물가지수의 비율을, B는 원화 대 달러화의 교환비율을 지수형태로 나타낸 것이다. 다음 그림과 PPP에 대한 설명으로 옳은 것을 모두 고르면? (단, 두 지수는 2010년을 100으로 한다)

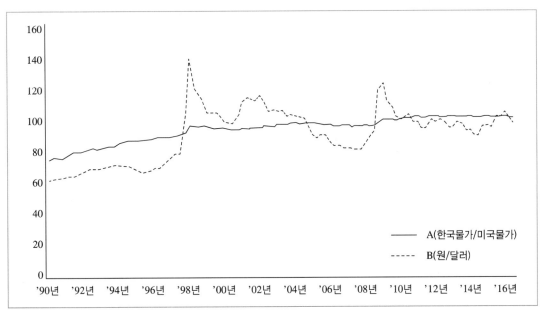

가. PPP에 따르면 실질환율은 명목환율과 반드시 일치해야 한다.
나. 2008년 글로벌 금융위기 이후, 우리나라와 미국의 물가수준은 같다.
다. PPP에 따르면 1997년 IMF사태 이전에 원화는 과대평가되었다.
라. 핸드폰 A의 국내가격이 1,000,000원일 때, 미국에서 가격이 1,000달러라면, PPP에 의한 환율은 1,000원/달러여야 한다.

① 가, 나
② 가, 다
③ 가, 라
④ 나, 라
⑤ 다, 라

29

실질이자율과 명목이자율에 대한 설명으로 옳은 것은?

① 실질이자율이 명목이자율보다 작다면, 기대인플레이션은 양(+)의 값을 가진다.
② 실질이자율이 명목이자율보다 작다면, 구매력은 채무자에서 채권자로 이전된다.
③ 실질이자율은 음수가 될 수 없다.
④ 실질이자율은 명목이자율에서 제반 비용 등을 뺀 이자율이다.
⑤ 실질이자율이 명목이자율보다 크다면, 지속적인 물가상승이 예상된다.

30

은행 A의 재무상태표(대차대조표)는 다음과 같다.

자산(억원)		부채 및 자본(억원)	
지급준비금	50	예 금	200
증 권	50	납입자본금	50
대 출	150		

위와 같은 상황에서, 급작스런 50억원의 예금 인출이 발생했다고 한다. 은행 A는 일단 지급준비금 50억원으로 이와 같은 인출 상황에 대응하였다. 법정 지급준비율이 10%일 때, 법정 지급준비금을 마련하기 위한 은행 A의 조치에 대한 설명으로 옳지 않은 것은?

① 중앙은행으로부터 부족한 지급준비금만큼 차입한다.
② 은행 A가 보유한 증권을 부족한 지급준비금만큼 매각한다.
③ 부족한 지급준비금만큼 신규대출을 늘린다.
④ 콜시장으로부터 부족한 지급준비금만큼 차입한다.
⑤ 추가로 주식을 발행하여 부족한 지급준비금만큼 충당한다.

31

실업률, 경제활동참가율, 고용률에 대한 설명으로 가장 적절한 것은?

① 고용률은 취업자 수를 경제활동인구로 나눈 값이다.

② 우리나라의 인구증가율이 하락하는 점을 감안하면 경제활동참가율 역시 줄어들 것으로 예상된다.

③ 실업자 중 일부가 구직행위를 포기하면 실업률은 감소하게 된다.

④ 경제활동인구 증가율이 실업자 수 증가율보다 크다면 실업률은 증가한다.

⑤ 경제활동인구 증가율이 생산가능인구 증가율보다 크다면 경제활동참가율은 감소한다.

32

2008년도에 야구 선수 갑은 A구단과 10년간 총액 265백만달러의 계약을 맺었다. 다음은 갑이 2008년 이후에 받아야 할 연봉을 나타낸 표이다. 2016년 물가지수가 125라고 할 때, 2016년에 갑이 받을 연봉을 2010년의 실질가치로 환산하면 얼마인가? (단, 물가지수는 2010년을 100으로 한다)

연 도	금액(백만 달러)	연 도	금액(백만 달러)
2008년	27	2013년	28
2009년	32	2014년	25
2010년	32	2015년	21
2011년	31	2016년	20
2012년	29	2017년	20

① 10백만 달러

② 16백만 달러

③ 18백만 달러

④ 20백만 달러

⑤ 24백만 달러

어떤 경제가 장기균형상태(a)에 있다. 중앙은행이 통화량을 감축하는 정책을 시행 할 때, $IS-LM$과 $AD-AS$곡선의 이동으로 인한 균형점의 변화를 나타낸 것으로 옳은 것은? (단, r은 이자율, Y는 총생산량, $\overline{Y}$는 장기균형 총생산량, P는 물가, $LRAS$는 장기총공급곡선, $SRAS$는 단기총공급곡선을 나타낸다)

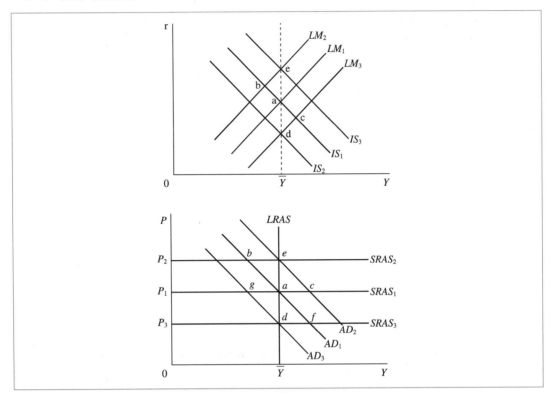

	$IS-LM$	$AD-AS$
①	$a-b-a$	$a-b-e$
②	$a-b-e$	$a-b-e$
③	$a-b-e$	$a-c-e$
④	$a-b-a$	$a-g-d$
⑤	$a-c-a$	$a-b-e$

34

경제학자 A가 추론한 소비함수는 다음과 같은 특징을 가진다. 이 특징을 가장 잘 반영하는 소비함수는?

> • 늘어난 소득이 소비를 증가시키지만, 소비의 증가는 소득의 증가보다는 작다.
> • 평균소비성향은 소득이 증가함에 따라 감소한다.
> • 현재의 소비는 현재의 소득에 의존한다.

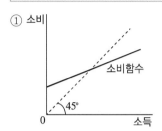

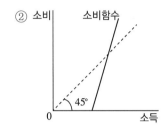

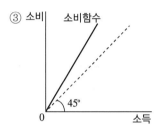

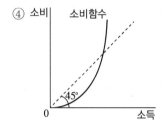

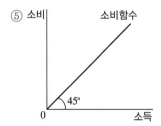

35

국민소득 지표에 대한 설명으로 옳지 않은 것은?

① 폐쇄경제에서는 실질 GDP와 실질 GDI가 같다.

② 명목 GNI는 명목 GNP와 동일한 개념이다.

③ 교역조건 변화에 따른 실질무역손익이 음(-)의 값을 가질 경우, 실질 GDI는 실질 GDP보다 작다.

④ 실질 GNI는 실질 GNP와 동일한 개념이다.

⑤ 명목 국외순수취 요소소득이 음(-)의 값을 가질 경우, 명목 GNI는 명목 GDP보다 작다.

36

다음과 같은 $IS-LM$모형에서 경제정책으로 인하여 IS곡선이 IS_1에서 IS_2로 움직였을 때, Y_1과 Y_2의 차이를 바르게 나타낸 것은?

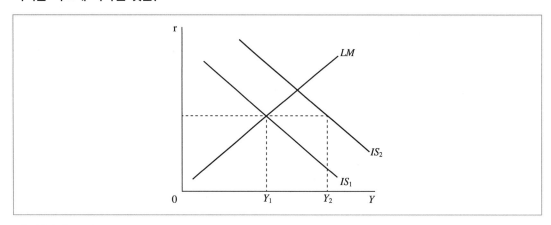

IS곡선 : $Y = 0.4 + 0.6(Y-T) + I + G$
(단, Y는 소득, T는 조세, G는 정부지출, I는 투자를 의미하고, 투자는 실질이자율(r)의 함수이다)

	G를 1만큼 늘렸을 때	T를 1만큼 줄였을 때
①	2.5	1.5
②	2.5	1.0
③	1.5	1.5
④	1.5	1.0
⑤	1.0	1.0

37

필립스 곡선과 고통 없는 디스인플레이션(disinflation)에 대한 설명으로 가장 적절한 것은?

① 적응적 기대(adaptive expectation) 하에서는 고통 없는 디스인플레이션이 가능하다.
② 필립스 곡선이 원점에 대해서 볼록하면, 필립스 곡선 상의 어느 점에서 측정해도 희생률(sacrifice ratio)은 일정하다.
③ 고통 없는 디스인플레이션이란 단기 필립스 곡선 상의 움직임을 말한다.
④ 고통 없는 디스인플레이션이 가능하려면 정부의 디스인플레이션 정책이 미리 경제주체들에게 알려져야 한다.
⑤ 필립스 곡선이 우상향하는 스태그플레이션 현상이 나타날 때에 희생률은 더 크다.

38

제로금리에 직면한 A국의 중앙은행 총재가 다음과 같은 기자회견을 하였다고 하자. 이 기자회견에 나타난 정책의 의도로 보기 어려운 것은?

> "앞으로 디플레이션에 대한 염려가 불식될 때까지 양적완화를 실시하고 제로금리를 계속 유지하겠습니다"

① 풍부한 유동성의 공급
② 기대인플레이션의 상승
③ 자국 통화가치의 상승
④ 은행의 대출 증가
⑤ 장기금리의 하락

다음은 이자율 평형조건(interest rate parity condition)에 대한 설명이다. (가)와 (나)를 바르게 짝지은 것은?

> 이자율 평형조건이 성립할 때, 가로축을 환율(외국통화 1단위에 대한 자국통화의 교환비율), 세로축을 국내이자율로 하는 그래프를 그리면, 우하향하는 형태로 그려진다. 이때, 이 그래프는 팽창적 통화정책으로 인하여 지속적으로 인플레이션이 발생한 경우에 (가), 단기에 상환하여야 할 외화부채가 증가한 경우에 (나).

	(가)	(나)
①	왼쪽으로 이동하고	왼쪽으로 이동한다
②	왼쪽으로 이동하고	오른쪽으로 이동한다
③	움직이고 않고	움직이지 않는다
④	오른쪽으로 이동하고	왼쪽으로 이동한다
⑤	오른쪽으로 이동하고	오른쪽으로 이동한다

환율상승(자국 통화가치의 하락)을 유도하기 위한 중앙은행의 외환시장개입 중 불태화 개입(sterilized intervention)이 있었음을 나타내는 중앙은행의 재무상태표(대차대조표)로 가장 적절한 것은? (단, ⇧는 증가, ⇩는 감소를 의미한다)

①

자 산	부 채
국내자산	본원통화 ⇧
외화자산 ⇧	국내부채
	외화부채

②

자 산	부 채
국내자산 ⇩	본원통화
외화자산 ⇧	국내부채
	외화부채

③

자 산	부 채
국내자산	본원통화 ⇩
외화자산 ⇩	국내부채
	외화부채

④

자 산	부 채
국내자산	본원통화 ⇧
외화자산	국내부채 ⇩
	외화부채

⑤

자 산	부 채
국내자산 ⇧	본원통화 ⇧
외화자산	국내부채
	외화부채

Time   분 | 정답 및 해설편 310p

※ 각 문제의 보기 중에서 물음에 가장 합당한 답을 고르시오.

01

☑ 확인 Check! ○ △ ✕

휴대전화 서비스와 빵만을 소비하는 한 소비자가 있다. 빵의 가격은 개당 1이고 휴대전화 서비스의 가격은 다음과 같이 결정된다. 사용량이 100분 이하이면 기본료 없이 분당 2이고, 사용량이 100분을 초과하면 기본료가 20이고 100분까지는 분당 2, 100분을 초과한 부분에 대해서는 분당 1이다. 이 소비자의 소득이 300이라면 예산집합의 면적은?

① 21,450 (분·개)
② 22,200 (분·개)
③ 23,200 (분·개)
④ 24,350 (분·개)
⑤ 27,000 (분·개)

02

☑ 확인 Check! ○ △ ✕

다음은 기픈재(Giffen good)에 대한 설명이다. (가)와 (나)를 바르게 짝지은 것은?

• 기픈재의 가격이 오르면 기픈재의 소비량은 늘고 소비자의 효용은 (가)한다.
• 두 재화를 소비하는 소비자에게 한 재화가 기픈재일 때 그 재화의 가격이 오르면 다른 재화의 수요량은 (나)한다.

	(가)	(나)
①	증 가	증 가
②	증 가	감 소
③	감 소	증 가
④	감 소	감 소
⑤	증 가	불 변

공인회계사 1차 2016년 제51회

03

무차별곡선에 대한 다음 설명 중 옳은 것은?

가. 한계대체율 체감의 법칙이 성립하면 무차별곡선은 원점에 대해서 볼록하다.

나. 서수적 효용의 개념에 기초한 효용함수는 무차별곡선으로 표현할 수 없다.

다. 가로축을 왼쪽 장갑으로, 세로축을 오른쪽 장갑으로 한 경우에 그려지는 무차별곡선은 이 두 재화가 완전보완재이므로 L자 형태이다.

라. 가로축을 5만원권으로, 세로축을 1천원권으로 한 경우에 그려지는 무차별곡선은 이 두 재화가 완전대체재이므로 원점에 대해서 강볼록(strictly convex)하면서 우하향한다.

① 가, 나
② 가, 다
③ 나, 다
④ 나, 라
⑤ 다, 라

04

소득 m으로 두 재화를 소비하는 한 소비자의 효용함수는 $u(x, y)=\min\{x, y\}$이다(단, $0 < m < \infty$). y재의 가격은 1로 고정되어 있을 때, x재의 수요곡선에 대한 설명 중 옳은 것은?

가. 45°선을 기준으로 대칭이다.

나. 모든 점에서 연속이다.

다. 가격탄력성이 무한인 점이 존재한다.

라. 우하향한다.

① 가, 나
② 가, 다
③ 나, 다
④ 나, 라
⑤ 다, 라

05

한 소비자의 돈 m원에 대한 기대효용함수는 $U(m)=2\sqrt{m}$ 이다. 한 증권이 $\frac{1}{3}$의 확률로 81원이 되고, $\frac{2}{3}$의 확률로 36원이 될 때 이 소비자의 증권에 대한 확실성등가(certainty equivalent)와 위험프리미엄(risk premium)을 바르게 짝지은 것은?

	확실성등가(원)	위험프리미엄(원)
①	14	37
②	14	2
③	49	14
④	49	2
⑤	51	14

06

한 소비자의 효용함수는 $U=4XY$이다. 이 소비자의 소득은 400이고, X재 가격은 10, Y재 가격은 40이다. 이 소비자가 효용극대화할 때의 X재 소비량은? (단, U는 효용수준, X는 X재 소비량, Y는 Y재 소비량이다)

① 5   ② 10

③ 15   ④ 20

⑤ 25

07

☑ 확인 Check! ○ △ ✕

한 기업이 임금율 w인 노동(L), 임대율 r인 자본(K)을 고용하여 재화 y를 다음과 같이 생산하고 있다.

$$y(L,\ K) = \sqrt{L} + \sqrt{K}$$

y의 가격이 p로 주어진 경우 이 기업의 이윤극대화 생산량은?

① $\dfrac{w+r}{2wr}p$

② $\dfrac{2wr}{w+r}p$

③ $\dfrac{w+r}{wr}p$

④ $\dfrac{wr}{w+r}p$

⑤ $\dfrac{wr}{2(w+r)}p$

08

☑ 확인 Check! ○ △ ✕

한 소비자가 사전편찬식 선호관계(lexicographic preference relation)를 가질 때, 이 소비자의 선호관계에 대한 설명으로 옳은 것은?

가. 완비성(completeness)을 위배한다.
나. 이전성(transitivity)을 위배한다.
다. 연속성(continuity)을 위배한다.
라. 선호관계를 효용함수로 나타낼 수 없다.

① 가, 나

② 가, 다

③ 나, 다

④ 나, 라

⑤ 다, 라

09

확인 Check! ○ △ ✕

베짱이는 잠자는 8시간을 제외한 하루 16시간을 노래 부르기와 진딧물사냥으로 보낸다. 베짱이는 시간당 30마리의 진딧물을 사냥할 수 있다. 또한 매일 아침 개미가 베짱이에게 진딧물 60마리를 공짜로 제공한다. 베짱이는 노래 부르기와 진딧물 소비로 $u(s, b) = s^{2/3}b^{1/3}$의 효용을 얻는다(단, s는 노래 부르는 시간, b는 소비한 진딧물의 숫자를 의미한다). 효용을 극대화하는 베짱이의 노래 부르는 시간과 진딧물 소비량은?

	노래 부르는 시간(s)	진딧물 소비량(b)
①	8	300
②	8	240
③	12	180
④	12	120
⑤	16	60

10

확인 Check! ○ △ ✕

두 소비자 1, 2가 두 재화 X, Y를 소비하는 순수교환경제를 생각하자. 소비자 1의 효용함수는 $u_1(x_1, y_1) = x_1 + y_1$이고, 초기에 (1, 2)의 부존자원을 가지고 있다. 소비자 2의 효용함수는 $u_2(x_2, y_2) = \min\{x_2, y_2\}$이고, 초기에 (2, 1)의 부존자원을 가지고 있다. 경쟁균형(competitive equilibrium)에서 두 소비자의 X재에 대한 소비량으로 가능하지 않은 것은?

	소비자 1	소비자 2
①	$3 - \sqrt{2}$	$\sqrt{2}$
②	$\sqrt{3}$	$3 - \sqrt{3}$
③	2	1
④	1.5	1.5
⑤	1	2

2016년 | 제51회 **179**

공인회계사 1차 2016년 제51회

11

완전경쟁시장에서 한 기업의 단기비용함수는 $C = 5q^2 - 2kq + k^2 + 16$ 이다. 장기에 자본량을 변경할 때에 조정비용은 없다. 이 기업의 장기비용함수는? (단, C는 비용, q는 생산량, k는 자본량이다)

① $C = 4q^2 + 4$

② $C = 4q^2 + 8$

③ $C = 4q^2 + 16$

④ $C = 8q^2 + 8$

⑤ $C = 8q^2 + 16$

12

한 마을에 빵가게와 떡가게가 서로 경쟁하고 있다. 빵(x)과 떡(y)의 가격이 각각 p_x와 p_y일 때, 빵과 떡의 수요 q_x, q_y는 다음과 같다.

- $q_x = 9 - 2p_x + p_y$
- $q_y = 9 - 2p_y + p_x$

빵과 떡 한 단위 생산에 각각 3의 비용이 든다. 이윤을 극대화하는 두 가게가 동시에 가격을 결정할 때, 다음 설명 중 옳은 것은?

가. 두 가게의 최적대응함수(best response function)는 상대방 선택에 대해 비선형(non-linear)이다.
나. 두 가게의 최적대응함수를 그리면 45°선을 기준으로 대칭이다.
다. 내쉬균형에서 두 가게는 모두 가격을 6으로 설정한다.
라. 두 가게가 담합하면 더 큰 이윤을 얻을 수 있다.

① 가, 나

② 가, 다

③ 나, 다

④ 나, 라

⑤ 다, 라

13

한 시장에서 각 소비자의 수요곡선은 $D = \begin{cases} 30 - P & (P < 30) \\ 0 & (P \geq 30) \end{cases}$ 이고, 소비자는 5명이다. 그리고 공급곡선은 $S = 20P$이다. 다음 설명 중 옳지 않은 것은? (단, D는 각 소비자의 수요량, S는 공급량, P는 가격이다)

① $P = 4$일 때, 초과수요가 발생한다.

② $P = 5$일 때, 소비자잉여와 생산자잉여의 합은 최대가 된다.

③ $P = 20$일 때, 초과공급이 발생한다.

④ $P = 60$일 때, 소비는 발생하지 않는다.

⑤ 공급곡선이 $S = P$로 바뀌면 시장의 균형거래량은 변화한다.

14

한 기업이 2개의 시장을 독점하고 있으며, 2개의 시장은 분리되어 있다. 시장 1의 수요곡선은 $P_1 = 84 - 4x_1$, 시장 2의 수요곡선은 $P_2 = 20 - 5x_2$, 기업의 한계비용함수는 $MC = 2X + 4$이다. 이 기업이 이윤극대화를 할 때, 각 시장에 대한 공급량은? (단, P_1은 시장 1에서의 재화 가격, P_2는 시장 2에서의 재화 가격, x_1은 시장 1의 수요량, x_2는 시장 2의 수요량, MC는 한계비용, X는 총생산량이다)

	시장 1	시장 2
①	8	2
②	8	0
③	4	4
④	4	2
⑤	4	0

15

한 재화의 수요곡선은 $D = 80 - 2P$, 공급곡선은 $S = 2P - 16$이다. 이 재화를 생산할 때에는 환경오염물질이 배출되어 외부효과가 발생한다. 그리고 이 환경오염물질을 처리하는 비용은 재화 가격의 40%이다. 외부효과를 내부화한 경우의 재화 가격은? (단, D는 수요량, S는 공급량, P는 가격이다)

① 28

② 30

③ 32

④ 34

⑤ 36

16

모든 생산량에서 평균비용이 감소하는 재화를 공급하는 자연독점기업이 있다. 정부는 이 재화의 가격에 대해서 한계비용 가격 규제와 평균비용 가격 규제를 고려하고 있다. 다음 설명 중 옳은 것은?

① 한계비용 가격 규제를 실시할 때의 거래량은 평균비용 가격 규제를 실시할 때의 거래량보다 적다.

② 한계비용 가격 규제를 실시하면, 사회적 순손실이 발생하고 그 크기는 완전경쟁의 경우보다 크다.

③ 한계비용 가격 규제를 실시하면, 독점의 이윤이 발생하고 이 이윤의 크기는 가격 규제를 하지 않을 때보다 크다.

④ 평균비용 가격 규제를 실시하면, 사회적 순손실이 발생하고 그 크기는 한계비용 가격 규제를 할 때의 사회적 순손실보다 작다.

⑤ 평균비용 가격 규제를 실시하면, 기업의 이윤은 0이다.

17

2개의 재화(사적재, 공공재)와 2명의 개인(김씨, 이씨)으로 구성되는 한 경제는 다음과 같다. 김씨와 이씨의 효용의 합을 최대로 하는 공공재 생산량은?

- 생산가능곡선 : $X + 5W = 100$
- 각 개인의 효용함수 : $U = 2YZ$
- 김씨와 이씨는 생산된 사적재를 절반씩 소비한다.

  (단, X는 사적재 생산량, W는 공공재 생산량, U는 효용수준, Y는 사적재 소비량, Z는 공공재 소비량이다)

① 5
② 10
③ 15
④ 20
⑤ 25

18

A국과 B국의 독점적 경쟁시장에서 생산되는 자동차를 고려하자. 두 국가 간 자동차 무역에 대한 다음 설명 중 옳은 것은?

가. 무역은 자동차 가격의 하락과 다양성의 감소를 초래한다.
나. 산업 내 무역(intra-industry trade)의 형태로 나타난다.
다. A국과 B국의 비교우위에 차이가 없어도 두 국가 간 무역이 일어난다.
라. 각 국의 생산자잉여를 증가시키지만, 소비자잉여를 감소시킨다.

① 가, 나
② 가, 다
③ 나, 다
④ 나, 라
⑤ 다, 라

노동(L)과 자본(K)을 사용하여 X재와 Y재를 생산하는 헥셔-오린(Heckscher-Ohlin) 모형을 고려하자. 아래 그래프에 대한 설명에서 (가)와 (나)를 바르게 짝지은 것은? (단, XX와 YY는 X재와 Y재의 등량곡선을 나타내며, 상대임금은 $\left(\dfrac{임\,금}{임대료}\right)$를 의미한다. 등비용선은 각 등량곡선과 한 점에서 접한다)

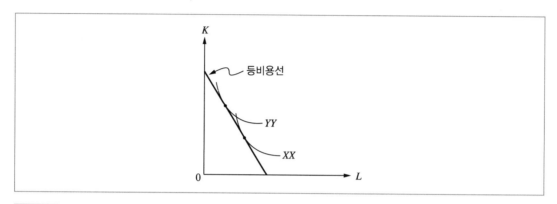

- X재의 가격이 상승하면 상대임금은 (가).
- Y재의 가격이 상승하면 상대임금은 (나).

	(가)	(나)
①	하락한다	하락한다
②	상승한다	하락한다
③	하락한다	상승한다
④	상승한다	상승한다
⑤	변하지 않는다	변하지 않는다

20

다음은 소비함수에 대한 설명이다. 이에 대한 분석으로 옳지 않은 것은?

- 김씨는 절대소득가설을 따르며, 소비함수는 $C = 0.8Y + 10$이다(단, C는 소비, Y는 소득이다).
- 이씨는 항상소득가설을 따르며, 소비함수는 $C_t = 0.5Y_t^P$, $Y_t^P = 0.5Y_t + 0.3Y_{t-1}$이며, 소득은 t기에 120, $t-1$기에 80이다(단, C_t는 t기의 소비, Y_t^P는 t기의 항상소득, Y_t는 t기의 소득이다).
- 박씨는 상대소득가설을 따르며, 소비함수는 $Y \geq Y_m$일 때에 $C = 0.7Y$이며, $Y < Y_m$일 때에 $C = 0.7Y_m + 0.5(Y - Y_m)$이다(단, C는 소비, Y는 소득, Y_m은 과거 최대 소득이다).

① 김씨의 $\dfrac{\triangle C}{\triangle Y}$는 소득의 크기에 상관없이 일정하다.

② 김씨의 $\dfrac{C}{Y}$는 소득의 증가에 따라서 체감한다.

③ 이씨의 $\dfrac{C_t}{Y_t}$는 1보다 크다.

④ 박씨의 $\dfrac{\triangle C}{\triangle Y}$는 Y가 Y_m보다 작을 때 1보다 작다.

⑤ 박씨의 $\dfrac{\triangle C}{\triangle Y}$는 Y가 Y_m보다 클 때 1보다 작다.

21

케인즈학파와 통화주의자에 대한 설명 중 옳은 것은?

가. 케인즈학파는 경제가 내재적으로 불안정하므로 정부가 장기적으로는 경기변동을 완화하는 안정화정책을 실시하고, 단기적으로는 총공급 능력을 확충해야 한다고 주장하였다.
나. 통화주의자들은 장기적으로 화폐가 중립적일 때 인플레이션과 실업률 간에 역의 관계가 성립한다고 주장하였나.
다. 케인즈학파는 낮은 총수요가 낮은 소득과 높은 실업의 원인이라고 주장하였다.
라. 통화주의자들은 중앙은행이 통화를 공급할 때에 사전에 명시되고 공표된 준칙을 따라야 한다고 주장하였다.

① 가, 나   ② 가, 다
③ 나, 다   ④ 나, 라
⑤ 다, 라

22

A국의 2014년 명목 GDP가 8조 달러이고, 2014년 실질 GDP가 10조 달러이다. 이 경우 2014년 GDP 디플레이터는 기준 연도에 비하여 얼마나 변하였는가?

① 불 변
② 20% 하락
③ 20% 상승
④ 25% 하락
⑤ 25% 상승

23

어떤 폐쇄 경제의 소비(C), 투자(I), 정부지출(G)이 다음과 같다. 정부가 조세를 20만큼 삭감하면 소비는 얼마나 변하는가?

- $C = 100 + 0.6(Y - T)$
- $I = 50$
- $G = 30$
- $T = 30$

(단, Y는 국민소득, T는 조세이다)

① 20 감소
② 30 감소
③ 30 증가
④ 50 감소
⑤ 50 증가

24

현재 명목 이자율이 0이다. 명목 이자율의 하한이 0일 때, 다음 설명 중 옳은 것은?

가. 명목 이자율 하한이 존재하지 않는 경우에 비해 확장 재정정책은 안정화 정책으로서 유효성이 작아진다.
나. 명목 이자율 하한이 존재하지 않는 경우에 비해 전통적인 확장 통화정책은 안정화 정책으로서 유효성이 작아진다.
다. 양적완화정책(quantitative easing)을 실시하여 인플레이션 기대가 상승하면 실질 이자율이 하락한다.
라. 양적완화정책을 실시할 경우 전통적인 통화정책을 실시할 경우에 비하여 중앙은행이 보유하는 채권의 다양성이 줄어든다.

① 가, 나
② 가, 다
③ 나, 다
④ 나, 라
⑤ 다, 라

25

어떤 경제의 총공급곡선으로부터 도출한 필립스 곡선(Phillips curve)은 $\pi = \pi^e - a(u - \overline{u})$ 이며 장단기 필립스 곡선을 그래프로 나타내면 아래와 같다. 현재 실업률이 3%, 물가상승률이 3%이다. 이 경우 정부가 재정지출을 축소할 때 나타날 수 있는 단기 실업률과 단기 물가상승률은? (단, u는 실업률, π는 물가상승률, π^e는 기대물가상승률, $\overline{u}$는 자연실업률, a는 유한한 양의 상수이다)

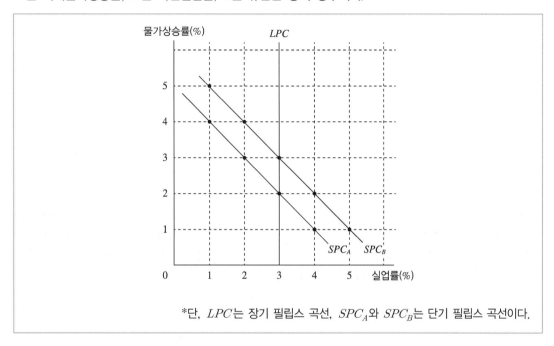

*단, LPC는 장기 필립스 곡선, SPC_A와 SPC_B는 단기 필립스 곡선이다.

	단기 실업률	단기 물가상승률
①	2%	3%
②	2%	4%
③	3%	2%
④	4%	1%
⑤	5%	1%

26

A국의 실질 GDP를 Y, 노동투입량을 N, 자본투입량을 K라고 하자. 1인당 실질 $GDP(Y/N)$와 1인당 자본투입량(K/N)을 각각 y, k로 표시하면, A국의 1인당 생산함수는 $y = k^{1/3}$이다. 실질 GDP 증가율이 4%, 노동투입량 증가율이 3%인 경우 성장회계에 따른 자본투입량 증가율은?

① 6%

② 7%

③ 8%

④ 9%

⑤ 10%

27

A국 경제의 생산가능인구는 1,000만명이며, 경제활동참가율은 100%이다. 올해 실업자가 일자리를 구할 확률은 0.8이며, 취업자가 일자리를 잃을 확률은 0.1이다. 올해 초의 실업자 수가 100만명이면 내년 초의 실업률은? (단, A국 생산가능인구와 경제활동참가율은 불변이다)

① 10%

② 11%

③ 12%

④ 13%

⑤ 14%

28

정부지출을 축소하는 한편, 국민소득이 일정하게 유지되도록 통화정책을 실시할 경우 그 영향에 대한 설명 중 옳은 것은? (단, 폐쇄경제 $IS-LM$모형을 이용하여 분석하되, IS곡선은 우하향하며 LM곡선은 우상향 한다고 가정한다)

① IS곡선이 우측 이동한다.

② LM곡선이 좌측 이동한다.

③ 이자율이 하락한다.

④ 재정적자가 증가한다.

⑤ 실질 화폐수요가 감소한다.

29

$IS-LM$ 모형에서 구축효과에 대한 설명이다. (가), (나), (다)를 바르게 짝지은 것은? (단, IS 곡선은 우하향하고, LM 곡선은 우상향한다고 가정한다)

- 화폐수요의 소득탄력성이 (가) 구축효과가 커진다.
- 화폐수요의 이자율탄력성이 (나) 구축효과가 커진다.
- 투자의 이자율탄력성이 (다) 구축효과가 커진다.

	(가)	(나)	(다)
①	클수록	작을수록	클수록
②	클수록	작을수록	작을수록
③	작을수록	작을수록	클수록
④	작을수록	클수록	작을수록
⑤	작을수록	클수록	클수록

30

솔로우(Solow) 모형에 대한 설명 중 옳지 않은 것은?

① 가계가 저축률을 최적으로 조정하여 항상 황금률이 달성된다.

② 1인당 소득이 지속적으로 성장하는 유일한 이유는 지속적인 기술진보이다.

③ 한 국가의 인구증가율의 상승은 균제상태에서 1인당 자본량과 1인당 소득을 감소시킨다.

④ 저축률이 황금률 수준의 저축률보다 낮은 경우에 저축률을 황금률 수준으로 높이면, 현재 투자와 미래 투자 모두 저축률을 높이기 이전보다 늘어난다.

⑤ 저축률이 황금률 수준의 저축률보다 높은 경우에 저축률을 황금률 수준으로 낮추면, 현재 소비와 미래 소비 모두 저축률을 낮추기 이전보다 늘어난다.

31

거시경제지표에 대한 설명 중 옳은 것은?

① 환전에 관한 제반 비용이 없다고 가정할 때, 거주자 외화예금을 원화로 환전하여 보통예금에 예금을 하면, M2는 줄어들고 M1은 늘어난다.

② 임대주택의 주거서비스는 GDP에 포함되지만, 자가주택의 주거서비스는 임대료를 측정할 수 없으므로 GDP에 포함되지 않는다.

③ 집에서 가족을 위해 전업주부가 음식을 만들 경우, 전업주부가 창출한 부가가치는 GDP에 포함되지 않는다.

④ 수입품 가격의 상승은 GDP 디플레이터와 소비자물가지수에 모두 반영된다.

⑤ 정부가 독거노인들에게 무료로 식사를 제공하는 것은 정부지출에 포함된다.

32

현재 우리나라 중앙은행의 물가안정목표제에 대한 설명 중 옳은 것을 <u>모두</u> 고르면?

> 가. 매년 물가안정목표를 설정한다.
> 나. 중간목표를 명시적으로 설정한 물가안정목표제를 취하고 있다.
> 다. 물가안정목표의 기준이 되는 것은 소비자물가지수의 상승률이 아니라 근원인플레이션이다.
> 라. 예상치 못한 국내외 경제충격, 경제여건 변화 등으로 물가안정목표의 변경이 필요할 경우 정부와 협의하여 물가목표를 재설정할 수 있다.

① 가   ② 다

③ 라   ④ 가, 나

⑤ 다, 라

33

인플레이션에 대한 설명 중 옳은 것을 <u>모두</u> 고르면?

> 가. 인플레이션은 현금 보유를 줄이기 위한 구두창 비용(shoeleather cost)을 발생시킨다.
>
> 나. 인플레이션이 예측되지 못할 경우, 채권자와 채무자의 부가 재분배된다.
>
> 다. 인플레이션이 안정적이고 예측 가능한 경우에는 메뉴비용(menu cost)이 발생하지 않는다.
>
> 라. 인플레이션은 자원배분의 왜곡을 가져오지만, 상대가격의 변화를 발생시키지는 않는다.

① 가, 나   ② 나, 라

③ 가, 나, 다   ④ 가, 다, 라

⑤ 나, 다, 라

34

다음은 단기 총공급곡선이 우상향하는 이유에 대한 여러 이론들에서 나오는 주장이다. (가), (나), (다)를 바르게 짝지은 것은?

> • 임금이 (가)이면, 단기 총공급곡선이 우상향한다.
>
> • 가격이 (나)이면, 단기 총공급곡선이 우상향한다.
>
> • 정보가 (다)하면, 단기 총공급곡선이 우상향한다.

	(가)	(나)	(다)
①	신축적	신축적	불완전
②	신축적	신축적	완 전
③	경직적	신축적	불완전
④	경직적	경직적	완 전
⑤	경직적	경직적	불완전

35

주어진 소득과 이자율 하에서 2기에 걸쳐 소비를 선택하는 소비자의 효용함수와 예산제약은 다음과 같다. 소비선택의 최적조건에서 1기의 소비와 2기의 소비는 그 크기가 같다고 할 때, 이자율과 할인인자의 관계를 올바르게 나타낸 것은?

- 효용함수 : $U(C_1,\ C_2) = \sqrt{C_1} + \beta\sqrt{C_2}$

- 예산제약 : $C_1 + \dfrac{1}{1+r}C_2 = Y_1 + \dfrac{1}{1+r}Y_2$

(단, Y_1, Y_2, C_1, C_2, β, γ은 각각 1기의 소득, 2기의 소득, 1기의 소비, 2기의 소비, 할인인자, 이자율을 나타낸다)

---

① $\beta(1+r) = 1$

② $\beta(2+r) = 1$

③ $2\beta r = 1$

④ $r(1+\beta) = 1$

⑤ $r(2+\beta) = 1$

36

완전한 자본이동과 소규모 개방경제를 가정하는 먼델-플레밍 모형(Mundell-Fleming Model)에 대한 설명 중 옳지 않은 것은? (단, 환율은 외국통화 1단위에 대한 자국통화의 교환비율이다)

① 변동환율제도 하에서 확장적 재정정책을 실시하면 환율이 하락한다.

② 변동환율제도 하에서 확장적 통화정책을 실시하면 환율이 상승한다.

③ 변동환율제도 하에서 확장적 통화정책을 실시하면 총소득이 증가한다.

④ 고정환율제도 하에서 확장적 재정정책을 실시하면 총소득이 증가한다.

⑤ 고정환율제도 하에서 확장적 통화정책을 실시하면 총소득이 증가한다.

37

다음은 이자율 평형조건(interest rate parity condition)과 환율(외국통화 1단위에 대한 자국통화의 교환비율)에 대한 설명이다. (가)와 (나)를 바르게 짝지은 것은?

> 이자율 평형조건이 성립하고, 미래의 기대환율이 주어지며, 외국의 이자율도 고정되었다고 하자. 이때, 국내이자율과 환율의 조합을 그래프로 그리면, 국내이자율이 높을수록 환율은 (가)하는 형태로 나타난다. 만약, 미래의 기대환율이 상승할 경우, 이 그래프는 (나)(단, 그래프의 가로축은 환율, 세로축은 이자율을 나타낸다).

	(가)	(나)
①	하락	오른쪽으로 이동한다
②	상승	오른쪽으로 이동한다
③	하락	왼쪽으로 이동한다
④	상승	왼쪽으로 이동한다
⑤	하락	움직이지 않는다

38

어떤 연도에 A국, B국, C국은 옷, 자동차, 컴퓨터를 다음 표에 제시된 금액만큼 생산하고 해당 재화에 대하여 지출한다. 다음 설명 중 옳은 것은? (단, 국가는 3개 국가, 재화는 3개 재화만 존재하며, 각 재화의 가격은 100달러로 동일하고, 각 국은 같은 재화라면 자국 재화에 대하여 우선 지출한다고 가정한다)

(단위 : 백만 달러)

구 분	생산액			지출액		
	옷	자동차	컴퓨터	옷	자동차	컴퓨터
A국	6	3	0	3	3	3
B국	0	6	3	3	3	3
C국	3	0	6	3	3	3

① A국의 GDP가 B국의 GDP보다 크다.
② A국은 B국에 옷을 수출한다.
③ B국의 무역수지는 흑자이다.
④ B국과 C국 사이에는 무역이 이루어지지 않는다.
⑤ C국은 A국과의 무역에서 3백만 달러 적자이다.

39

어떤 소규모 개방경제 모형이 다음과 같을 때, 이와 관련된 설명 중 옳은 것은? (단, Y, C, I, G, NX, M, P, L, r, r^*, θ, e는 각각 소득, 소비, 투자, 정부지출, 순수출, 통화량, 물가, 실질 화폐수요, 이자율, 해외이자율, 국가 위험할증, 환율(외국통화 1단위에 대한 자국통화의 교환비율)이고, 변수에 아래 첨자 0이 붙여진 것은 외생변수이다)

- 재화시장 : $Y = C(Y) + I(r_0) + G_0 + NX(e)$
- 화폐시장 : $M_0/P_0 = L(r_0, Y)$
- 이자율 : $r_0 = r_0^* + \theta_0$

(소비는 소득의 증가함수, 투자는 이자율의 감소함수, 순수출은 환율의 증가함수이다. 아울러 실질 화폐수요는 이자율의 감소함수이고 소득의 증가함수이다)

① 정부지출이 증가하면 환율이 상승한다.
② 정부지출이 증가하면 소득이 증가한다.
③ 정부지출이 증가하면 실질 화폐수요가 감소한다.
④ 국가 위험할증이 높아지면 순수출이 증가한다.
⑤ 국가 위험할증이 높아지면 소득이 감소한다.

40

변동환율제도를 채택하고 있는 A국 중앙은행이 보유하던 미국 달러를 매각하고 자국 통화를 매입하였다. 이에 대한 다음 설명 중 옳은 것을 모두 고르면?

가. A국 통화 가치가 미국 달러 대비 하락한다.
나. A국 통화 공급량이 감소한다.
다. A국 외환보유액이 감소한다.
라. A국 물가가 상승하고 실질 GDP가 증가한다.

① 가, 나
② 나, 다
③ 다, 라
④ 가, 다, 라
⑤ 나, 다, 라

✔ Time   분 | 정답 및 해설편 320p

※ 각 문제의 보기 중에서 물음에 가장 합당한 답을 고르시오.

01
☑ 확인 Check! ○ △ ✕

세계경제의 불황으로 원유 수요가 감소하였다. 그 결과 원유가격은 대폭 하락하였지만 거래량은 원유가격 하락폭에 비해 소폭 감소하였다고 한다. 그 이유에 대한 설명으로 타당한 것을 <u>모두</u> 고르면?

> 가. 원유 수요곡선의 기울기가 완만하다.
> 나. 원유 수요곡선의 이동 정도가 크다.
> 다. 원유 공급곡선의 기울기가 가파르다.
> 라. 원유 공급곡선의 이동 정도가 크다.

① 가, 나   ② 가, 라
③ 나, 다   ④ 나, 라
⑤ 다, 라

02
☑ 확인 Check! ○ △ ✕

진영이는 고정된 소득으로 X재와 Y재만을 소비한다. 두 재화의 가격이 동일하게 10% 하락할 때, 진영이의 X재 소비량은 변하지 않는 반면, Y재 소비량은 증가한다. 다음 설명 중 옳은 것은?

① 진영이에게 X재는 정상재이다.
② 진영이에게 X재는 열등재이다.
③ 진영이에게 Y재는 정상재이다.
④ 진영이에게 X재와 Y재는 완전대체재이다.
⑤ 진영이에게 X재와 Y재는 완전보완재이다.

03

두 재화 X, Y만을 소비하는 소비자가 효용을 극대화하기 위해 소비조합 $(x, y) = (5, 5)$를 선택하였다(x는 X재 소비량, y는 Y재 소비량). 이제 X재의 가격이 오르고 Y재의 가격은 하락하면서 새로운 예산선이 소비조합 $(x, y) = (5, 5)$를 지난다고 하자. 이 소비자의 무차별곡선이 원점에 대해 강볼록(strictly convex)하다고 할 때, 다음 설명 중 옳은 것은?

① 가격변화 이후에도 이 소비자의 효용은 동일하다.

② 가격변화 이후 이 소비자의 효용은 감소한다.

③ X재의 소비량이 감소한다.

④ Y재의 소비량이 감소할 수도 있다.

⑤ 새로운 최적 소비조합에서 이 소비자의 한계대체율은 $(x, y) = (5, 5)$에서의 한계대체율과 동일하다.

04

소비자 A와 B는 자신의 모든 소득을 옷과 식료품에만 사용한다. 동일한 소비조합을 선택하고 있던 두 소비자에게 정부가 10만원의 보조금을 지급한다고 하자. 이때 A는 이 보조금을 식료품 구입에만 사용해야 하는 반면, B는 자신이 원하는 대로 사용할 수 있다. 다음 설명 중 옳은 것은?

① 보조금 지급 이후 A의 새로운 예산선의 기울기는 예산선 상의 모든 점에서 동일하다.

② 보조금 지급 이후 B의 새로운 예산선의 기울기는 예산선 상의 모든 점에서 동일하다.

③ 보조금 지급으로 B의 새로운 예산선은 기존 예산선보다 완만해진다.

④ 보조금 지급으로 B의 새로운 예산선은 기존 예산선보다 가팔라진다.

⑤ 보조금 지급 이후 A의 소비조합은 B의 소비조합과 같을 수 없다.

05

어느 재화에 대한 시장수요함수는 $Q_D = 1,400 - 120P$이며, 시장공급함수는 $Q_S = -400 + 200P$(Q_D는 수요량, Q_S는 공급량, P는 가격)이다. 이 재화에 대해 정부가 공급자들에게 10%의 판매세를 부과함에 따라 공급자들은 시장에서 받은 판매수입의 10%를 정부에 납부해야 한다고 하자. 다음 설명 중 옳지 않은 것은?

① 세금 부과 전 균형에서 시장가격은 $5\dfrac{5}{8}$, 거래량은 725이다.

② 세금 부과로 이 시장의 공급곡선은 상향 이동하나, 기존의 공급곡선과 평행하지는 않다.

③ 공급자가 정부에 세금을 납부한 후 받는 가격은 하락한다.

④ 세금이 부과될 때 균형 거래량은 680이다.

⑤ 소비자가 실질적으로 부담하는 단위당 세금은 공급자가 실질적으로 부담하는 단위당 세금보다 적다.

06

어느 기업의 생산함수는 $Q = L + 2K$(Q는 생산량, L은 노동투입량, K는 자본투입량)이다. 노동의 단위당 임금이 1이고 자본의 단위당 임대료가 3인 경우 이 기업의 비용함수(C)는?

① $C = \dfrac{1}{2}Q$

② $C = Q$

③ $C = \dfrac{3}{2}Q$

④ $C = 2Q$

⑤ $C = 3Q$

07

평균비용곡선이 U자형인 어느 기업이 현재 100단위를 생산하고 있으며, 이때 한계비용은 50, 평균비용은 60이라고 한다. 다음 설명 중 옳은 것을 모두 고르면?

가. 이 기업의 한계수입이 판매량에 관계없이 50이면, 이 기업은 100단위를 판매하여 양(+)의 이윤을 얻을 수 있다.
나. 이 기업이 생산량을 감소시키면, 평균비용은 증가한다.
다. 평균비용곡선의 최저점에서 생산량은 100보다 크다.
라. 생산량이 100일 때 평균가변비용이 50이라면 총고정비용은 1,000이다.

① 가, 나

② 나, 라

③ 가, 다, 라

④ 나, 다, 라

⑤ 가, 나, 다, 라

08

어느 기업이 10단위의 제품을 생산하고 있다. 이때 평균비용과 한계비용이 모두 200이라고 한다. 다음 중 이 기업의 비용함수는? (단, C는 총비용, Q는 생산량)

① $C = 500 + 200Q$

② $C = 500 + 10Q^2$

③ $C = 1,000 + 200Q$

④ $C = 1,000 + 10Q^2$

⑤ $C = 1,500 + 5Q^2$

09

노동과 자본을 사용하여 100단위의 제품을 생산해야 하는 기업이 비용 최소화를 위해 현재 노동 10단위와 자본 20단위를 사용하고 있다. 노동의 단위당 임금과 자본의 단위당 임대료는 각각 20, 10으로 일정하다. 이 기업에게 노동과 자본은 완전대체 가능하다. 다음 설명 중 옳은 것은?

① 노동과 자본의 가격변화가 없을 때, 노동 8단위와 자본 24단위를 사용해도 동일한 생산비용으로 100단위를 생산할 수 있다.

② 자본의 단위당 가격이 상승하면 노동 12단위, 자본 16단위를 사용하는 것이 최적이 될 수 있다.

③ 노동의 단위당 가격이 상승하면 노동 7단위, 자본 25단위를 사용하는 것이 최적이 될 수 있다.

④ 현재 노동의 한계생산과 자본의 한계생산은 동일하다.

⑤ 주어진 정보로부터 노동의 한계생산과 자본의 한계생산의 비율을 알 수 없다.

10

완전경쟁시장에서 생산 활동을 하고 있는 기업이 있다. 이 기업은 정수 단위로 제품을 생산하며 비용이 다음 표와 같다. 이 기업의 조업(생산)중단가격은?

생산량	0	1	2	3	4	5
총비용	100	110	130	160	200	250

① 10   ② 15

③ 20   ④ 25

⑤ 30

11

☑ 확인 Check! ○ △ ✕

시장구조와 균형에 관한 다음 설명 중 옳지 않은 것은? (단, 기업의 평균비용곡선은 U자형이라고 가정)

① 완전경쟁시장에서 기업은 가격 수용적이다.
② 완전경쟁시장의 단기균형에서 가격은 평균비용과 같다.
③ 독점시장의 장기균형에서 가격은 한계비용보다 크다.
④ 독점적 경쟁시장의 장기균형에서 가격은 한계비용보다 크다.
⑤ 독점적 경쟁시장의 장기균형에서 초과이윤은 0이다.

12

☑ 확인 Check! ○ △ ✕

완전경쟁시장에서 기업들의 비용구조는 동일하며 이들은 정수 단위로 제품을 생산한다. 개별기업의 장기총비용은 $C = 10Q + Q^2$ (C는 장기총비용, Q는 생산량)이다. 장기균형에서 생산이 이루어진다면, 개별기업의 생산량은?

① 1
② 2
③ 3
④ 4
⑤ 5

13

☑ 확인 Check! ○ △ ✕

두 재화 X, Y만을 소비하는 어느 소비자의 효용함수가 $u(x, y) = \min\{x + 2y, 5y\}$ (x는 X재 소비량, y는 Y재 소비량)이다. 이 소비자의 선택과 관련한 다음 설명 중 옳지 않은 것은?

① 소득소비곡선은 원점에서 우상향하는 직선이다.
② 소득소비곡선과 가격소비곡선은 동일하다.
③ X재에 대한 수요의 가격탄력성은 1보다 크다.
④ Y재의 가격이 하락하는 경우 X재의 소비는 증가한다.
⑤ X재와 Y재의 가격이 동일한 비율로 상승할 경우 X재와 Y재의 소비는 동일한 비율로 감소한다.

14

흡연자인 희준과 비흡연자인 정진은 2인용 기숙사 방을 함께 사용한다. 희준이 방에서 흡연하는 행위로부터 얻는 순편익의 가치는 3만원이고, 정진이 담배연기 없는 방을 사용함으로써 얻는 순편익의 가치는 5만원이다. 두 사람은 방에서의 흡연여부에 대해 협상을 할 수 있으며, 협상에 따른 거래비용은 없다고 가정하자. 코우즈(R. Coase) 정리를 적용할 때 다음 설명 중 옳지 않은 것은?

① 법적으로 희준에게 방에서 흡연할 권리가 있는 경우, 희준이 방에서 흡연을 하는 결과가 나타난다.

② 법적으로 정진에게 담배연기 없는 방을 사용할 권리가 있는 경우, 희준이 방에서 흡연을 하지 않는 결과가 나타난다.

③ 효율적인 자원배분은 희준이 방에서 흡연을 하지 않는 것이다.

④ 희준이 정진에게 보상을 하고 방에서 흡연을 하는 거래는 나타나지 않는다.

⑤ 정진이 희준에게 4만원을 보상하고, 희준이 방에서 흡연을 하지 않는 거래가 발생할 수 있다.

15

어떤 소비자에게 공산품 소비가 늘어날수록 한계효용이 감소하고, 오염물질이 증가할수록 한계비효용은 증가한다고 한다. 다음 중 이 소비자의 무차별곡선으로 옳은 것은?

①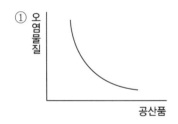

②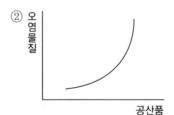

③

④

⑤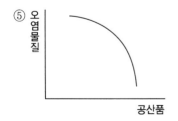

16

중고 노트북 컴퓨터 시장에 고품질과 저품질의 두 가지 유형이 있다. 전체 중고 노트북 중 고품질과 저품질의 비율은 8 : 2이고 판매자는 중고 노트북의 품질을 알고 있다. 판매자의 최소요구금액과 구매자의 최대지불용의금액은 다음 표와 같고, 구매자는 위험 중립적이다. 이러한 사실은 판매자와 구매자에게 알려져 있다. 다음 설명 중 옳지 않은 것은?

유 형	판매자의 최소요구금액	구매자의 최대지불용의금액
고품질	50만원	60만원
저품질	20만원	10만원

① 구매자도 품질을 아는 경우, 고품질만 거래된다.
② 구매자가 품질을 모르는 경우, 두 유형이 모두 거래될 수 있다.
③ 구매자가 품질을 모르는 경우, 고품질에 대한 구매자의 최대지불용의금액이 60만원보다 크다면 두 유형이 모두 거래된다.
④ 구매자가 품질을 모르는 경우, 고품질에 대한 판매자의 최소요구금액이 50만원보다 크다면 저품질만 거래된다.
⑤ 구매자가 품질을 모르는 경우, 고품질의 비중이 80%보다 작다면 고품질은 시장에서 거래되지 않는다.

17

세 명의 경기자 갑, 을, 병이 총 3만원의 상금이 걸려 있는 대회에 참가할지 여부를 동시에 결정하는 게임을 고려하자. 경기자 당 참가비용은 1만원이다. 총 상금 3만원은 대회에 참가한 사람에게 균등하게 배분된다. 예를 들어 갑과 을만이 대회에 참가하면 갑과 을은 각자 1만5천원의 상금을 받는 반면, 병은 상금을 받지 못한다. 경기자들은 자신이 받는 상금에서 대회 참가비용을 차감한 금액을 극대화하고자 한다. 다음 중 내쉬(Nash) 균형을 모두 고르면?

> 가. 세 경기자 모두 대회에 참가한다.
> 나. 두 경기자가 대회에 참가하고, 한 경기자는 참가하지 않는다.
> 다. 한 경기자만 대회에 참가하고, 다른 두 경기자는 참가하지 않는다.
> 라. 세 경기자 모두 대회에 참가하지 않는다.

① 가
② 가, 나
③ 가, 라
④ 가, 나, 다
⑤ 나, 다, 라

18

어느 마을에 폐기물 처리장이 들어설 예정이다. 주민들의 효용(u)은 일반재화 소비량(y)과 폐기물 처리장 규모(x)의 함수로서 모두 $u = y - 2x$로 동일하다. 폐기물 처리장의 최대 가능 규모는 40이다. 개별주민의 소득이 100이며 일반재화의 가격은 1이고 폐기물 처리장 규모 한 단위당 정부가 주민 각자에게 1씩을 보조해 준다고 하자. 주민들의 효용을 극대화하는 (x, y) 조합은?

① (0, 100)
② (10, 110)
③ (10, 130)
④ (20, 150)
⑤ (40, 140)

19

다음 중 행태경제학(behavioral economics) 분야의 주장을 <u>모두</u> 고르면?

> 가. 처음에 설정된 가격이나 첫인상에 의해 의사결정이 영향을 받는다.
> 나. 기준점(reference point)과의 비교를 통해 의사결정을 내린다.
> 다. 이득의 한계효용이 체증한다.
> 라. 동일한 금액의 이득과 손실 중 손실을 더 크게 인식한다.

① 가, 나
② 나, 라
③ 가, 나, 다
④ 가, 나, 라
⑤ 가, 나, 다, 라

20

헥셔-올린(Heckscher-Ohlin) 모형과 관련된 다음 설명 중 옳지 않은 것은?

① 2국가 - 2재화 - 2요소 모형으로 나타낼 수 있다.

② 레온티에프(W. Leontief)의 역설은 자본이 상대적으로 풍부한 나라인 미국이 노동집약적인 제품을 수출하고 자본집약적인 제품을 수입하는 현상을 일컫는다.

③ 각국은 상대적으로 풍부한 생산요소를 많이 사용하여 생산하는 제품에 비교우위가 있다.

④ 생산요소의 국가 간 이동이 불가능하더라도 생산요소의 상대가격이 균등화되는 경향이 있다.

⑤ 국가 간 생산함수에 차이가 있다고 가정한다.

21

두 국가 A, B가 옷과 식료품만 생산·소비한다고 하자. 이 두 국가는 각각 120단위의 노동력을 갖고 있으며, 노동이 유일한 생산요소로서 각 재화 1단위를 생산하는데 소요되는 노동력은 다음 표와 같다. A국에서 옷과 식료품은 완전대체재로서 옷 1단위와 식료품 1단위는 동일한 효용을 갖는다. B국에서 옷과 식료품은 완전보완재로서 각각 1단위씩 한 묶음으로 소비된다. 단, 교역은 두 국가 사이에서만 가능하다. 다음 설명 중 옳지 않은 것은?

국 가	옷	식료품
A	2	4
B	3	9

① 교역 전 A국은 옷만 생산·소비한다.

② 교역 전 B국은 동일한 양의 옷과 식료품을 생산·소비한다.

③ 교역시 A국은 교역조건에 관계없이 식료품만 생산한다.

④ 교역시 B국은 옷을 수출하고 식료품을 수입한다.

⑤ 교역시 '식료품 1단위=옷 $\frac{7}{3}$단위'는 가능한 교역조건 중 하나이다.

22

하루 24시간 중 잠자는 8시간을 제외한 16시간을 여가(ℓ)와 노동에 사용하는 노동자가 있다. 이 노동자의 시간당 임금은 10이고, 주어진 자본소득은 10이라고 가정한다. 노동소득과 자본소득이 모두 소비(c)에 사용될 때, 노동자의 효용 $u(\ell,\ c)=\ell c$를 극대화하는 소비량 c는? (단, 소비재의 가격은 1이라고 가정)

① 80

② 85

③ 90

④ 95

⑤ 100

23

A국은 사과와 딸기 두 재화만을 생산하며, 각 재화의 생산량과 가격은 다음 표와 같다. A국이 2013년 가격을 기준으로 실질 GDP를 계산한다고 할 때, 다음 중 옳지 않은 것은?

연 도	사 과		딸 기	
	생산량	가 격	생산량	가 격
2013년	10	1	5	2
2014년	8	2	6	1

① 2013년의 명목 GDP는 20이다.

② 2013년의 실질 GDP는 20이다.

③ 2014년의 명목 GDP는 22이다.

④ 2014년의 실질 GDP 성장률은 전년대비 0%이다.

⑤ 2014년의 GDP 디플레이터 상승률은 전년대비 5%이다.

24

어떤 거시경제의 생산함수가 $Y=AN^{0.7}K^{0.3}$(Y는 실질 GDP, A는 총요소생산성, N은 노동투입량, K는 자본투입량)이다. 실질 GDP 성장률이 4%, 총요소생산성의 증가율이 1%, 노동투입량의 증가율이 3%인 경우 성장회계에 따른 자본투입량의 증가율은?

① 1.0%

② 1.5%

③ 2.0%

④ 2.5%

⑤ 3.0%

25

솔로우(R. Solow) 성장 모형에 대한 설명으로 <u>옳지 않은</u> 것은?

① 생산함수는 자본의 한계생산이 체감하는 특징을 갖는다.
② 균제상태에서 지속적 기술진보가 1인당 자본량의 지속적 증가를 가져온다.
③ 자본 감가상각률의 증가는 균제상태에서 1인당 자본량의 증가율에 영향을 미치지 못한다.
④ 생산함수는 자본과 노동에 대해 규모수익불변의 특징을 갖는다.
⑤ 균제상태에서 저축률이 내생적으로 결정된다.

26

효율임금이론(efficiency wage theory)에 관한 다음 설명 중 <u>옳지 않은</u> 것은?

① 실질임금의 경직성을 약화시킨다.
② 균형임금 수준에서 비자발적 실업이 발생할 수 있다.
③ 근로자들의 이직에 따른 기업의 비용이 클 때 적용될 수 있다.
④ 고용주가 근로자의 노력 정도를 관찰할 수 없을 때 적용될 수 있다.
⑤ 근로자의 영양상태 개선이 노동생산성을 향상시킬 수 있을 때 적용될 수 있다.

27

아래 표에는 세 나라의 실제 실업률, 자연실업률, 실질 GDP가 기록되어 있다. 다음 설명 중 옳은 것은?

국 가	실제 실업률(%)	자연실업률(%)	실질 GDP(조원)
A	4	4	900
B	3	5	1,300
C	6	5	1,200

① A국은 GDP 갭(gap)이 발생하지 않고 잠재 GDP는 900조원보다 작다.
② B국은 확장 갭(expansionary gap)이 발생하고 잠재 GDP는 1,300조원보다 작다.
③ B국은 침체 갭(recessionary gap)이 발생하고 잠재 GDP는 1,300조원보다 작다.
④ C국은 확장 갭이 발생하고 잠재 GDP는 1,200조원보다 작다.
⑤ C국은 침체 갭이 발생하고 잠재 GDP는 1,200조원보다 작다.

28

어떤 경제의 소비(C), 투자(I), 정부지출(G), 순수출(NX)이 다음과 같다. 경기에 대한 불확실성 때문에 투자가 50에서 0으로 감소할 때 순수출의 변화는?

- $C = 200 + 0.8Y$
- $I = 50$
- $G = 50$
- $NX = 300 - 0.3Y$

  (Y는 국민소득)

① 불 변 ② 15 감소

③ 15 증가 ④ 30 감소

⑤ 30 증가

29

어떤 폐쇄경제가 아래의 $IS-LM$모형에서 A점에 있다고 하자. 이 경제의 재화시장과 화폐시장에 관한 설명 중 옳은 것은?

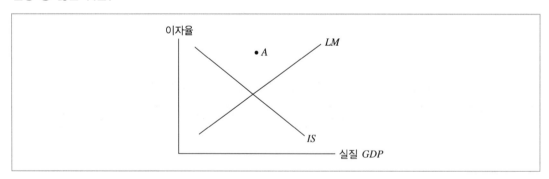

	재화시장	화폐시장
①	초과공급	초과공급
②	초과공급	초과수요
③	초과수요	초과공급
④	초과수요	초과수요
⑤	균 형	균 형

30

총수요(AD)와 총공급(AS)이 다음과 같은 경제의 현재 균형점은 아래 그래프에서 A이다. 잠재 GDP가 $\overline{Y_1}$에서 $\overline{Y_2}$로 증가할 때, 이 경제의 단기 및 장기 균형점으로 옳은 것은?

- AD : $P = a - bY$
- AS : $P = P_{-1} + d(Y - \overline{Y})$

(P는 물가수준, P_{-1}은 전기의 물가수준, Y는 실질 GDP, $\overline{Y}$는 잠재 GDP, a, b, c는 모두 양의 상수)

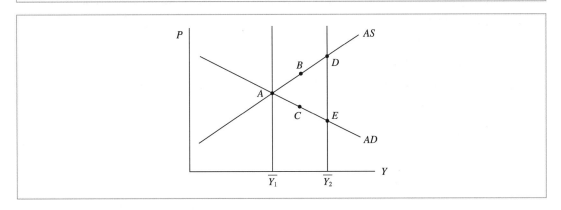

	단기균형점	장기균형점
①	B	D
②	C	D
③	B	E
④	C	E
⑤	E	E

31

일시적으로 국제원유가격이 하락하였다고 하자. 이것이 장기균형 상태에 있던 원유수입국에 미치는 영향을 총수요－총공급 모형을 이용하여 설명한 것 중 옳은 것은? (단, 총수요곡선은 우하향하고, 단기 총공급곡선은 우상향하며, 장기 총공급곡선은 수직이라고 가정)

① 단기적으로 물가가 상승하고 국민소득은 불변이다.
② 장기적으로 물가는 원유가격 하락 충격 이전 수준으로 돌아가고 국민소득은 감소한다.
③ 단기적으로 물가는 하락하고 국민소득은 불변이다.
④ 장・단기 모두 물가는 상승하고 국민소득은 감소한다.
⑤ 장기적으로 물가와 국민소득 모두 원유가격 하락 충격 이전 수준으로 돌아간다.

32

☑ 확인 Check! ○ △ ✕

한국의 고용통계가 다음 표와 같이 주어졌다고 가정하자. 2000년과 2010년의 노동시장 지표를 비교한 다음 설명 중 **옳지 않은** 것은?

구 분	2000년	2010년
생산가능인구	1,000만명	1,200만명
경제활동인구	800만명	1,000만명
취업자	600만명	750만명

① 실업자의 수가 증가했다.
② 실업률은 변하지 않았다.
③ 경제활동참가율은 증가했다.
④ 비경제활동인구는 변하지 않았다.
⑤ 고용률은 변하지 않았다.

33

☑ 확인 Check! ○ △ ✕

대학생 K는 매월 30만원을 용돈으로 받아 전부 소비하는 생활을 하고 있었다. 그러던 중 2014년 8월에 취업이 확정되어 2015년 1월부터 매월 300만원을 급여로 받을 예정이다. 그러나 2015년 1월 이전까지는 용돈 이외에 추가적인 소득은 없다. 취업이 확정된 직후 각 소비이론에 따른 K의 소비 변화량을 비교한 것 중 옳은 것은?

- A = 절대소득가설에 따른 소비 변화량
- B = 차입제약(borrowing constraint)이 없는 경우 생애주기이론(life-cycle theory)에 따른 소비 변화량
- C = 차입제약이 있는 경우 생애주기이론에 따른 소비 변화량

① $A < B \leq C$
② $A \leq C \leq B$
③ $C \leq A < B$
④ $C \leq B < A$
⑤ $B = A < C$

34

☑ 확인 Check! ○ △ ✕

상업은행인 해피은행의 재무상태표(대차대조표)가 아래와 같다고 하자. 법정지급준비율이 10%라고 가정할 때 해피은행이 보유하고 있는 초과지급준비금을 신규로 대출하는 경우 은행제도의 신용창조를 통한 총통화량의 증가분은 최대 얼마인가?

자 산		부 채	
지급준비금	60	예 금	200
대 출	40		
국 채	100		

① 100

② 200

③ 300

④ 400

⑤ 500

35

☑ 확인 Check! ○ △ ✕

어떤 경제에 서로 대체관계인 국채와 회사채가 있다고 하자. 회사채의 신용위험(credit risk) 증가가 국채 가격, 회사채 가격, 그리고 회사채의 위험프리미엄(risk premium)에 미치는 영향으로 옳은 것은? (단, 국채의 신용위험은 불변이고 채권투자자는 위험기피적이라고 가정)

	국채 가격	회사채 가격	위험 프리미엄
①	불 변	불 변	불 변
②	하 락	하 락	증 가
③	상 승	하 락	증 가
④	상 승	하 락	감 소
⑤	상 승	상 승	증 가

36

☑ 확인 Check! ○ △ ✕

중앙은행의 통화정책 운용에 대한 다음 설명 중 옳은 것을 <u>모두</u> 고르면?

가. 중앙은행이 물가안정, 완전고용 등의 최종 목표를 달성하기 위해 중점적으로 관리하는 명목기준지표(nominal anchor)에는 인플레이션율, 통화량, 환율, 실업률 등이 있다.

나. 물가안정목표제(inflation targeting) 하에서는 중앙은행이 재량적 정책을 수행하기 쉽고 경기부양에 대한 정치적 압력도 늘어날 수 있기 때문에 통화정책의 신뢰 문제가 악화될 수 있다.

다. 물가안정목표제는 중앙은행이 명시적인 중간목표 없이 물가안정을 직접 달성하는 방식으로서 통화량 이외의 많은 변수가 정책 결정에 사용된다.

라. 테일러준칙(Taylor rule)에 따르면 중앙은행은 인플레이션 갭(실제 인플레이션율－목표 인플레이션율)의 증가에 반응하여 정책금리를 상향조정한다.

① 가, 나
② 나, 다
③ 다, 라
④ 가, 다, 라
⑤ 나, 다, 라

37

☑ 확인 Check! ○ △ ✕

어떤 경제의 실업률(u)과 물가상승률(π) 사이에 다음과 같은 필립스 곡선(Phillips curve)이 성립한다고 하자. 주어진 필립스 곡선과 관련된 다음 설명 중 <u>옳지 않은</u> 것은?

- $\pi = \pi^e - a(u - \overline{u})$
- $\pi^e = \pi_{-1}$

(π^e는 기대물가상승률, π_{-1}은 전기의 물가상승률, $\overline{u}$는 자연실업률, a는 유한한 양의 상수)

① π^e는 적응적 기대에 따라 형성된다.
② 가격이 신축적일수록 a가 큰 경향이 있다.
③ 물가상승률을 낮추기 위해 감수해야 할 실업률의 증가폭은 a에 비례한다.
④ 물가상승률이 예상보다 높으면 실업률은 자연실업률보다 낮다.
⑤ 단기에 실업률은 물가상승률의 전기대비 변화에 의해 결정된다.

210 공인회계사 1차 경제원론(문제편)

38

자본이동이 완전히 자유로운 소규모 개방경제의 $IS-LM-BP$ 모형에서 대체지급수단의 개발로 화폐수요가 감소할 때, 고정환율제와 변동환율제 하에서 균형국민소득의 변화로 옳은 것은? (단, IS곡선은 우하향하고 LM곡선은 우상향한다고 가정)

	고정환율제	변동환율제
①	증 가	증 가
②	불 변	증 가
③	불 변	감 소
④	감 소	불 변
⑤	감 소	감 소

39

현재 한국의 1년 만기 국채수익률은 3%이고 미국의 1년 만기 국채수익률은 1%라고 가정하자. 위험이자율평가설(uncovered interest rate parity)이 성립할 때 향후 1년간 예상되는 환율 변동으로 옳은 것은? (단, 두 나라 국채의 위험수준은 동일하다고 가정)

① 원화 가치 불변
② 원화 가치 2% 상승
③ 원화 가치 2% 하락
④ 원화 가치 4% 상승
⑤ 원화 가치 4% 하락

40

다음 중 내생적 성장이론에 대한 설명으로 옳은 것은?

① 로머(P. Romer)의 R&D 모형에 따르면 연구인력 증가만으로도 장기 경제성장률을 높일 수 있다.
② 가난한 나라와 부유한 나라의 1인당 소득수준이 장기적으로 수렴한다고 예측한다.
③ AK 모형에 따르면 저축률의 상승은 장기 경제성장률을 높일 수 없다.
④ 로머의 R&D 모형에 따르면 지식이 경합성을 가지므로 지식자본의 축적을 통해 지속적인 성장이 가능하다.
⑤ 루카스(R. Lucas)의 인적자본모형에 따르면 교육 또는 기술습득의 효율성이 장기 경제성장률에는 영향을 미치지 못한다.

미래는
현재 우리가 무엇을 하는가에 달려 있다.

– 마하트마 간디 –

정답 및 해설편

✔ 문제편 004p

01	02	03	04	05	06	07	08	09	10	11	12	13	14	15	16	17	18	19	20
①	①	④	②	⑤	③	⑤	①	⑤	⑤	④	⑤	①	④	③	④	③	②	③	②
21	22	23	24	25	26	27	28	29	30	31	32	33	34	35	36	37	38	39	40
⑤	①	⑤	④	④	⑤	②	②	③	③	⑤	②	②	②	③	①	③	④	④	①

01 답 ①

▌ 정답해설 ▌

여러 제품을 생산하는 기업이 각 제품을 따로 생산할 때보다 함께 생산할 때 생산비용이 절감되는 것을 범위의 경제라고 한다.

02 답 ①

▌ 정답해설 ▌

- 전년도 생산자 잉여 : $(60 \times 60) - 1,800 = 1,800$
- 당해연도 생산자 잉여 : $(80 \times 40) - 1,600 = 1,600$
- 생산자 잉여 감소분 : $1,800 - 1,600 = 200$

03 답 ④

▌ 정답해설 ▌

기존의 선택점인 $(X, Y) = (5, 10)$이 소득과 가격이 변동함에 따라 선택이 불가능해진 상황이므로 새로운 예산선 상의 어떤 점을 선택하더라도 약공리에 반하지 않는다. 다만, 예산선 밖의 점은 선택이 불가능하므로 '라'를 제외한 나머지 소비조합이 모두 선택가능하다.

04

▌오답해설▌

나. 수요곡선이 우하향하는 직선일 경우, 기업이 가격을 낮추면 판매량은 증가하지만 가격이 낮아지는 비율이 더 크므로 총수입은 감소한다.

라. 수요와 공급의 가격탄력성이 클수록 조세부과로 인한 자중손실도 커진다.

05

답 ⑤

▌정답해설▌

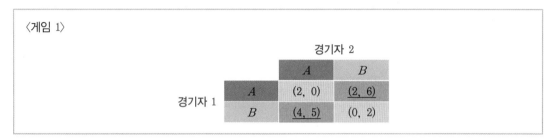

내쉬균형은 (A, B), (B, A)의 2개이므로 두 경기자는 서로 다른 전략을 선택한다.

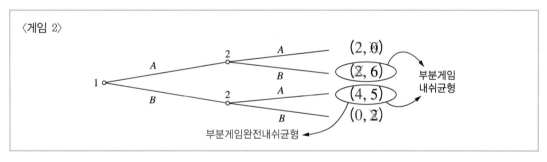

부분게임완전내쉬균형은 (B, A)이므로 경기자 1은 B를 선택한다.

06

답 ③

▌정답해설▌

계약곡선식을 구하면 $x_1 = y_1$, $x_2 = y_2$이고 $x_1 y_1 = 2 \times \sqrt{x_2 y_2}$ 이므로

$x_1 \times x_1 = 2 \times \sqrt{x_2 \times x_2} = 2 \times x_2$와 $x_1 + x_2 = 12$를 연립하면 $x_1 = 4$, $x_2 = 8$이므로 이 둘을 곱한 값은 32이다.

07

┃ 정답해설 ┃

$SMC = Q - 20 = 100 - \frac{1}{2}Q = SMB$이므로 사회적으로 가장 효율적인 생산량은 80이다. 보조금을 지급하여 이를

달성하기 위해서는 $Q - $ 보조금 $= 100 - Q$이므로 보조금을 단위당 60만큼 책정해야 한다.

08

┃ 정답해설 ┃

$\frac{1 + 2 + \cdots + n}{Q} = 4Q$이고 Q가 3이므로 이를 만족시키는 구성원의 수는 80이다.

09

┃ 정답해설 ┃

기업 1의 반응함수를 구하면 다음과 같다.

$\pi_1 = (200 - 5q_1 - 5q_2 - 5q_3)q_1 = 0$

$\frac{d\pi_1}{dq_1} = 200 - 10q_1 - 5q_2 - 5q_3 = 0$

$q_1 = 20 - \frac{1}{2}q_2 - \frac{1}{2}q_3$

같은 논리로 기업 2와 기업 3의 반응함수를 구하면

$q_2 = 20 - \frac{1}{2}q_1 - \frac{1}{2}q_3$, $q_3 = 20 - \frac{1}{2}q_1 - \frac{1}{2}q_2$이므로 이를 연립하여 역수요함수에 대입하면 균형가격은 50이다.

10

┃ 정답해설 ┃

(1) 공리주의 사회후생함수

$\frac{\frac{2}{\sqrt{x_A}}}{\frac{1}{\sqrt{x_B}}} = 1$이므로 이를 정리하면 $x_A = 4x_B$이고 이를 $x_A + x_B = 100$과 연립하면 $x_A = 80$, $x_B = 20$이다.

(2) 롤즈의 사회후생함수

$4\sqrt{x_A} = 2\sqrt{x_B}$이므로 이를 정리하면 $4x_A = x_B$이고 이를 $x_A + x_B = 100$과 연립하면 $x_A = 20$, $x_B = 80$이다.

11

┃정답해설┃

$2,200-100n>1,800$이므로 $n<4$이고, $2,200-200n<1,800$이므로 $n>2$이다.

따라서 이를 결합하면 2개월$<E<4$개월이다.

12

답 ⑤

┃정답해설┃

- 경기자 1의 기대보수(A) : $q\times2+(1-q)\times0=2q$
- 경기자 1의 기대보수(B) : $q\times0+(1-q)\times2=2-2q$
- 경기자 2의 기대보수(A) : $p\times0+(1-p)\times2=2-2p$
- 경기자 2의 기대보수(B) : $p\times2+(1-p)\times0=2p$

따라서 혼합전략 내쉬균형은 $(\dfrac{1}{2}, \dfrac{1}{2})$이다.

13

답 ①

┃정답해설┃

Q를 생산하는 방식을 나누어 각각의 비용함수를 구해보면 w_1+4w_2와 $2w_3+5w_4$이므로 이를 결합하여 비용함수를 구하면 $C(Q)=Q\min[w_1+4w_2, 2w_3+5w_4]$이다.

14

답 ④

┃정답해설┃

가. X재와 Y재를 $3:2$의 비율로 소비하므로 완전보완재 관계이다.

다. 소비자는 $2X=3Y$에서 소비하므로 가격소비곡선과 소득소비곡선이 같다. 따라서 이들의 기울기도 같다.

┃오답해설┃

라. X재 수요의 소득탄력성은 1이다.

15

▌정답해설▌

- $P_X X = 60$, $P_Y Y = 60$이고 $P_X = 4$, $P_Y = 1$이므로 기존의 소비량은 $X = 15$, $Y = 60$이고 이때의 효용은 900이다.
- 회원제 실시 후에는 $P_X = 1$, $P_Y = 1$이므로 소비량은 $X = 30$, $Y = 30$으로 같으며 이때의 효용은 이전과 같은 900이다.
- 두 재화의 가격이 모두 1이므로 60의 소득이 필요하며, 따라서 가입비는 현재소득 120에서 필요 소득 60을 차감한 60이다.

16

▌정답해설▌

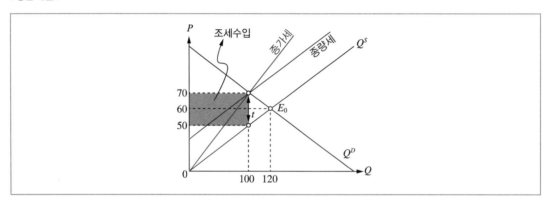

$$t = \frac{70 - 50}{50} = 0.4$$

17

▌정답해설▌

먼저 두 재화의 수요함수를 구하면 $X = \dfrac{400}{P_X^2}$, $Y = \dfrac{M}{20} - \dfrac{20}{P_X}$ 이다.

이제 간접효용함수를 구하면 $V = \sqrt{\dfrac{400}{P_X^2}} + \dfrac{Y}{2} = \dfrac{20}{P_X} + \left(\dfrac{M}{40} - \dfrac{10}{P_X} \right) = \dfrac{10}{P_X} + \dfrac{M}{40}$ 이다.

여기에 X재의 가격과 소득을 대입하면 $V = \dfrac{10}{5} + \dfrac{200}{40} = \dfrac{10}{10} + \dfrac{200 + EV}{40}$ 이므로 동등변화(EV)는 40이다.

18

▌정답해설▌

$\dfrac{\dot{E}}{E} = \dfrac{E^e - E}{E} = \pi_A - \pi_B = 0.04 - 0.03 = 0.01$이므로 예상되는 1년 후 환율은 101이다.

또한 $0.05 = R^f + \dfrac{E^e - E}{E} = R^f + 0.01$이므로 외국 명목이자율은 4%이다.

19

답 ③

▌정답해설▌

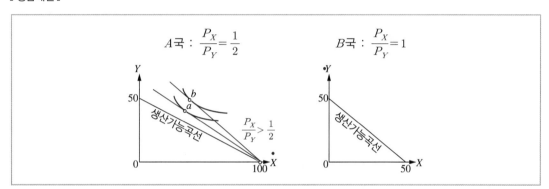

A국은 상대가격이 $\dfrac{1}{2}$보다 크면 X재에 완전특화하여 교역을 하게 된다. 만약 상대가격이 $\dfrac{3}{5}$이라면 a점, $\dfrac{4}{5}$라면 b점에서 소비할 수 있는데, 이때 b점에서의 효용이 더 크기 때문에 A국은 상대가격이 높을 때 무역이득이 더 크다.

20

답 ②

▌정답해설▌

A국의 경우 노동풍부국이므로 노동집약재인 Y재를 더 많이 만들어야 모든 요소를 사용할 수 있으므로 Y재가 더 저렴하다. 반대로 X재는 만드는 수량이 더 적을 것이므로 상대적으로 비싸다. 따라서 무역이 이루어지면 A국은 Y재를 수출하고 X재를 수입하게 되는데 이 과정에서 X재의 가격은 하락하고 Y재의 가격은 상승할 것이다. 따라서 $\dfrac{X재\ 가격}{Y재\ 가격}$는 무역 이전 수준보다 낮아진다.

▌오답해설▌

가. 무역 이전에 자본풍부국은 상대적으로 풍부한 자본의 상대가격이 더 작으므로 $\dfrac{단위당\ 노동사용보수}{단위당\ 자본사용보수}$는 A국이 B국보다 낮다.

다. $\dfrac{X재\ 가격}{Y재\ 가격}$는 B국의 무역 이전 수준보다 높아진다.

21

정답해설

소비의 왜곡에서 발생된 손실은 소비점이 바뀌면서 발생하는 것이므로 $b+g$가 아니라 b이다.

22

정답해설

최초의 균형에서의 환율이 E_0인데 단기에 오버슈팅 현상이 발생하여 환율이 E_1까지 상승하였다가 장기에는 E_2수준에서 환율이 안정된다. 따라서 $E_0 < E_2 < E_1$의 관계가 성립한다.

23

오답해설

① 2024년 미국의 순수출은 증가하였고 GDP도 증가하였다.
② 2024년 중국의 순수출과 GDP는 변화가 없다.
③ 2023년 중국의 순수출은 증가하였지만 투자는 변화가 없다.
④ 한국의 GDP는 2023년과 2024년 모두 불변이다.

24

정답해설

각 품목별 가격 상승률을 구하면 다음과 같다.

$A : \dfrac{112.2 - 110}{110} = 0.02$

$B : \dfrac{113.4 - 108}{108} = 0.05$

$C : \dfrac{121 - 110}{110} = 0.1$

2022년 대비 2023년 갑국의 인플레이션율 $= (0.02 \times 0.5) + (0.05 \times 0.3) + (0.1 \times 0.2) = 0.045$

25   답 ④

┃정답해설┃

$\dfrac{\dot{M}}{M}+\dfrac{\dot{V}}{V}=\dfrac{\dot{P}}{P}+\dfrac{\dot{y}}{y}$ 에서 $\dfrac{\dot{P}}{P}+\dfrac{\dot{y}}{y}=0.05$ 이고, $\dfrac{\dot{y}}{y}=0.02$, $\dfrac{\dot{V}}{V}=0$ 이므로 $\dfrac{\dot{P}}{P}=0.03$, $\dfrac{\dot{M}}{M}=0.05$ 이다.

26   답 ⑤

┃정답해설┃

$(Y-C-T)+(T-G)-I=NX$

$20\%+(T-G)-20\%=10\%$

$(T-G)$ 가 10%이고 G 가 차지하는 비율이 35%이므로 조세수입이 총생산에서 차지하는 비율은 45%이다.

27   답 ②

┃정답해설┃

- 정부지출승수를 구하면 $\dfrac{1}{0.25}=4$ 이므로 정부지출을 1조원 증가시키면 총소득은 4조원 증가한다.

- 조세승수를 구하면 $-\dfrac{0.5}{0.25}=-2$ 이므로 조세를 1조원 감면시키면 총소득은 2조원 증가한다.

28   답 ②

┃오답해설┃

가. 항상소득가설에 따르면 복권당첨소득과 같은 임시소득의 증가는 소비를 증가시킬 수 없으므로 평균소비성향은 감소한다.

다. 생애주기가설에 따르면, 은퇴시점은 변화가 없고 기대수명이 증가한다면 현재소비는 감소하므로 평균소비성향은 하락한다.

29   답 ③

┃정답해설┃

IS 곡선이 수직의 형태이므로 통화정책은 경기부양효과가 없으며, 반대로 재정정책은 매우 강력한 경기부양효과가 있다. 또한 LM 곡선이 이동하더라도 IS 가 수직이어서 Y 의 변화가 없으므로 총수요곡선은 수직이 된다.

30

▌정답해설▌

나. 지급준비율을 인상하면 통화승수가 감소하여 통화량이 감소한다.

다. 재할인대출을 축소하면 시중의 본원통화가 감소하여 통화량이 감소한다.

▌오답해설▌

가. 채권시장에서 공개시장매입을 하면 시중의 본원통화가 증가하여 통화량이 증가한다.

라. 지급준비금에 지급하는 이자율을 낮추면 통화승수가 커져 통화량이 증가한다.

31

답 ⑤

▌정답해설▌

갑국의 수출이 감소하는 것은 LM 곡선에는 영향을 주지 않으며 IS 곡선이 왼쪽으로 이동하게 되어 균형점이 A에서 E로 변화한다.

32

답 ②

▌정답해설▌

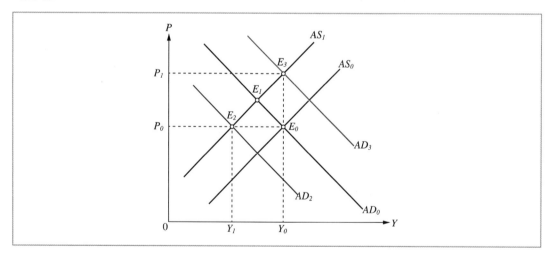

외생적인 유가 상승으로 인해 달성되는 균형점은 E_1 인데, 중앙은행이 물가 안정을 추구한다면 균형점이 E_2가 되어야 한다. 이를 위해서는 총수요를 긴축적으로 유도해야 하므로 정책금리를 인상해야 한다. 또한 중앙은행이 총생산 안정을 추구한다면 균형점이 E_3가 되어야 한다. 이를 위해서는 총수요를 확장적으로 가져가야 하는데 이를 위해서는 정책금리를 인하해야 한다.

33

▌정답해설▌

갑국 정책당국이 자연실업률을 실제보다 더 높게 인식하고 있으므로 현재의 잠재생산량보다 더 낮은 생산량을 달성시키기 위해 긴축적인 총수요관리정책을 실시할 것이다. 이를 위해 정부지출 감소, 조세 증가, 정책금리 인상, 통화량 축소와 같은 정책을 실시하게 되며 이에 따라 총생산 감소, 실업률 상승, 물가수준 하락과 같은 결과가 나타나게 된다.

34

▌정답해설▌

나. B의 계약금 : 50만달러 $\times \dfrac{50}{125}$ = 20만달러

    A의 계약금 : $\dfrac{5,000만원}{800원/달러}$ = 6.25만달러

    따라서 B의 계약금은 A의 3.2배이다.

▌오답해설▌

가. B의 계약금 : 50만달러 $\times$ 1,350원/달러 = 6억 7,500만원

    A의 계약금 : 5천만원 $\times$ 3 = 1억5천만원

    따라서 B의 계약금은 A의 4.5배이다.

다. B의 2024년 계약금 : 50만달러 $\times$ 1,350원/달러 = 6억 7,500만원

    B의 1993년 기준 계약금 : $\dfrac{6억\ 7,500만원}{3}$ = 2억 2,500만원

35

▌정답해설▌

IS : $Y = 200 + \dfrac{2}{3}(Y - T) + 1,000 - 50r + 1,200$

LM : $Y = 2 \times \dfrac{1,200}{1} + 100r$

$Y = 4,000$이므로 $r = 16\%$이다. 국민저축은 결국 I와 동일하므로 $1,000 - 50 \times 16 = 200$이다.

36

 ①

┃정답해설┃

$\frac{\dot{E}}{E}=\frac{\dot{P}}{P}-\frac{\dot{P^f}}{P^f}$ 이 성립되어야 하므로 각 국가별로 이를 구하면 다음과 같다.

구 분	$\dfrac{\dot{P}}{P}$	$\dfrac{\dot{P}}{P}-\dfrac{\dot{P^f}}{P^f}$	$\dfrac{\dot{E}}{E}$
A	$\dfrac{118.65-113}{113}=0.05$	0.03	$\dfrac{8.24-8}{8}=0.03$
B	$\dfrac{109.14-107}{107}=0.02$	0	$\dfrac{130-120}{120}=0.08$
C	$\dfrac{107.12-103}{103}=0.04$	0.01	$\dfrac{10.15-10}{10}=0.015$
D	$\dfrac{101.97-103}{103}=-0.01$	-0.03	$\dfrac{6.63-6.5}{6.5}=0.02$
E	$\dfrac{112.27-109}{109}=0.03$	0.01	$\dfrac{38.8-40}{40}=-0.03$

37

답 ③

┃오답해설┃

① 인구가 감소하면 일인당 생산량이 증가한다.
② 인구가 감소하면 일인당 자본량은 증가하다가 이후 감소한다.
⑤ 저축률을 감소시키면 원래의 균제상태가 아닌 그보다 더 낮은 새로운 점에서 균형이 이루어진다.

38

 ④

┃정답해설┃

가. 가격을 신축적으로 조정하는 제조업의 비중이 높다면 $SRAS$ 곡선이 가파르므로 확장적 통화정책을 통해 AD 곡선을 이동시키면 균형물가는 크게 변한다.
나. 가격을 경직적으로 유지하는 서비스업의 비중이 높다면 $SRAS$ 곡선이 완만하므로 확장적 재정정책을 통해 AD 곡선을 이동시키면 균형물가는 작게 변한다.

┃오답해설┃

다. 가격이 경직적인 서비스업 비중이 높을수록 유가 상승 충격이 균형국민소득에 미치는 영향은 더 커진다.

39

▌정답해설▌

가. 인플레이션율이 상승하면 통화당국은 정책금리를 인상시키는 긴축적인 통화정책을 실시해야 한다.

다. 목표인플레이션율을 높이면 실질이자율이 낮아지므로 균형총생산이 증가한다.

▌오답해설▌

나. 오쿤의 법칙과는 무관하다. 오쿤의 법칙은 실업률과 성장률간의 상충관계를 나타내는 것이다.

40

▌정답해설▌

정부지출의 상승은 저축률의 하락으로 볼 수 있는데 저축률이 하락하면 $sy < (n+\delta)k$가 되므로 1인당 실제 투자보다 1인당 요구자본량이 감소한다. 따라서 균형이 달성될 때까지 1인당 자본량은 감소하며 연쇄적으로 1인당 생산량도 감소하게 된다.

✔ 문제편 025p

01	02	03	04	05	06	07	08	09	10	11	12	13	14	15	16	17	18	19	20
⑤	④	①	①	③	②	⑤	⑤	④	⑤	④	①	③	③	⑤	④	④	④	④	①
21	22	23	24	25	26	27	28	29	30	31	32	33	34	35	36	37	38	39	40
②	②	②	⑤	⑤	①	③	②	④	⑤	④	①	③	③	②	③	①	③	②	⑤

01

답 ⑤

▎정답해설▎

시장균형은 왈라스의 안정성 관점에서 볼 때 항상 안정적이다.

▎오답해설▎

① $600-20P=225-5P$를 구하면 $P=25$가 계산되며, 이를 수요함수에 대입하면 $Q=100$이 된다.

③ $20\times\dfrac{25}{100}=5$

④ $5\times100\times\dfrac{1}{2}=250$

02

답 ④

▎정답해설▎

가. $MU_y=1$이므로 y와 무관하게 항상 일정하다.

나. $MRS_{xy}=f'(x)$이므로 한계대체율이 x에 의해서만 결정된다.

다. $MRS_{xy}=\dfrac{MU_x}{MU_y}$에서 MU_x가 체감하면 MRS_{xy}값도 체감한다.

▎오답해설▎

라. $f(x)$가 어떤 성질을 가지느냐에 따라 동조함수일수도 있고 아닐 수도 있다.

03

 ①

▌정답해설▐

$\dfrac{\dfrac{1}{2\sqrt{L}}}{\dfrac{2}{2\sqrt{K}}}=2$ 를 정리하면 $\dfrac{\sqrt{K}}{2\sqrt{L}}=2$ 이므로, $K=16L$ 이 된다. 따라서 이를 $\dfrac{L}{K}$ 에 대입하면 $\dfrac{1}{16}$ 이다.

04

 ①

▌정답해설▐

X 재와 Y 재의 수요함수가 $\dfrac{1}{2}\times M$ 으로 동일하므로 효용극대화 점에서 X 재와 Y 재의 수요량은 600개로 동일하며, 따라서 보조가 이루어지기 전 이 소비자의 효용은 600이다.

가. X 재와 Y 재의 수요량이 $\dfrac{1}{2}\times(1,200+300)=750$ 으로 동일하며, 보조가 이루어진 후 이 소비자의 효용은 750이다.

나. X 재의 경우는 보조받은 300개에 더해 450개를 추가로 수요하게 되어 총 750개를 소비하게 되며 남은 금액으로 모두 Y 재를 구입하므로 Y 재의 소비액은 750개가 된다. 따라서 이때의 소비자의 효용은 750이다.

다. 받은 쿠폰으로 X 재 300만원어치인 600개를 구입하게 되며, 남은 금액으로 X 재를 150개, Y 재를 750개 추가로 구입하게 된다. 따라서 이때의 소비자의 효용은 750이다.

따라서 가, 나, 다 모두 무차별하다.

05

 ③

▌정답해설▐

로빈슨 크루소의 효용함수가 레온티에프 함수이므로 $\dfrac{1}{2}X=Y$ 가 되는 점에서 균형이 달성된다.

따라서 이 식에 각각의 생산함수를 대입하면, $\dfrac{1}{2}\times\dfrac{1}{2}\sqrt{L_X}=\sqrt{L_Y}$ 이 되므로 여기서 $L_X=16L_Y$ 의 관계가 성립한다.

이를 예산(시간)제약식이 $L_X+L_Y=612$ 이므로 여기에 앞서의 관계식을 대입하면 $17L_Y=612$ 의 관계가 성립하며, 여기서 $L_Y=36$, $L_X=576$ 을 구할 수 있다.

이제 극대화된 효용을 구하기 위해 이를 효용함수에 대입해보면 $U=\min[\dfrac{1}{2}\times\dfrac{1}{2}\sqrt{576},\ \sqrt{36}]$ 가 되어 효용은 6이 된다.

06

▌정답해설▌

대체효과가 없는 것이 아니라 X재에 대한 대체효과가 소득효과보다 작기 때문에 발생하는 현상이다.

▌오답해설▌

① Y재의 가격에는 변화가 없으나 수요량은 증가하므로 Y재에 대한 지출액은 증가한다.
③ X재 가격이 하락하여 실질소득이 증가하였는데, 이로 인해 Y재의 소비량이 증가하였으므로 정상재이다.
④ X재는 열등재에 해당하므로 소득이 증가할 경우에 X재 지출액은 감소한다.
⑤ Y재는 정상재에 해당하므로 Y재 가격이 하락하여 실질소득이 증가한다면 Y재 소비량은 증가한다.

07

▌정답해설▌

현재의 임금인 160보다 최저임금 설정액이 낮게 되므로 최저임금을 설정하더라도 변화가 없다.

▌오답해설▌

③ 균형노동량을 구해보면, $VMP_L = MFC_L$이므로 $10(70-6L)=10+70L$에서 균형노동량은 9임을 알 수 있다. 이를 노동공급곡선식에 대입하면 노동자들이 받는 임금은 115로 계산되는데, 실제 노동의 한계생산물가치는 $(10 \times 9)+70=160$이어서 임금보다 높다.
④ 완전경쟁일 때의 균형고용량이 약 9.7이므로 후생손실의 크기는 $45 \times 0.7 \times \dfrac{1}{2} =$약 16이다.

08

▌오답해설▌

다. 가격이 P_0에서 P_1으로 변화했을 때 여전히 Q_0가 선택가능하므로 약공리에 위배된다.

09

▌정답해설▌

A와 B의 한계편익을 수직으로 합하면 $145-1.5Q$이고 이것이 한계비용인 73과 같아야 하므로 Q는 48이다.

10

┃정답해설┃

가. 공급곡선이 원점을 통과하는 직선이므로 공급의 가격탄력성은 1이다. 그런데 조세 부과후 소비자에 전가되는 부분이 더 많으므로 수요의 가격탄력성은 공급의 가격탄력성에 비해 작다. 따라서 수요는 가격에 비탄력적이다.

다. 직선형태의 수요곡선에서 가격탄력성은 좌상방으로 갈수록 더 탄력적이 되므로 종량세 부과 이후의 가격탄력성이 더 크다.

11

┃정답해설┃

X재의 수요곡선식을 구하면 $\frac{1}{2} \cdot \frac{M}{4}$ 이고, Y재의 수요곡선식을 구하면 $\frac{1}{2} \cdot M$ 이다. 이 식들을 이용하여 100의 효용을 달성할 수 있는 지출액을 구하면 $100 = 2\sqrt{\frac{M}{8} \cdot \frac{M}{2}}$ 이므로 M은 200이 된다. 그리고 101의 효용을 달성할 수 있는 지출액을 구하면 $101 = 2\sqrt{\frac{M}{8} \cdot \frac{M}{2}}$ 이므로 M은 202가 되어 추가 지출액은 2임을 알 수 있다.

12

┃정답해설┃

먼저 최초의 균형점을 구하면 $150 - \frac{5}{3}P = -50 + P$ 에서 $P = 75$를 구할 수 있으며, 이를 공급곡선식에 대입하면 $Q = 25$임을 알 수 있다. 문제에서 지출한 금액의 10%를 소비자에게 보조금으로 지급한다고 하였으므로 수요곡선이 $150 - 1.5P$로 바뀌게 되며 이 식과 기존의 공급곡선식을 통해 변화후의 P는 80, Q는 30임을 알 수 있다. 이를 이용해 자중손실을 구하면 $\frac{1}{2} \times 8 \times 5 = 20$이다.

13

┃정답해설┃

경기자 3에게 H가 우월전략이므로 이를 전제로 경기자 1과 2의 행동을 예측해보자.
- 경기자 1 – 경기자 2가 L선택시 H선택
- 경기자 1 – 경기자 2가 H선택시 L선택
- 경기자 2 – 경기자 1이 L선택시 H선택
- 경기자 2 – 경기자 1이 H선택시 L선택

따라서 순수전략 내쉬균형은 경기자 3이 H를 선택하는 경우의 (2, 5, 5)와 (5, 2, 5)의 2개이다.

14

┃정답해설┃

레온티에프 생산함수는 원점에 대해 볼록한 형태를 가진다.

┃오답해설┃

④ 생산량이 기존 생산량의 2배가 되면, 원점으로부터 최적 생산요소 투입조합까지의 거리는 기존 거리의 3배 이하이다.

⑤ $\frac{2}{3}$ 차 동차함수이므로 규모에 대한 수익체감이다.

15

┃정답해설┃

가. 두 기업의 반응곡선은 우상향한다.

나ㆍ다. 복점시장에서 두 기업이 차별적 과점상태에 있다면 양(+)의 이윤을 얻는 것이 가능하다.

16

┃정답해설┃

경우 Ⅰ은 차입이자율과 저축이자율이 같은 상황이고 경우 Ⅱ는 차입이자율이 저축이자율보다 큰 상황이다. 차입자는 경우 Ⅰ에서 경우 Ⅱ로 이자율이 변화할 경우 대체효과로 인해서는 현재소비가 감소하고, 소득효과 역시 현재소비가 감소하여 둘의 방향은 같다. 하지만 저축자는 대체효과로 인해서는 현재소비가 증가하는 반면, 소득효과로 인해서는 실질소득이 감소하여 현재소비가 감소한다. 따라서 둘의 방향은 다르게 된다.

17

┃정답해설┃

$MC_1 = 30 + 10q_1$ 이고 q_1 이 17이라고 하였으므로 MC_1 은 200이다. 공장 2에서의 MC 도 이와 같이 200이 되어야 하므로 $MC_2 = 20 + 12q_2$ 에서 q_2 는 15로 계산된다. 손실이 발생하지 않는 f 의 최댓값을 구하기 위해 이윤함수가 0이 되는 f 값을 구해보면 $(200 \times 15) - (300 + 6 \times 15^2 + f) = 0$ 에서 f 는 1,350임을 알 수 있다.

18

┃정답해설┃

가. 자국 화폐공급이 영구적으로 증가한다면 자국의 물가상승률이 높아지게 되며 외국의 물가상승률이 불변이라면 이는 환율 변화율로 정확하게 반영된다.

다. 외국 이자율의 영구적 상승은 외국의 실질화폐수요를 감소시키며 명목화폐공급이 일정하다면 외국의 물가수준을 상승시켜 환율을 하락시킨다.

┃오답해설┃

나. 자국소득의 영구적 증가는 실질 화폐수요를 증가시키며, 명목화폐공급이 일정하다면 자국의 물가수준을 하락시켜 환율을 상승시킨다.

19

┃정답해설┃

가. A국 : $180X = 120Y$, $X = \dfrac{2}{3}Y$

B국 : $30X = 60Y$, $X = 2Y$, 따라서 A국이 B국보다 작다.

나. B국의 총노동부존량이 60시간인데, 모든 노동을 Y재 생산에 투입한다면 $X = 0$, $Y = 120$이 되며, 생산가능곡선의 Y절편은 120이 된다. 반대로 X재 생산에 투입한다면 $X = 60$, $Y = 0$이 되며, 생산가능곡선의 기울기는 -2가 된다. 따라서 B국의 생산가능곡선식은 $Y = -2X + 120$이다.

라. B국의 총노동부존량이 60시간이므로 최대로 생산가능한 Y재는 120개이다. 따라서 X재와 Y재를 $1:1$의 비율로 교환한다면 B국은 최대 120개의 X재 소비가 가능하다.

┃오답해설┃

다. X재 상대가격이 $\dfrac{2}{3}$ 보다 커질수록 A국의 교역이익은 커진다.

20

┃정답해설┃

가. 국민소득항등식을 변형하면 $X - IM = Y - (C + I + G)$이므로 국민소득(Y)이 국내총지출($C + I + G$)를 초과할 경우 경상수지($X - IM$)은 흑자가 된다.

┃오답해설┃

나. $X - M = (S - I) + (T - G)$이므로 투자가 민간저축을 초과하고 재정적자가 발생할 경우 경상수지는 적자를 기록한다.

다. $20\% - 19\% - 2\% = -1\%$이므로 경상수지는 총생산 대비 1% 적자를 기록한다.

21

┃ 정답해설 ┃

자국 물가지수와 외국 물가지수의 가중치가 같은 상황에서는 국내의 물가가 상승할 경우에 환율이 높아진다.

┃ 오답해설 ┃

가. 자국 물가지수 대비 외국 물가지수가 높아질수록 환율은 낮아진다.

다. $\alpha = \beta$인 경우 자국과 외국의 비교역재 물가지수의 상승률이 모두 5%이면 환율상승률은 0%이다.

22

┃ 정답해설 ┃

$4\% - A = B - 4\%$의 관계가 성립해야 하는데, 이를 정리하면 $A + B = 8\%$가 되므로 이를 만족하는 것은 ②뿐이다.

23

┃ 정답해설 ┃

나. 무역이 이루어지면 요소가격균등화정리가 성립하게 되므로 양국의 $\dfrac{w}{r}$는 같아진다.

┃ 오답해설 ┃

가. 핵셔-올린 모형에서는 생산가능곡선이 원점에 오목한 형태를 가지므로 한계생산비용이 체증한다.

다. 무역이 이루어지는 경우 B국 노동자의 실질소득은 감소하지만 B국 자본가의 실질소득은 오히려 증가한다.

24

┃ 정답해설 ┃

가. 실질환율변화율은 (자국 이자율 − 자국 물가변화율) − (외국 이자율 − 외국 물가변화율)로 나타낼 수 있으므로 자국과 외국 간 예상실질이자율의 차이로 설명할 수 있다.

나. 구매력평가설이 성립하는 경우에는 실질환율이 1이 되어 예상실질환율변화율은 0이 된다.

다. 유위험이자율평가설과 구매력평가설이 모두 성립하는 경우에는 예상실질이자율이 같다.

25

▌정답해설▌

(1) 가산금리가 없는 경우

$Y=1,000+0.6\,Y-60+2,500-200r+100$이므로, IS곡선은 $r=-0.002\,Y+17.7$로 나타내진다.

(2) 가산금리가 있는 경우

$Y=1,000+0.6\,Y-60+2,500-200(r+1)+100$이므로 IS곡선은 $r=-0.002\,Y+16.7$로 나타내진다.

따라서 IS곡선은 좌측으로 이동하며 기울기에는 변화가 없다. 총수요곡선 역시 좌측으로 이동하게 된다.

26

▌정답해설▌

재정지출 증가로 인한 물가상승을 억제하기 위해서는 통화량을 감소시켜야 하므로 공개시장매각을 통해 국공채 공급을 늘려야 하며, 이는 국공채 가격을 하락시켜 국공채 수익률을 상승시킨다.

27

▌정답해설▌

(300대+100대)×3천만원/대=120억원 증가

▌오답해설▌

① 1,000대×3천만원/대=300억원 증가
② 500대×3천만원/대=150억원 증가
④ 100대×3천만원/대=30억원 증가

28

답 ②

▌정답해설▌

- $Y=300+0.75\,Y-60+200+100,\quad \therefore\ Y=2,160$
- $S_P=2,100\quad(300+1,620-60)\quad 80-220$
- $S_g=80-100=-20$

29

┃정답해설┃

다. 극심한 불황이어도 명목이자율이 0%가 되는 조합이 존재하므로 옳은 내용이다.

라. 이른바 양적완화가 이에 해당한다. 양적완화가 이루어질 경우 불황을 벗어나는데 도움이 될 수 있다.

┃오답해설┃

가. 명목이자율이 0보다 클 때 물가상승률이 1% 포인트 상승하면, 중앙은행은 명목이자율을 1.5% 포인트 인상한다.

나. 만약 명목이자율이 0이고 물가상승률이 양(+)의 값을 가지면 실질이자율이 음(−)의 값을 가지게 된다.

30

답 ⑤

┃오답해설┃

물가지수와 연봉의 비례관계를 이용해 풀이하면 다음과 같다.

① $80 : 100 = 8 : A$, ∴ $A = 10$억원

② $80 : 100 = B : 12$, ∴ $B = 9.6$억원

③ $80 : 150 = 8 : A$, ∴ $A = 15$억원

④ $80 : 150 = B : 12$, ∴ $B = 6.4$억원

31

답 ④

┃오답해설┃

라. 정부의 규제완화로 인한 해외 노동자들의 유입증가는 총공급곡선이 우측으로 이동하는 요인이다.

32

답 ①

┃정답해설┃

최대 통화량을 구해야하므로 통화승수는 $\frac{1}{z}$ 로 나타내지며 이는 $\frac{1}{0.2} = 5$이다. 따라서 본원통화가 100억원 증가했을 때 늘어날 수 있는 최대통화량은 100억원 $\times 5 = 500$억원이다.

33

답 ③

┃정답해설┃

숙련노동자 시장과 비숙련노동자 시장의 임금격차를 줄이기 위해서는 숙련 노동자의 균형임금이 낮아지거나 비숙련노동자의 균형임금이 높아져야 한다. '가'와 '다'는 모두 숙련 노동자의 균형임금을 낮아지게 하지만 '나'와 '라'는 비숙련노동자의 균형임금을 낮아지게 하는 것이다.

34

답 ③

▮정답해설▮

- 총생산 : $\sqrt{100 \times 100} = 100$
- 물가상승률 : $\dfrac{\Delta M}{M} + \dfrac{\Delta V}{V} = \dfrac{\Delta P}{P} + \dfrac{\Delta Y}{Y}$ 에서 고전학파는 $\dfrac{\Delta V}{V}$ 와 $\dfrac{\Delta Y}{Y}$ 를 모두 0이라고 보므로 $\dfrac{\Delta M}{M} = \dfrac{\Delta P}{P}$ 의 관계가 성립한다. 따라서 통화공급증가율이 5%인 경우 물가상승률도 5%가 된다.
- 명목이자율 : $100 = 10 + 80 - 8 + 12 - 2r + 10$에서 $r = 2$이므로 명목이자율은 2%+5%=7%가 된다.

35

답 ②

▮정답해설▮

원화예금과 달러예금의 이자율차이가 -1%이므로 환율은 1% 하락한 1,196원이 된다.

36

답 ③

▮정답해설▮

먼저 주어진 효용함수를 통해 효용극대화점에서 $C_2 = (1+r)C_1$의 관계를 도출해낼 수 있다.

A : $C_1 + \dfrac{C_2}{1+r} = 200$이므로, $2C_1 = 200$이며 이를 통해 $C_1 = 100$, $C_2 = 100(1+r)$를 알아낼 수 있다.

B : $C_1 + \dfrac{C_2}{1+r} = 40 + \dfrac{300}{1+r}$ 이므로, $2C_1 = 40 + \dfrac{300}{1+r}$ 이며 이를 통해 A가 B에게 100단위를 대여해야 한다는 것을 알 수 있다. 따라서 $280 = 40 + \dfrac{300}{1+r}$ 의 식을 도출할 수 있으며 이를 통해 균형이자율은 25%라는 것을 알 수 있다.

37

답 ①

▮정답해설▮

현재 실업률이 30%라고 하였으므로 경제활동인구를 100명, 실업자를 30명이라고 놓고 계산해보자. 현재 취업자인 70명 중 10%가 다음 기에 실업자가 되므로 실업자가 7명 증가하고 취업자는 7명 감소하게 된다. 그리고 현재 실업자인 30명 중 30%가 다음 기에 취업자가 되므로 취업자가 9명 증가하고 실업자가 9명 감소하게 된다. 따라서 이 둘을 종합하면 취업자는 2명 증가하고 실업자는 2명 감소하게 되므로 실업자는 28명이 된다. 이를 통해 실업률을 계산하면 28%가 되어 전기 대비 2% 포인트 하락한다.

38

┃정답해설┃

- IS곡선 : $Y = 3 + \dfrac{3}{4}Y - \dfrac{3}{4}(4 + \dfrac{1}{3}Y) + 5 - r + 12$이므로 이를 정리하면 $Y = 34 - 2r$가 된다.

- LM곡선 : $90 = 3Y$이므로 $Y = 30$이 된다.

이제 IS곡선과 LM곡선을 같이 고려해보면 수직인 LM곡선과 우하향하는 LM곡선이 (30, 2%)인 점에서 교차함을 알 수 있는데, 이 상태에서 정부지출이 1단위 증가하더라도 LM곡선이 수직인 관계로 새로운 균형은 여전히 30단위로 일정하게 된다.

39

답 ②

┃정답해설┃

통화량을 감소시키게 되면 이자율이 상승하게 되어 결국 기존의 균형환율을 계속 유지할 수 있게 된다.

┃오답해설┃

① · ③ 소비세율의 인상과 수입규제의 완화 모두 IS곡선을 좌측으로 이동시키는 요인이다.
④ 정부재정지출을 감소시킬 경우 이자율이 하락하게 되어 환율이 상승하게 된다.

40

답 ⑤

┃정답해설┃

균제상태를 구하면 $0.3\sqrt{k} = 0.05k$, $6\sqrt{k} = k$이므로 $k = 36$이다. 따라서 이 경제의 균제상태는 동태적으로 효율적이다.

┃오답해설┃

① $k = 30$에서 $k = 36$으로 증가한다.
② 황금률 균제상태의 저축률이 0.5인데 현재의 저축률이 0.3이므로 저축률을 높여야 한다.
③ 황금률의 정의에 따라 1인당 소비는 현재보다 높아진다.
④ 자본량이 균제상태의 자본량에 미치지 못하고 있으므로 균제상태에 있지 않다.

✔ 문제편 046p

01	02	03	04	05	06	07	08	09	10	11	12	13	14	15	16	17	18	19	20
⑤	④	③	④	②	①	④	②	⑤	③	③	④	④	①	③	②	⑤	④	②	④
21	22	23	24	25	26	27	28	29	30	31	32	33	34	35	36	37	38	39	40
③	⑤	②	③	①	③	⑤	①	②	⑤	①	④	②	①	③	③	①	⑤	①	②

01 답 ⑤

┃ 정답해설 ┃

나. $P=4,000$인 경우 수요량은 6이고, 공급량은 8이므로 초과공급이 발생한다. 따라서 가격은 하락한다.

┃ 오답해설 ┃

가. $P=2,000$인 경우 수요량은 11이고, 공급량은 4이므로 초과수요가 발생한다. 따라서 가격은 상승한다.

02 답 ④

┃ 정답해설 ┃

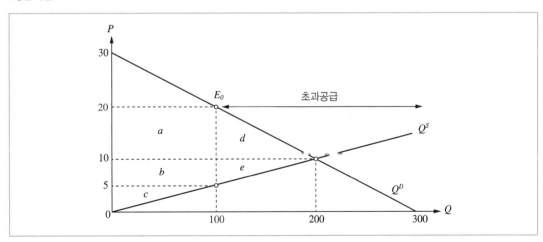

생산자 잉여 : $a+b+c=1,750$
자중손실 : $d+e=750$

▌정답해설▌

나. $M \geq 30$인 경우 A의 X재 소비량은 25로 고정되는데 이에 따라 소득이 증가할 경우 X재 소비는 불변이고 Y재 소비만 늘어나게 된다. 따라서 ICC는 수직이다.

▌오답해설▌

다. $M \leq 20$일 때 A는 X만 소비하므로 $X = \dfrac{M}{P_X} = M$이므로 X재의 엥겔곡선은 원점에서 뻗어나오는 직선이고 $Y = 0$이므로 Y의 엥겔곡선은 수직선의 형태이다.

▌정답해설▌

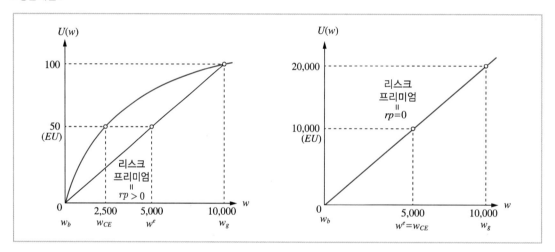

나. 투자시 A의 기대소득은 5,000이고 A의 확실성등가는 2,500이므로 전자가 후자보다 크다.
라. 투자자 A의 확실성 대등액은 2,500이므로 주가가 현재 5,000이라면 A는 이 주식에 투자하지 않을 것이다.

▌오답해설▌

가. A의 확실성 등가는 2,500이고 B의 확실성등가는 5,000이다.
다. B의 위험프리미엄은 0인 반면, 확실성등가는 5,000이다.

05

┃정답해설┃

생산요소간 대체탄력성은 무한대이다.

┃오답해설┃

① L과 K를 A배 증가시키면 생산량은 $\sqrt{A}$ 배 증가하므로 규모에 대한 수익체감이다.

③ $MRTS_{LK} = \dfrac{MP_L}{MP_K} = \dfrac{\dfrac{1}{2\sqrt{L+2K}} \times 1}{\dfrac{1}{2\sqrt{L+2K}} \times 2} = \dfrac{1}{2}$

④ $w=1$, $r=3$인 경우 $wL=1 < \dfrac{3}{2} = rK$이므로 노동만 사용하게 되며, 따라서 생산함수에 $K=0$을 대입하면 $Q=\sqrt{L}$, $L=Q^2$이다. 따라서 비용함수는 $TC(Q)=Q^2$이다.

⑤ $w=2$, $r=1$인 경우 $wL=2 < \dfrac{1}{2} = rK$이므로 자본만 사용하게 되며, 따라서 생산함수에 $L=0$을 대입하면 $Q=\sqrt{2K}$, $K=\dfrac{Q^2}{2}$이다. 따라서 비용함수는 $TC(Q)=\dfrac{Q^2}{2}$이다.

06

┃정답해설┃

$LAC = q^2 - 10q + 35$

$\dfrac{dLAC}{dq} = 2q - 10 = 0$, $\therefore$ $q=5$

$q=5$에서 LAC는 10이므로 장기균형가격은 10이다.

이제 이를 수요곡선에 대입하면 시장 전체의 수요량은 400이 되어, 시장 전체의 기업 수는 $\dfrac{400}{5} = 80$이다. 따라서 장기균형의 가격은 항상 10이다.

07

┃오답해설┃

라 독점적 경쟁시장의 장기균형은 LAC의 최저점의 왼쪽에서 성립한다.

08

┃ 정답해설 ┃

경우 1 : $10 = 20\left(1 - \dfrac{1}{e_P}\right)$, $\therefore e_P = 2$

경우 2 : $\epsilon_P = -\dfrac{dQ}{dP} \times \dfrac{P}{Q} = -(-2) \times \dfrac{10}{30} = \dfrac{2}{3}$

경우 3 : 가격에 관계없이 X재에 대한 지출액이 일정하다면 갑의 수요의 가격탄력성은 1이다.

따라서 $A > C > B$이다.

09

┃ 오답해설 ┃

가. 가격과 효용으로 구성된 함수는 보상수요함수이다.

다. 지출 극소화 방식으로 도출된 수요곡선은 보상수요함수이며 이는 반드시 우하향한다.

10

┃ 정답해설 ┃

기업 A의 행동원리

$\pi_A = (30 - q_A - q_B)q_A - q_A^2$

$\dfrac{d\pi_A}{dq_A} = 30 - 2q_A - q_B - 2q_A = 0$

$q_A = -\dfrac{q_B}{4} + \dfrac{30}{4}$

기업 B의 행동원리

$\pi_B = (30 - q_A - q_B)q_A - 5q_B$

$\dfrac{d\pi_B}{dq_B} = 30 - q_A - 2q_B - 5 = 0$

$q_B = -\dfrac{q_A}{2} + \dfrac{25}{2}$

두 식을 연립하면 $q_A = 5$, $q_B = 10$이다.

11

▎정답해설▎

- $a \neq 3$인 경우 (5, 3), (3, a) 중 하나가 내쉬균형이 되는데 만약 $a < 3$이라면 (5, 3)이 내쉬균형이고 $a > 3$이라면 (3, a)가 내쉬균형이 된다.
- $a = 3$인 경우는 (5, 3), (3, a) 두 개 모두가 내쉬균형이 되는데 문제에서 내쉬균형은 한 개만 존재한다고 하였으므로 $a \neq 3$이다.

12

답 ④

▎정답해설▎

- 소비자 1 : 더 이상 A점을 선택할 수 없으므로 다른 점 모두가 약공리에 반하지 않는다.
- 소비자 2 : 기존에 B점을 선택할 수 없었으므로 이를 선택하는 것은 약공리에 반하지 않는다.
- 소비자 3 : 기존에도 A점과 B점이 모두 선택가능했는데 변경후에도 마찬가지이다. 따라서 B를 선택하는 것은 약공리에 반한다.

13

답 ④

▎정답해설▎

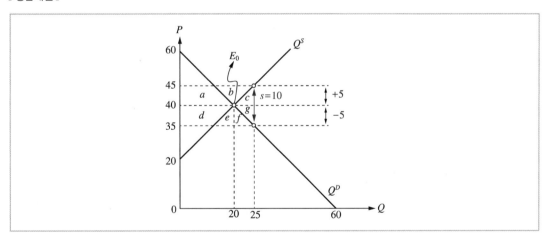

정부의 총보조금 지급액은 $(45-35) \times 25 = 250$이다.

▎오답해설▎

① · ② · ③ 생산보조금 지급으로 균형가격은 단위당 5만큼 하락하고 거래량은 5단위 증가한다. 또한 사회후생은 위 그림에서 $c+g$만큼 감소한다.

⑤ 생산자잉여는 $a+b$만큼 증가하므로 보조금은 모두 생산자에게 귀착되지 않는다.

14

▌정답해설▌

부존효과란 자신에게 들어온 것에 대해 집착을 가지고 애착을 갖는 경향을 말한다.

15

답 ③

▌오답해설▌

가. 공유자원은 소비의 경합성이 존재한다.
라. 막히지 않는 유료 도로는 경합성이 없으므로 공유자원이 아니다.

16

답 ②

▌정답해설▌

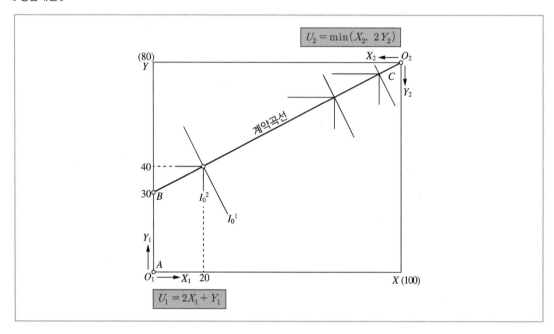

$x_1 = 20$, $y_1 = 40$만 계약곡선 위에 있고 나머지는 모두 계약곡선을 벗어난 곳에 존재한다.

17

┃정답해설┃

가. $W_A = 6 = P_X^A \times MP_L^{X_A} = P_X^A \times 6$, $\therefore P_X^A = 1$

나. $W_B = 6 = P_Y^B \times MP_L^{Y_B} = P_Y^B \times 2$, $\therefore P_Y^B = \dfrac{1}{2}$, $P_Y^A = 1$

다. $W_A = 6 = P_X^A \times MP_L^{Y_A} = P_Y^A \times 4$, $\therefore P_Y^A = \dfrac{3}{2} > P_Y^B = 1$

라. A국의 상대가격이 B국보다 낮으므로 A국은 X재에 비교우위가 있으므로 X재를 수출하고 Y재를 수입한다.

18

┃정답해설┃

부가가치 : $100 - 80 = 20$

관세부과후 부가가치 : $100(1 + 0.1) - 80 = 30$

실효보호관세율 : $\dfrac{30 - 20}{20} = 50\%$

19

┃정답해설┃

대국의 사회적 후생 증가 조건은 $e > b + d$이다.

┃오답해설┃

① 소비자잉여의 감소는 $-a - b - c - d$이다.

③ c는 관세수입 중 국내의 소비자 가격이 상승한 부분이며 이것이 소비자에게 전가되는 부분이다.

20

┃정답해설┃

요소가격 균등화 정리에 의해 양국의 w와 r은 일치한다.

┃오답해설┃

⑤ A국의 X재 가격 상승을 가정한다면 요소집약도가 상승할 것이므로 자본 소유자의 실질소득은 감소한다.

21

▌정답해설▌

$R = R^f$

$0.1 = 0.05 + \dfrac{E^e - E}{E}$, ∴ $\dfrac{E^e - E}{E} = 0.05$

따라서 현재 환율은 1,050원/달러이다.

22

▌정답해설▌

가. 자국의 소득증가는 실질화폐수요 곡선을 하방으로 이동시키며 또한 국내 이자율의 상승으로 수직선을 우측으로 이동시킨다. 따라서 자국화폐가치는 상승한다.

나. 예상미래환율의 하락은 외국예금기대수익률 곡선을 하방이동시키므로 자국화폐가치는 상승한다.

다. 외국예금이자율의 하락은 외국예금기대수익률 곡선을 하방이동시키므로 자국화폐가치는 상승한다.

23

▌정답해설▌

$R - \pi = R^f - \pi^f$, ∴ $0.07 - A = B - 0.03$

$R = R^f + \dfrac{F - E}{E}$, ∴ $0.05 = B + \dfrac{C - 100}{100}$

따라서 이 두 식을 만족하는 것은 ②이다.

24

▌정답해설▌

$Y - C - G - T = NX$

$Y - (C + G) - I = NX$

$1,000 - 700 - I = 100$

∴ $I = 200$

$(Y - C - T) + (T - G) - I = NX$

$200 + (T + G) - 200 = 100$

∴ $(T - G) = 100$

25

▮ 정답해설 ▮

각 소비자들의 1기 소비함수를 구하면 다음과 같다.

$$C_1^A + \frac{C_2^A}{1+r} = 1, \quad \therefore \ C_1^A = \frac{1}{2}$$

$$C_1^B + \frac{C_2^B}{1+r} = \frac{1.5}{1+r}, \quad \therefore \ C_1^B = \frac{3}{4(1+r)}$$

$C_1^A + C_1^B = 1$이므로, $\dfrac{1}{2} + \dfrac{3}{4(1+r)} = 1, \quad \therefore \ r = 0.5$

26

▮ 정답해설 ▮

자국 : $\dfrac{\dot{M}}{M} = \dfrac{\dot{k}}{k} + \dfrac{\dot{P}}{P} + \dfrac{\dot{Y}}{Y}$

외국 : $\dfrac{\dot{M^*}}{M^*} = \dfrac{\dot{k^*}}{k^*} + \dfrac{\dot{P^*}}{P^*} + \dfrac{\dot{Y^*}}{Y^*}$

$$\left(\frac{\dot{M}}{M} - \frac{\dot{M^*}}{M^*}\right) = \left(\frac{\dot{k}}{k} - \frac{\dot{k^*}}{k^*}\right) + \left(\frac{\dot{P}}{P} - \frac{\dot{P^*}}{P^*}\right) + \left(\frac{\dot{Y}}{Y} - \frac{\dot{Y^*}}{Y^*}\right)$$

$$0.07 = \left(\frac{\dot{k}}{k} - \frac{\dot{k^*}}{k^*}\right) + \left(\frac{\dot{P}}{P} - \frac{\dot{P^*}}{P^*}\right) + 0.02$$

$\dfrac{\dot{k}}{k} = \dfrac{\dot{k^*}}{k^*}$ 이므로 $\dfrac{\dot{P}}{P} - \dfrac{\dot{P^*}}{P^*} = 0.05$이다. 따라서, $\dfrac{\dot{P}}{P} - \dfrac{\dot{P^*}}{P^*} = \dfrac{\dot{E}}{E} = 0.05$이다.

27

▮ 정답해설 ▮

노동 공급이 감소하면 생산량이 감소하는데 이는 저축곡선과 투자곡선을 모두 왼쪽으로 이동시킨다. 따라서 실질이자율은 어느 곡선의 이동폭이 더 크냐에 따라 달라진다.

28

▮ 정답해설 ▮

$sE = 0.016 \times E = f \times 50 = 4, \quad \therefore \ E = 250$만명, $f = 0.08$

$\dfrac{s}{s+f} = \dfrac{0.016}{0.016 + 0.08} = 16.67\%$

29

▌정답해설▌

$5-4=-\dfrac{1}{50}(Y-500), \quad \therefore \ Y=450$

$IS : 450=170+0.5(450-60)+100-10i+G$

$LM : \dfrac{300}{2}=450-40i$

따라서 실업률을 5%로 유지하고자 할 때의 정부지출은 60이다.

30

▌정답해설▌

한계생산성이 체감하므로 1인당 자본과 1인당 생산의 증가율은 다르다.

▌오답해설▌

② $MP_K=\dfrac{1}{2\sqrt{k}}=0.15+0.05=0.2, \quad \therefore \ y=\sqrt{k}=2.5$

④ 현재의 저축률이 더 높은 상태이므로 황금률로 이동하는 과정에서 저축률이 낮아져야 한다. 따라서 1인당 자본량이 감소하게 되므로 황금률에 도달하기 까지 1인당 자본의 증가율은 음수가 된다.

31

▌정답해설▌

$k=\dfrac{80}{100}=0.8$

$z=\dfrac{10}{100}=0.1$

$\dfrac{k+1}{k+z}=\dfrac{0.8+1}{0.8+0.1}=\dfrac{1.8}{0.9}=2$

32

▌정답해설▌

$Y=a+0.75(Y-c-0.2Y)+b+0.15Y+G$
$\quad =a+0.75(Y-0.2Y)+0.15Y+K$

이를 정리하여 미분하면 다음과 같다.

$0.25dY=da+dK$

따라서 자율적 소비 승수는 $\dfrac{1}{0.25}=4$이다.

33

┃ 정답해설 ┃

$MP_K = \alpha \times \dfrac{1}{4} = 0.1, \quad \therefore \ \alpha = 0.4$

$\dot{Y} = \dot{A} + 0.4 \times \dot{K} + 0.6 \times \dot{L}$

$0.03 = \dot{A} + 0.4 \times 0.04 + 0.6 \times (-0.01) = \dot{A} + 0.012 - 0.006 = \dot{A} + 0.006$

따라서 총요소생산성변화율은 2.4%이다.

34

┃ 정답해설 ┃

생산가능인구=경제활동인구+비경제활동인구

경제활동인구=취업자+실업자

t기의 경제활동인구가 600만명이므로 취업자는 600만명−24만명=576만명이다.

$t+1$기의 경제활동인구는 700만명이므로 취업자는 700만명−35만명=665만명이다.

따라서 취업자 수는 665만명−576만명=89만명 증가하였다.

35

┃ 정답해설 ┃

연도별 갑국과 을국의 GDP 디플레이터를 구하면 다음과 같다.

구 분	갑국 GDP 디플레이터	을국 GDP 디플레이터
2010년	$\dfrac{4.0조}{2.0조} = 2$	$\dfrac{1.0조}{1.5조} = \dfrac{2}{3}$
2015년	1	1
2020년	$\dfrac{8.0조}{7.0조} = \dfrac{8}{7}$	$\dfrac{5.0조}{3.5조} = \dfrac{10}{7}$

GDP 디플레이터는 물가지수를 과소평가하므로 GDP 디플레이터가 상승하였다면 물가는 반드시 상승한다.

36

┃ 정답해설 ┃

$\pi_t = 0.03 - 0.5(u_t - 0.05)$

$LF = 50(\pi_L)^2 + (0.05 - 2(\pi_L - 0.03) - 0.05)$

$\dfrac{dL}{d\pi_L} = 100\pi_L - 2 = 0, \quad \therefore \ \pi_L = 0.02$

공인회계사 1차 2022년 제57회

37

▌정답해설▌

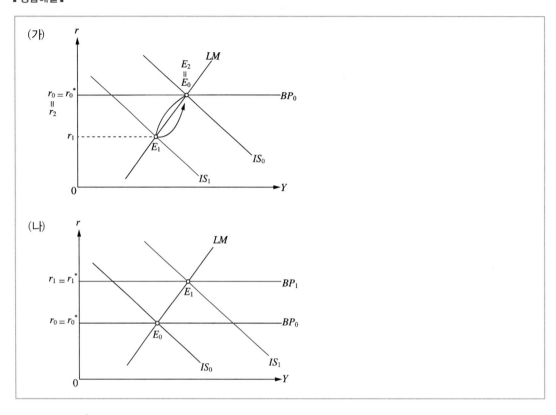

38

▌정답해설▌

(가)의 경우 재정지출을 늘리면 IS가 우측이동하지만 LM이 수직이어서 총수요가 증가하지 않는다.

▌오답해설▌

① (가)의 경우 화폐수요는 이자율에 의존하지 않으므로 수요의 이자율탄력성이 0이다.
② (나)의 경우 화폐수요는 소득에 의존하지 않으므로 수요의 소득탄력성이 0이다.
③ (가)의 경우 균형이 Y에 의해서만 결정되므로 LM곡선은 수직선의 형태를 갖는다.
④ (나)의 경우 통화량을 늘리면 화폐시장의 균형을 위해서 LM곡선이 하방으로 이동해야 하며 이에 따라 경제의 총수요는 증가하게 된다.

▌정답해설▐

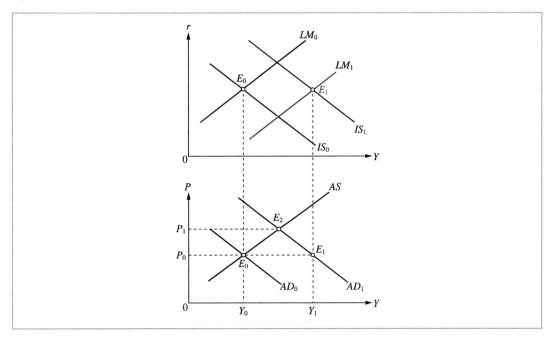

중앙은행이 국채를 전량 매입하였다고 하였으므로 이 과정에서 본원통화가 증가하고 이에 따라 통화량도 증가하여 LM곡선도 우측으로 이동한다.

40

답 ②

▌정답해설▐

나. T시점 후의 통화상승률은 7%이므로 $\dfrac{\dot{M}}{M}+\dfrac{\dot{V}}{V}=\dfrac{\dot{P}}{P}+\dfrac{\dot{Y}}{Y}$, ∴ $0.07+0=\dfrac{\dot{P}}{P}+0.02$

따라서 T시점 후의 인플레이션은 5%이므로 명목이자율은 3%+5%=8%이다.

▌오답해설▐

가. $\dfrac{\dot{M}}{M}+\dfrac{\dot{V}}{V}=\dfrac{\dot{P}}{P}+\dfrac{\dot{Y}}{Y}$, ∴ $0.05+0=\dfrac{\dot{P}}{P}+0.02$

따라서 T시점 전의 인플레이션은 3%이며, 이때의 명목이자율은 3%+3%=6%이다.

다. 따라서 T시점 후의 기대인플레이션은 T시점 전에 비해 2%포인트 높다.

01	02	03	04	05	06	07	08	09	10	11	12	13	14	15	16	17	18	19	20
④	②	②	⑤	④	⑤	③	①	③	①	①	⑤	⑤	③	②	②	④	①	⑤	⑤
21	22	23	24	25	26	27	28	29	30	31	32	33	34	35	36	37	38	39	40
②	④	정답 없음	②	①	④	①	③	②	④	③	④	③	③	④	①	⑤	⑤	①	③

01

답 ④

▌정답해설▌

외환보유고는 일정시점을 기준으로 측정하는 저량변수이다.

02

답 ②

▌정답해설▌

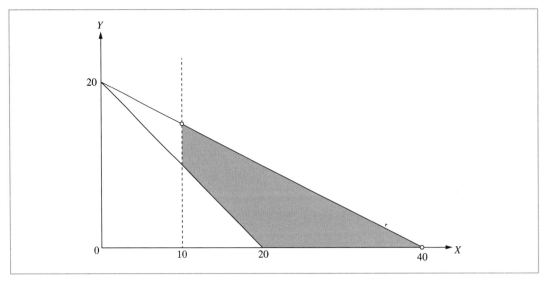

03

답 ②

┃정답해설┃

나. X재만 소비한다면 $P_X X = M$이므로 효용의 변화율과 M의 변화율이 같다. Y재만 소비하는 경우도 이와 같다.

┃오답해설┃

가·다. 예산선이 1보다 가파르다면 X재의 가격이 하락하더라도 선택점은 변하지 않는다.

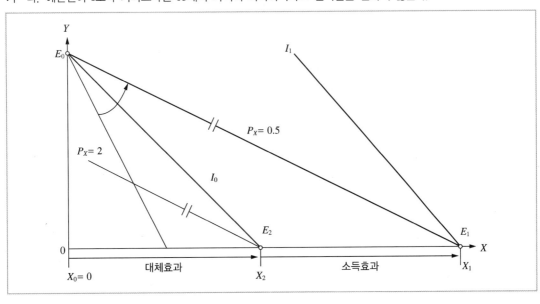

04

┃정답해설┃

$P_X > 1$의 영역에서 모든 소비는 X재에 사용되므로 지출이 극대화되는 영역이 여러 개 존재한다.

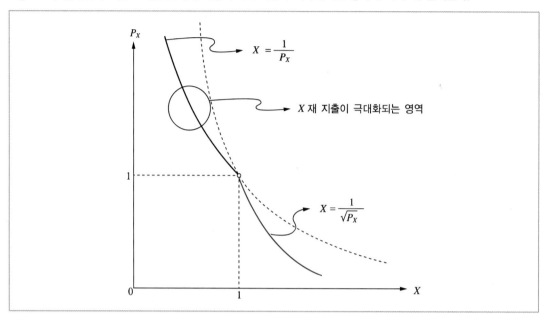

┃오답해설┃

② $MRS_{XY} = \dfrac{1}{X^2}$ 이므로 한계대체율은 X값에 따라 달라진다.

③ $Y = 1 - \sqrt{P_X}$ 이므로 $P_X > 1$이면 $Y = 0$이어서 이 소비자는 X재만 소비하게 되어 $X = \dfrac{1}{P_X}$ 의 식이 도출되며,

$P_X < 1$이면 $X = \dfrac{1}{\sqrt{P_X}}$ 의 식이 도출되어 수평이 되지 않는다.

05

┃정답해설┃

$$MRS_{XY} = \dfrac{\dfrac{1}{2} X^{-0.5} Y^{0.5}}{\dfrac{1}{2} X^{0.5} Y^{-0.5}} = \dfrac{Y}{X} = \dfrac{P_X}{P_Y}, \quad \therefore \ P_X X = P_Y Y$$

$$X = \dfrac{M}{2P_X}, \quad Y = \dfrac{M}{2P_Y}, \quad \therefore \ V = \sqrt{\dfrac{M}{2P_X} \times \dfrac{M}{2P_Y}} = \dfrac{M}{2} \times \dfrac{1}{\sqrt{P_X P_Y}}$$

$$\dfrac{20}{2} \times \dfrac{1}{\sqrt{1 \times 1}} = \dfrac{20 + CV}{2} \times \dfrac{1}{\sqrt{2 \times 8}}, \quad \therefore \ CV = 60$$

06

▍정답해설▍

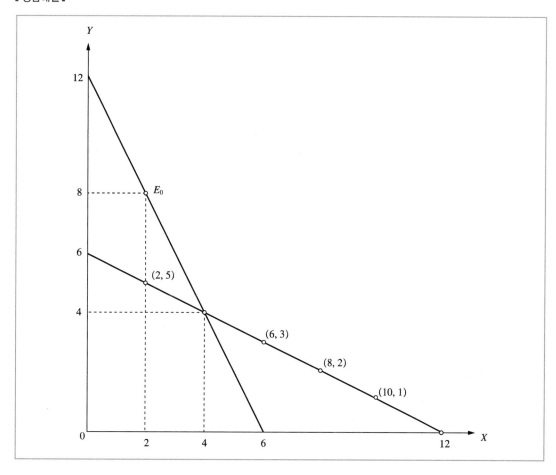

07

답 ③

▍정답해설▍

보험가입 전 기대효용 : $\frac{1}{2} \times \sqrt{100} + \frac{1}{2} \times \sqrt{49} = 8.5$

보험가입 후 기대효용 : $\frac{1}{2} \times \sqrt{100-19} + \frac{1}{2} \times \sqrt{100-19-51+a \times 51}$

보험가입 전과 가입 후의 기대효용이 일치해야 하므로 $a = \frac{2}{3}$ 이다.

08

▌정답해설▌

가. 갑과 을이 모두 1을 선택하면 각각 1의 상금을 받게 된다. 그런데 갑과 을 중 한 명이 1이 아닌 다른 숫자를 선택하면 받게 되는 상금이 0이 되므로 이들을 선택하지는 않는다. 따라서 내쉬균형이다.

나. 갑과 을이 모두 2를 선택하면 각각 2의 상금을 받게 된다. 그런데 갑과 을 중 한 명이 3을 선택하면 각각 0의 상금을 받게 되므로 3을 선택하지는 않는다. 또한 갑과 을 중 한 명이 1을 선택하면 기존과 같은 2의 상금을 받게 되므로 역시 1을 선택하지는 않는다. 따라서 내쉬균형이다.

▌오답해설▌

다. 갑과 을이 모두 3을 선택한 상황에서 갑과 을 중 한명이 2를 선택하면 4의 상금을 받게 되므로 선택을 변경하게 된다. 따라서 내쉬균형이 아니다.

라. 갑이 1, 을이 2를 선택한 상황이라면 을이 받게 되는 상금은 0이다. 따라서 을은 상대방보다 낮은 숫자를 선택해야 하므로 내쉬균형이 아니다.

▌정답해설▌

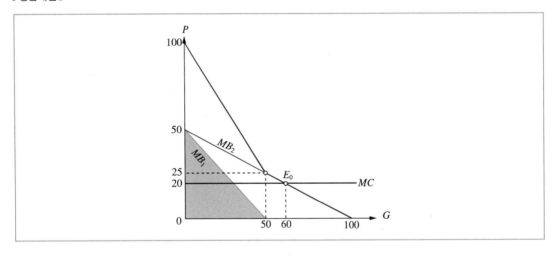

10

❚정답해설❚

①은 보험가입전의 정보비대칭을 해소하기 위한 조치인 반면 나머지는 보험가입 이후의 도덕적 해이를 해소하기 위한 조치이다.

11

❚정답해설❚

사전편찬식 선호를 갖는 경우에는 어떠한 경우라도 x_1을 선택해야 효용을 극대화할 수 있다.

12

❚정답해설❚

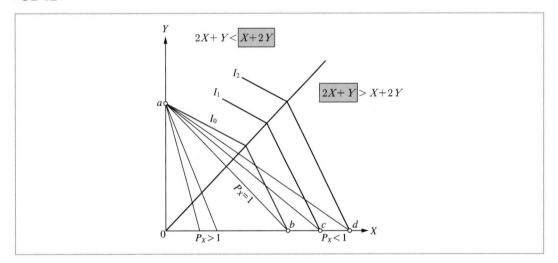

다. $P_X < 1$인 경우는 X재만 소비하므로 가격탄력성은 1이다.

라. $P_X > 1$인 경우는 X재를 전혀 소비하지 않으므로 완전 비탄력적이다.

❚오답해설❚

가. $P_X = 1$인 경우는 a 또는 b를 선택하므로 효용극대점이 유일한 것은 아니다.

나. 모든 경우에서 X재 혹은 Y재만을 선택하므로 두 재화의 소비량이 같은 효용극대점은 존재하지 않는다.

13

┃정답해설┃

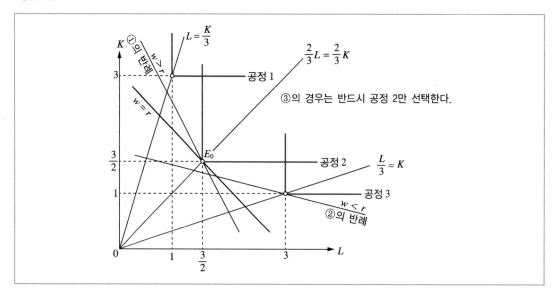

한계비용이 상수이므로 생산량이 X배 증가하면 요소투입량도 X배 증가한다. 따라서 이 기업의 비용함수는 선형의 형태를 가진다.

┃오답해설┃

④ 주어진 생산함수는 모두 규모수익불변의 함수이다.

14

┃정답해설┃

비용함수를 구하면 $TC = 2Y$이므로 한계비용은 2이다.

15

┃정답해설┃

논란의 여지가 많아 해설을 생략함

16

▮정답해설▮

$MR_A = 30 - 2y_A = 40 - 4(10 - y_A) = 40 - 4y_B = MR_B$

$\therefore\ y_A = 5$

17

▮정답해설▮

기업 A : $15 - 2y_A - y_B - MC_A = 0$

기업 B : $15 - 2y_B - y_A - MC_B = 0$

문제에서 $MC_A = 1$, $MC_B = 2$라고 하였으므로 이를 대입한 후 합하면,

$30 - 2(y_A + y_B) - (y_A + y_B) - 3 = 0$이므로 $y_A + y_B = 9$가 계산된다. 이를 문제에서 주어진 수요곡선식에 대입하면 p는 6으로 계산된다.

18

▮정답해설▮

일반적인 경쟁균형에서는 두 소비자의 한계대체율이 일치한다. 따라서 소비자 1의 한계대체율 $\dfrac{2}{3}$과 소비자 2의 한계대체율은 같다.

19

▮정답해설▮

나. $W = P_M \times \dfrac{2}{\sqrt{L_M}}$, $1 = 2 \times \dfrac{2}{\sqrt{L_M}}$, $\therefore\ L_M = 16$

다. $\dfrac{2}{\sqrt{L_M}} = \dfrac{1}{\sqrt{L_S}}$, $L_M + L_S = 50$, $\therefore\ L_S = 10$, $L_M = 40$

▮오답해설▮

가. $L_M = L_S = A$, $P_M \times \dfrac{2}{\sqrt{A}} = P_S \times \dfrac{1}{\sqrt{A}}$, $2P_M = P_S$

$\dfrac{W}{P_M} = \dfrac{2W}{P_S}$ 이므로 W/P_S는 W/P_M의 $\dfrac{1}{2}$ 배이다.

20

▌정답해설▐

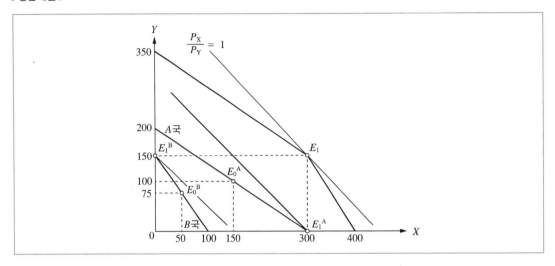

▌오답해설▐

① A국의 단위노동필요량이 모든 산업에서 작기 때문에 모든 산업에서 절대우위를 갖는다.

③ 교역이 이루어지면 A국의 X재 생산량은 150에서 300으로 두 배 증가한다.

④ 교역이 이루어지면 X재 생산량 합계는 200단위에서 300단위로 100단위 증가한다.

21

▌오답해설▐

가. 생산기술 차이에 따른 국가 간 교역 발생을 설명하는 이론은 리카도 무역이론이다.

다. 자본이 풍부한 국가라면 완전한 자유무역이 이루어질 때 자본집약재의 생산량이 증가하여 자본집약도가 하락하게 된다.

22

▌오답해설▐

라. 수출국이 수출보조금을 도입하는 경우 수출국이 대국이든 소국이든 상관없이 모두 수출국의 후생은 감소한다.

23

 정답 없음

┃정답해설┃

가. IS곡선은 폐쇄경제였을 때에 비해 개방경제였을 때 더 가파른 기울기를 갖는다.

나. 개방경제의 경우 실질환율이 상승하여 IS곡선이 우측이동하므로 더 완만한 AD곡선이 나타난다.

다. IS곡선의 이동폭에 따라 AD곡선의 기울기가 다르게 나타나므로 기울기를 확정할 수 없다.

24

 ②

┃정답해설┃

가·다. 고전학파에서는 모든 변수가 신축적이며, 고전적 이분법이 성립하여 명목 변수와 실질변수가 분리되어 있다.

┃오답해설┃

나. 총공급곡선이 수평인 것은 케인즈학파의 견해이다.

라. 고전학파에서는 재정정책이 실시될 경우 구축효과로 인해 총생산에 아무런 영향을 미치지 않는다.

25

 ①

┃정답해설┃

가. 새고전학파인 루카스의 견해이다.

나. 통화주의학파는 디플레이션을 해결하기 위해서는 통화량을 늘리고 준칙을 중시해야 한다고 하였다.

다. 유효수요부족을 해결하기 위해 재정정책을 펼쳐야 한다는 것은 케인즈학파의 견해이다.

26

답 ④

┃정답해설┃

실업률을 구하기 위해 주어진 식을 정리하여 L_{t+1}로 나누면,

$$\frac{U_{t+1}}{L_{t+1}} = (1-e-b)\frac{U_t}{L_t} \times \frac{L_t}{L_{t+1}} + b\frac{L_t}{L_{t+1}} \text{ 이다.}$$

여기서 $\dfrac{U_{t+1}}{L_{t+1}} = \dfrac{U_t}{L_t} = u$이고, $\dfrac{L_{t+1}}{L_t} = 1+n$이므로 $u = (1-e-b)u \times \dfrac{1}{1+n} + b\dfrac{1}{1+n}$ 이다.

따라서 이를 정리하면, $u = \dfrac{b}{n+e+b}$ 이다.

27

▌정답해설▌

$$\frac{P_1^X X_1 + P_1^Y Y_1}{P_0^X X_1 + P_0^Y Y_1} = \frac{P_1^X \dfrac{M_1^X}{P_1^X} + P_1^Y \dfrac{M_1^Y}{P_1^Y}}{P_0^X \dfrac{M_1^X}{P_1^X} + P_0^Y \dfrac{M_1^Y}{P_1^Y}} = \frac{M_1^X + M_1^Y}{P_0^X \dfrac{M_1^X}{P_1^X} + P_0^Y \dfrac{M_1^Y}{P_1^Y}}$$

28

▌정답해설▌

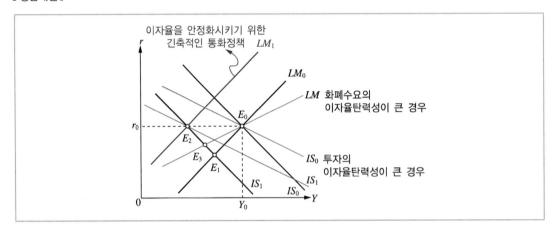

가. 이자율을 유지시키려면 LM곡선을 왼쪽으로 이동시켜야 하므로 경제의 균형이 E_2점에서 달성되나 통화량을 유지시키려면 균형이 E_1에서 달성되므로 더 효과적이다.

나. 화폐수요의 이자율 탄력성이 높으면 동일한 소득이 변화할 때 이자율을 조금만 변화시켜도 균형을 만들 수 있으므로 LM곡선의 기울기가 완만해진다. 하지만 통화량 목표제의 경우 E_3에서 Y가 더 많이 감소하므로 경기안정 효과가 작다.

29

┃정답해설┃

$$MRS_{C_1C_2} = \frac{MU_{C_1}}{MU_{C_2}} = \frac{\frac{1}{2} \times \frac{1}{\sqrt{C_1}}}{\frac{1}{2} \times \frac{1}{1+r} \times \frac{1}{\sqrt{C_2}}} = (1+r)\sqrt{\frac{C_2}{C_1}} = 1+r$$

소비자는 1기와 2기의 소비가 같은 점에서 소비하므로 $(1-r)y = (1+r)ry$, $\therefore r = \frac{1}{2+r}$

30

┃정답해설┃

확장적 재정정책에 따른 구축효과는 BP_1인 경우보다 BP_2인 경우에 더 작다.

┃오답해설┃

① 소득이 증가하면 수입량이 증가로 경상수지가 악화되므로 r이 상승하여 자본수지가 개선되어야 BP가 0이 된다. 자본의 이동성이 자유롭다면 작은 r의 상승으로도 충분히 개선이 가능하므로 BP곡선의 기울기가 완만하다.

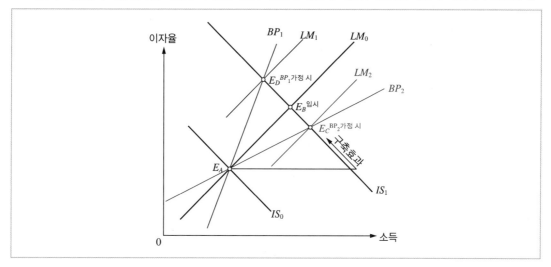

②·③ 확장적 재정정책시 경제의 균형은 E_B점이다. BP_1을 기준으로 해당 균형은 BP_1곡선의 우측에 위치하므로 국제수지 적자이다. 외환의 초과수요가 나타나므로 이자율의 상승 압박이 발생한다. 고정환율제도이므로 태화정책을 통해 이를 해소해야 하는데 이자율을 하락시키는 방향으로 외환을 매각하며, 이 과정에서 통화량의 감소 E_C가 나타나므로 LM곡선은 좌측으로 이동하고 E_D점으로 이동한다. 반대로 BP_2인 경우에는 점이 달성된다. 따라서 모두 이자율이 상승한다. 그리고 BP_2를 가정할 때의 소득이 더 많다.

31

┃정답해설┃

(가)영역에서는 $\frac{1}{E} \times \frac{X}{X^f} < 0$인데 $\frac{1}{E}$은 가격변화로 즉시 변화한다. 하지만 $\frac{X}{X^f}$는 물량의 변화를 의미하는데 단기적

으로 이미 수개월 뒤까지 계약이 체결되어 있으므로 물량이 변화할 수 없다. (나)영역에서는 $\frac{X}{X^f}$도 변화할 수 있으며

$\frac{1}{E}$이 하락하는 것보다 더 큰 상승이 나타나서 경상수지가 개선된다. 따라서 장단기 모두 가격은 하락하지만 단기의

수출물량은 불변이고 장기의 수출물량은 증가한다.

32

┃정답해설┃

외국에서 1년 미만 단기로 일하는 우리나라 근로자가 근로소득으로 받은 것은 본원소득수지이며, 이는 경상수지 흑자가
발생하는 것과 같은 효과를 가져온다.

┃오답해설┃

①, ② 금융계정의 변화이다.
③ 자본수지 항목이다.
⑤ 경상수지 적자의 원인이다.

33

┃정답해설┃

(가) 1,170만원이다.

(나) $\frac{1}{1+0.06} = 0.94$이므로, $0.94 \times 1,200 = 1,128$이다. 그리고 이는 6개월 뒤에 $1,128 \times (1+0.05) = 1,184$가 된다.

(다) 1,150만원이다.

34

┃정답해설┃

PPP에 근거한 환율은 A국이 $\frac{30}{4} = 7.5$, B국이 $\frac{200}{4} = 50$, C국이 $\frac{100}{4} = 25$이다. 따라서 PPP에 근거한 환율대비

현재 환율이 높은 순서대로 나열하면 $B - C - A$이다.

35

▌정답해설▌

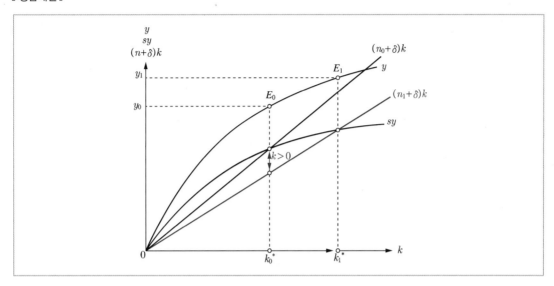

1인당 소비는 $(1-s)y$이므로 1인당 생산 대비 1인당 소비의 크기는 항상 $\frac{(1-s)y}{y}=1-s$로 항상 일치한다.

▌오답해설▌

① · ② 1인당 자본은 증가하며, 1인당 생산은 증가한다.
③ y와 sy의 거리는 우측으로 갈수록 점점 멀어지므로 1인당 소비는 증가하였다.
⑤ 1인당 생산대비 1인당 자본비율은 증가한다.

36

▌정답해설▌

명목환율은 상승한다.

▌오답해설▌

명목이자율은 하락하며, 소득은 감소한다. 따라서 소비량도 감소한다. IS곡선이 좌측으로 이동하므로 이자율이 하락하여 투자가 증가한다.

37

▍정답해설▍

IS곡선을 왼쪽으로 이동시키기 위해서는 재정지출을 축소하거나 세금을 인상해야 하며, LM곡선을 왼쪽으로 이동시키기 위해서는 국공채를 매각하여 화폐공급을 줄여야 한다.

38

▍정답해설▍

화폐시장에서 실질화폐잔고 수요곡선은 소득의 감소로 인해 좌측 이동한다.

▍오답해설▍

① 대부자금시장에서 저축곡선은 소비의 감소로 인해 우측 이동한다.
② $IS-LM$에서 IS곡선은 총지출의 감소로 인해 하향 이동한다.
③ $AS-AD$에서 AS곡선은 이동하지 않는다.
④ 화폐시장에서 실질화폐잔고 공급곡선은 물가의 하락으로 인해 우측 이동한다.

39

▍정답해설▍

$\Delta u = (u - 0.05) = 2(\pi^e - \pi) = \Delta \pi$이므로 단기에는 실업률이 2%포인트 증가한다. 하지만 장기에는 $\pi^e = \pi$이므로 자연실업률로 회귀하여 불변이다.

40

▍정답해설▍

$AD-AS$곡선의 A점은 실질 GDP가 잠재 GDP수준이므로 실업률이 자연실업률 수준과 일치한다. 그러므로 A점에 대응되는 필립스곡선 상의 점은 F점, I점 혹은 L점이 될 수 있다. AS곡선이 오른쪽으로 이동하고 AD곡선이 왼쪽으로 이동하여 경제의 균형점이 B점으로 이동하면 실제 GDP가 잠재 GDP를 초과하고 물가수준이 그 이전보다 낮아진다. 이는 실업률이 자연실업률보다 낮아지고 인플레이션율도 그 이전보다 낮아졌음을 의미한다. 그러므로 A점에서 B점으로 이동은 필립스 곡선상의 F점에서 H점으로의 이동, F점에서 K점으로의 이동 혹은 I점에서 K점으로의 이동에 대응될 수 있다.

한편, 총수요가 감소하여 B에서 C점으로 이동하면 물가수준이 추가적으로 하락하고 실제 GDP가 잠재 GDP로 복귀하게 되는데, 이는 인플레이션율이 더 하락하고 실제실업률이 자연실업률 수준으로 상승함으로 의미한다. 이는 필립스곡선 상의 H점에서 I점 혹은 K점에서 L점으로의 이동에 대응된다. 그러므로 $AD-AS$ 모형에서 균형이 $A \rightarrow B \rightarrow C$로 이동하는 것은 필립스 곡선에서 $F \rightarrow H \rightarrow I$, $F \rightarrow K \rightarrow L$, $I \rightarrow K \rightarrow L$의 이동으로 나타난다.

✓ 문제편 089p

01	02	03	04	05	06	07	08	09	10	11	12	13	14	15	16	17	18	19	20
⑤	⑤	④	①	④	②	③	④	①	③	③	③	①	③	④	②	②	①	④	②
21	22	23	24	25	26	27	28	29	30	31	32	33	34	35	36	37	38	39	40
⑤	④	⑤	②	①	①	②	⑤	②	①	②	⑤	①	⑤	③	③	②	③	④	①

01
답 ⑤

정답해설

정보의 비대칭성으로 인해 바람직하지 않은 상품들이 거래되는 현상을 역선택이라고 한다.

02
답 ⑤

오답해설

가. X재와 Y재 모두 소비가 증가하였으므로 정상재이다.

나. X재의 소득탄력성이 1보다 작으므로 X재는 필수재이며, Y재는 소득탄력성이 1보다 크므로 사치재이다.

03
답 ④

정답해설

$0.6 \times 1\% + (-0.5) \times (-1\%) = 1.1\%$

오답해설

①·③ 소득의 증가에 따라 소비량이 감소

②·⑤ Y재의 가격 상승, Z재의 가격 하락

04

답 ①

┃정답해설┃

가. 주어진 생산함수가 1차 생산함수이므로 규모수익불변이다.

나. $TC = wL + rK,\ rk = wL,\ \therefore\ TC = 2wL$

┃오답해설┃

다. $\dfrac{K}{L} = \dfrac{w}{r},\ \therefore\ K = \dfrac{w}{r}L$

라. $L = \sqrt{\dfrac{r}{w}}\,Q = \sqrt{\dfrac{100}{1}} \times 50 = 500,\ K = \sqrt{\dfrac{w}{r}}\,Q = \sqrt{\dfrac{1}{100}} \times 50 = 5$

05

답 ④

┃정답해설┃

기존의 편익/비용 비율이 1인 상황에서 사회적 할인율을 변경하면 편익/비용 비율은 1보다 커진다.

┃오답해설┃

② 할인 후 편익과 비용의 총합 모두 증가하였다.

⑤ 내부수익률은 사회적 할인율과 무관하게 결정되는 것이다.

06

답 ②

┃정답해설┃

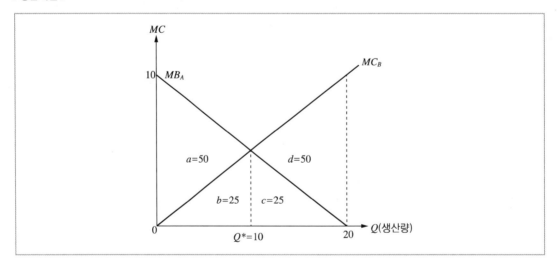

협상비용의 최대치는 a의 면적인 50이다.

07

┃정답해설┃

가. 대체효과는 여가를 감소시키고, 소득효과는 여가를 증가시킨다. 대체효과가 더 크면 여가가 감소하고 노동공급은 증가한다. 소득효과가 더 크면 여가가 증가하고 노동공급은 감소한다.

다. 대체효과는 여가를 증가시키고 소득효과도 여가를 증가시키므로 노동공급은 감소한다.

┃오답해설┃

나. 예산선의 기울기가 불변이므로 대체효과는 0이고 소득효과는 여가를 증가시킨다. 따라서 노동공급이 감소한다.

08

┃정답해설┃

기대출근소요시간을 T_e라 놓으면 $T_e = \dfrac{1}{S} + \pi \times 16$

$\dfrac{dT_e}{dS} = -\dfrac{1}{S^2} + 16 = 0, \quad \therefore S = \dfrac{1}{4}$

09

┃정답해설┃

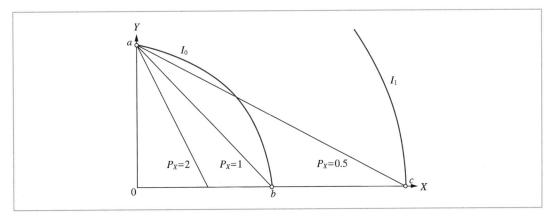

$P_X < 1$인 경우 X만 소비하게 되어 수요함수가 $X = \dfrac{m}{P_X}$이다. 따라서 단위탄력적이나.

②·④ $P_X = 1$이면 a 또는 b에서 소비한다.

③ $P_X = 2$이면, E_0에서 소비하여 $X = 0$이고, $P_X = 0.5$이면 대체효과로 인해 E_2점이 선택되어 대체효과로 인한 소비량의 변화는 m이 된다.

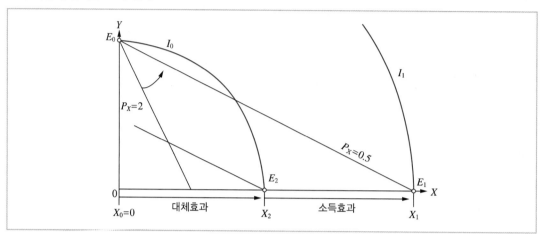

10

▌정답해설▐

(1) 수요가 많은 소비자만 고객으로 받는 경우

$$P = MC = 2, \ \frac{1}{2} \times 8 \times 8 = 32$$

(2) 2명 모두를 고객으로 받는 경우

$$\pi = \frac{1}{2} \times (10 - p) \times (5 - \frac{p}{2}) \times 2 + (p - 2) \times (5 - \frac{p}{2}) + (p - 2) \times (10 - p)$$

$$= 20 + 8p - p^2$$

$$\frac{d\pi}{dp} = 8 - 2p = 0, \quad \therefore \ p = 4$$

$p = 4$를 $20 + 8p - p^2$에 대입하면 이때의 이윤은 36이고 이것이 극대화된 이윤이다.

11

답 ③

┃정답해설┃

$T3$의 과세 방안을 채택할 경우 MR이 하방으로 이동하여 생산량이 감소한다.

┃오답해설┃

② $T2$의 과세 방안을 채택할 경우 MC가 상승하여 생산량이 감소한다.

⑤ $T2$와 $T3$의 경우 생산량이 감소하고 소비자 가격이 상승하여 조세의 전가가 나타난다.

12

답 ③

┃정답해설┃

$$EU_0 = \frac{3}{5} \times \sqrt{100} + \frac{2}{5} \times \sqrt{100 - 75} = 8$$

$$EU_1 = \frac{2}{3} \times \sqrt{100} + \frac{1}{3} \times \sqrt{100 - K} = \frac{2}{3} \times 10 + \frac{1}{3} \times \sqrt{100 - K} = 8$$

$$\therefore \ \sqrt{100 - K} = 4$$

$$\therefore \ K = 84$$

13

답 ①

┃정답해설┃

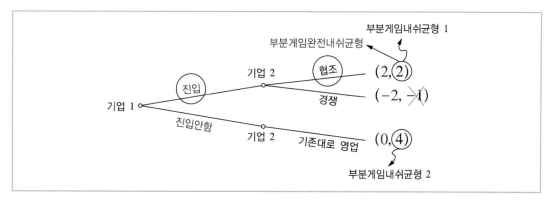

부분게임은 (진입, 협조), (진입안함, 기존영업)의 2개의 균형이 존재한다.

┃오답해설┃

② 역진귀납에 의해 얻는 전략조합은 (진입, 협조)의 1개만 존재한다.

③ 기업 1이 진입하면 2를 포기하고 −1을 선택하는 것이므로 공허한 위협에 해당한다.

14

┃정답해설┃

(1) 추종자

$$\pi_2 = (84 - y_1 - y_2)y_2 - TC_2$$

$$\frac{d\pi_2}{dy_2} = 84 - y_1 - 2y_2 - MC_2(=0)$$

$$\therefore \ y_2 = 42 - \frac{y_1}{2}$$

(2) 선도자

$$\pi_1 = [(84 - y_1 - (42 - \frac{y_1}{2})]y_1 - TC_1$$

$$\frac{d\pi_1}{dy_1} = 42 - y_1 - MC_1(=21) = 0$$

$$\therefore \ y_1 = 21$$

15

┃정답해설┃

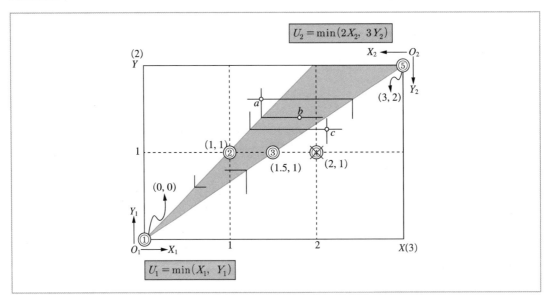

16

┃정답해설┃

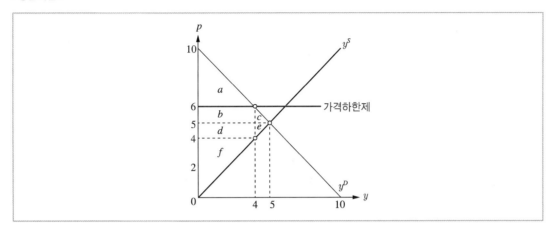

소비자 잉여는 a이며 이를 구하면 8이다.

┃오답해설┃

④ 공급자에게 공급권한을 경쟁적으로 매각하면 지대의 크기인 $b+d$만큼은 공급면허 구매비용이므로 공급자 잉여는 8이다.

⑤ 쿼터제에서 자중손실은 $c+e$이며 이를 구하면 1이다.

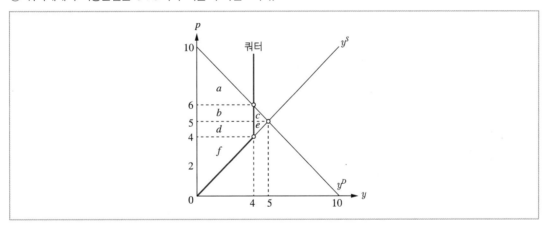

▍정답해설▍

$$MRS_{XY} = \frac{\dfrac{2}{\sqrt{X}}}{2} = \frac{1}{\sqrt{X}} = \frac{P_X}{P_Y}$$

$$P_Y = 1, \quad \therefore \ X = \frac{1}{P_X^2}$$

$$Y = 10 - \frac{1}{P_X}$$

가. X재의 가격 0.5를 위의 식에 대입하면 $X=4$이다.

다. 준선형 효용함수를 가정하면 일정소득수준 이후부터 소득과 상관없이 X재의 균형수량이 변하지 않는다. 따라서 대체효과만 존재한다.

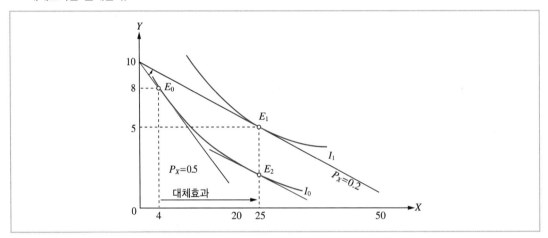

▍오답해설▍

나. X재의 가격 0.2를 수요함수에 대입하면 $X=25$이다.

라. Y재의 한계효용은 항상 2로 일정하다.

18

┃정답해설┃

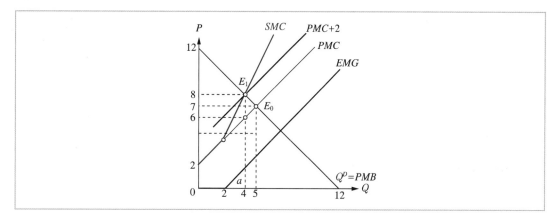

가. 생산자가 사적 이윤을 극대화하는 점은 E_0점이다.

나. 사회적 최적 산출량은 E_1점에서 달성되며 이때의 생산량은 4이므로 사적 이윤을 극대화하는 수준보다 1단위 적다.

┃오답해설┃

다. 정부가 배출요금을 2만큼 부과하면 소비자가 지출해야 하는 가격은 7에서 8로 1만큼 상승한다.

라. 정부가 효율적인 배출요금을 부과하게 되더라도 외부비용은 삼각형 a만큼 발생한다.

19

┃정답해설┃

X재와 Y재의 생산함수를 구하면 다음과 같다.

$$X = \min[L_X, \frac{K_X}{2}], \quad Y = \min[L_Y, \frac{K_Y}{4}]$$

┃오답해설┃

① X재만 생산하는 경우 모든 노동을 X재에 사용하게 되어 최대 생산량은 1,000개가 된다.

② Y재만 생산하는 경우 모든 자본을 Y재에 사용하게 되어 최대 생산량은 750개가 된다.

③ Y재만 생산하던 상황에서 X재 생산을 1개만큼 되면 Y재는 0.5개만큼 포기하게 되는데 이것이 X재 생산의 기회비용이다. 그런데 두 재화를 500개씩 생산하는 점 이후에는 X재 생산이 1개 늘어나면 Y재는 1개만큼 포기하게 되는데 이때의 X재의 기회비용은 앞서와 다르다.

⑤ X재의 가격이 2, Y재의 가격이 3이면 생산가능곡선의 가장 바깥쪽에서 생산이 이루어지게 되는데 이때 노동은 500씩 동일하게 분배되지만 자본은 그렇지 않다.

20

답 ②

┃정답해설┃

가. A국의 경우 X재의 생산을 1개 증가시키면 Y재를 0.5개 포기하지만 B국은 Y재를 1개 포기한다. 따라서 A국은 X재, B국은 Y재에 비교우위가 있다.

다. 교역 이후의 상대가격이 $\frac{1}{2}$ 과 1사이에 위치해야 하는데 이를 위해서는 b값이 20보다 크고 40보다 작아야 한다.

┃오답해설┃

나. A국의 X재 소비량이 60이므로 나머지 40개는 B국에 수출한 것인데, B국에서는 Y재만 생산하므로 B국의 X재 수입량은 40개여야 한다.

라. 두 재화의 상대가격은 $\frac{30}{40}$ 이고, 국내의 상대가격은 $\frac{1}{2}$ 였으므로 A국은 X재 1개를 수출하고 $\frac{3}{4} - \frac{1}{2} = \frac{1}{4}$ 만큼 Y재(수입재화)의 이득을 본다.

21

답 ⑤

┃정답해설┃

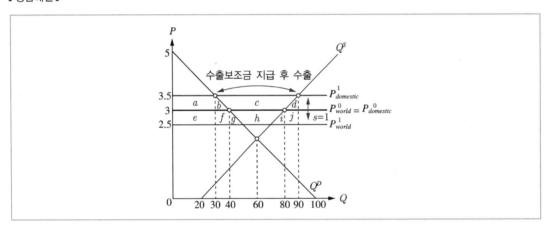

┃오답해설┃

① 수출은 20만큼 증가하였다.
② 국내 소비는 10만큼 감소한다.
③ 보조금은 60만큼 지출된다.
④ 생산자 잉여는 42.5만큼 증가한다.

22

┃오답해설┃

① 관세 부과 후 수입량은 $D_2 - S_2$이다.
② 관세 부과로 인해 소비자 잉여는 $a+b+c+d$만큼 감소한다.
③ 관세 부과로 인해 생산자 잉여는 a만큼 증가한다.
⑤ $b+d$의 크기가 e보다 크면 관세 부과로 인해 사회적 후생은 감소한다.

23

┃정답해설┃

$$MRS_{XY} = \frac{Y+10}{X} = \frac{1}{2} = \frac{P_X}{P_Y}$$

$X = 2Y + 20$

예산선($X+2Y=10$)과 연립하면 $X=15$, $Y=-2.5$가 계산되는데 Y가 음수로 계산되므로 이 효용함수의 효용극대화점은 구석해가 되어야 한다. 따라서 무차별 곡선과 예산선이 x축에서 교차하는 $(10, 0)$에서 효용이 극대화된다.

24

┃정답해설┃

관세부과전 부가가치 : $150 - 100 = 50$
관세부과후 부가가치 : $150(1+0.4) - 100(1+0.5) = 60$

따라서 실효보호율은 $\frac{60-50}{50} = 20\%$이다.

25

┃정답해설┃

가. 1개월 후 실제 환율이 1,020원/달러이므로 예측오차의 절댓값이 가장 큰 곳은 $C(60)$이다.
나. 현물 환율이 1,020원이므로 20원의 손해가 발생한다.

┃오답해설┃

다·라. 현물 환율이 1,020원이므로 20원의 이익이 발생한다.

26

┃정답해설┃

항상 소득가설에 의하면 소득세율의 인상이 영원히 지속될 것으로 예상하므로 현재부터 소비가 즉시 감소하고, 그 수준으로 소비를 계속 유지한다.

27

┃오답해설┃

나. 물가안정목표제는 자유재량 정책에 비해 시간 불일치성 문제를 감소시킨다.

라. 우리나라 물가안정목표제의 기준 지표는 CPI이다.

28

┃정답해설┃

IS곡선과 LM곡선의 이동폭이 동일해야 하므로 먼저 IS곡선의 이동폭을 계산해보면,

$$정부지출승수 = \frac{1}{1-c} = \frac{1}{0.2} = 5$$

$$조세승수 = \frac{-c}{1-c} = \frac{-0.8}{0.2} = -4$$

IS곡선의 이동폭 $= (60 \times 5) + (-60 \times -4) = 540$이다.

다음으로, LM곡선의 이동폭이 540이기 위해서는 화폐공급량의 증가분이 $540 \times 6 = 3,240$이어야 한다.

기존의 화폐공급량이 2,640이므로 전체 화폐공급량은 $3,240 + 2,640 = 5,880$이다.

29

┃정답해설┃

가. 국내 실질 이자율이 상승하면 외환의 국내 유입이 발생하여 환율이 하락한다.

다. 외국 물가 대비 국내 물가 수준이 하락하면 수출이 증가하여 외환의 공급이 증가한다. 따라서 환율이 하락한다.

┃오답해설┃

나. 수입 수요가 증가하면 외환의 국외 유출이 발생하여 환율이 상승한다.

라. 우리나라 제품에 대한 외국의 무역 장벽이 강화되면 수출이 감소하여 외환의 국내 유입이 감소한다. 따라서 환율이 상승한다.

30

┃ 정답해설 ┃

먼저 연도별 GDP 디플레이터를 구하면 다음과 같다.

연 도	2015년	2016년	2017년	2018년	2019년
GDP 디플레이터	95	97.06	100	105.1	107.2

따라서 GDP 디플레이터의 상승률이 가장 높은 해는 2018년이다.

31

┃ 정답해설 ┃

인플레이션율 2%인 경우의 실질 이자율을 구하면 $0-0.02=-0.02$이고, 인플레이션율 1%인 경우의 실질 이자율은 $0-0.01=-0.01$이므로 실질 이자율은 상승하였다. 실질 이자율이 상승하면 투자가 감소하여 국민소득은 감소한다.

32

┃ 오답해설 ┃

가. A국 : $\dfrac{85,000}{80,000} \doteqdot 1.06$, D국 : $\dfrac{65,000}{54,000} \doteqdot 1.2$이므로 D국의 물가수준이 더 높다.

나. B국의 물가수준은 미국보다 낮은 반면, D국의 물가수준은 미국보다 높다. 따라서 B국과 D국의 물가수준은 같을 수 없다.

33

┃ 오답해설 ┃

다 · 라. 케인즈 이론에서 물가(가격)는 경직적이므로 통화량에 비례하여 결정되지 않는다.

34

┃ 정답해설 ┃

$$\text{고용률} = \frac{\text{취업자 수}}{\text{생산가능인구}} = \frac{\text{취업자 수}}{\text{경제활동인구}} \times \frac{\text{경제활동인구}}{\text{생산가능인구}} = (1-\text{실업률}) \times \frac{\text{경제활동인구}}{\text{생산가능인구}}$$

$$= (1-0.2) \times 0.8 = 64\%$$

35

답 ③

┃정답해설┃

현재의 균형생산량을 구하면 다음과 같다.

$Y = 100 + 0.8[Y - (50 + 0.25Y)] + 200 + 50, \quad \therefore \ Y = 775$

잠재 총생산이 750이라고 하였으므로 균형생산량을 25만큼 감소시켜야 한다.

이를 위해 정부지출승수를 구하면 $\dfrac{1}{1-c(1-t)} = \dfrac{1}{1-0.8(1-0.25)} = 2.5$이므로

필요한 정부지출 변화액은 $\dfrac{-25}{2.5} = -10$이다.

36

답 ③

┃정답해설┃

$\dfrac{\dot{P}}{P} = \dfrac{\dot{M}}{M} + \dfrac{\dot{V}}{V} - \dfrac{\dot{Y}}{Y} = 0.08 + 0 - 0.03 = 0.05$

$(1+i) = (1+r)(1+\pi) = (1+0.01)(1+0.05) \fallingdotseq 1.06$

따라서 약 106달러를 1년 후에 갚아야 한다.

37

답 ②

┃정답해설┃

대부자금시장에서 저축곡선은 Y의 증가로 인해 우측으로 이동한다.

┃오답해설┃

이자율은 하락하게 되며, 실질화폐잔고 수요가 감소하면 Y가 동일하더라도 r의 하락으로 인해 LM곡선이 하향 이동한다. 또한 IS곡선은 주어진 자료로 인해서는 이동하지 않으며 LM곡선이 하방(오른쪽)이동하여 총생산은 증가한다.

답 ③

┃정답해설┃

(1) 총요소생산성 수준이 0.5인 경우

$sy = 0.1 \times 0.5k^{1/2} = (0+0.1)k = (n+\delta)k$

$k = 0.25$, $y = 0.5 \times \sqrt{k} = 0.5 \times \sqrt{0.25} = 0.25$

소비량은 $0.9 \times 0.25 = 0.225$이다.

(2) 총요소생산성 수준이 1인 경우

$sy = 0.1 \times k^{1/2} = (0+0.1)k = (n+\delta)k$

$k = 1$, $y = 1 \times \sqrt{k} = 1 \times \sqrt{1} = 1$

소비량은 $0.9 \times 1 = 0.9$이다.

따라서 소비의 증가량은 $0.9 - 0.225 = 0.675$이다.

---

39 답 ④

┃정답해설┃

$0.02 = 0.01 + \dfrac{E^e - 1{,}000}{1{,}000}$, $\therefore E^e \fallingdotseq 1{,}010$

---

40 답 ①

┃정답해설┃

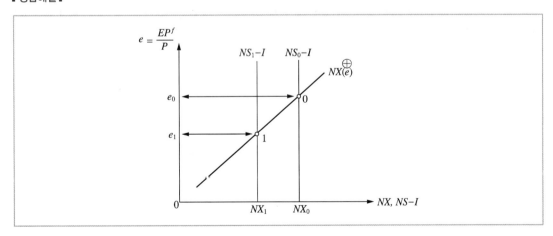

균형점이 0에서 1로 이동하므로 순수출은 감소하고, 실질환율은 하락한다.

✓ 문제편 109p

01	02	03	04	05	06	07	08	09	10	11	12	13	14	15	16	17	18	19	20
②	③	⑤	③	①	④	③	①	③	④	⑤	⑤	⑤	④	②	②	③	①	③	③
21	22	23	24	25	26	27	28	29	30	31	32	33	34	35	36	37	38	39	40
②	②	⑤	④	①	⑤	⑤	①	④	①	②	①	⑤	②	①	②	④	④	③	③

01

답 ②

┃ 정답해설 ┃

$\dfrac{M_X}{M_Y} = \dfrac{P_X}{P_Y} = \dfrac{2}{4} = \dfrac{2}{P_Y}$ 이므로 $P_Y = 4$

예산선을 구해보면, $(2 \times 3) + (4 \times Y) = 50$이므로 $Y = 11$이다.

02

답 ③

┃ 정답해설 ┃

X재 가격이 상승할 때 대체효과에 의하면 X재의 구매량은 감소하지만 X재의 가격상승으로 실질소득이 감소하여 열등재인 Y재의 구매량은 증가한다.

03

▌정답해설▐

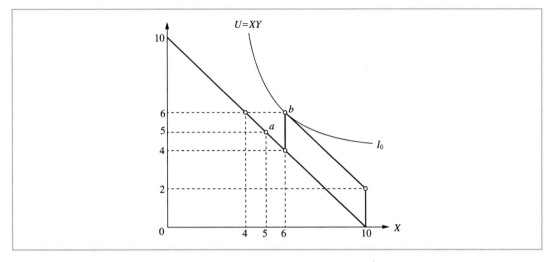

효용함수가 $u(x,\ y)=xy$라면 $MRS_{XY}=1$이므로 X재와 Y재의 소비량은 같다.

04

▌정답해설▐

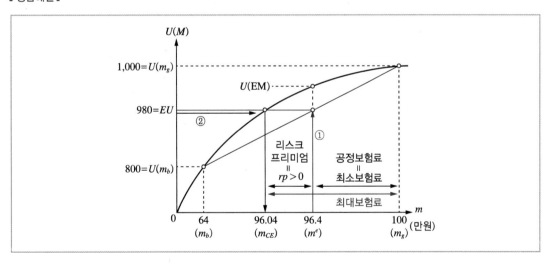

05

▌정답해설▌

주어진 효용함수는 원형효용함수로서 원의 중심인 (a, b)점에서 가장 효용이 높은 특이한 형태이다. 따라서 중점의 오른쪽 상단 영역의 점에서는 두 재화의 소비량이 모두 줄어들어야 효용이 증가한다. 따라서 이 부분은 두 재화가 모두 비재화이다.

▌오답해설▌

②·③ 만약 초기부존점이 (a, b)라면 이 점에서만 효용이 극대화될 뿐 나머지 부분에서는 효용이 극대화되지 않는다. 또한, 예산선별로 효용이 극대화되는 점은 한 개 뿐이다.

④ 전체적인 형태는 비슷하지만 원형이 아니라 (a, b)를 중심으로 하는 마름모 형태의 무차별 곡선이다. 이는 무차별 곡선이 직선의 형태로 나타나기 때문에 원형의 무차별 곡선과는 다른 선호체계를 가진다.

⑤ 무차별 곡선이 원형의 형태를 가진다고 해서 이행성을 위배하는 것은 아니다.

06

▌정답해설▌

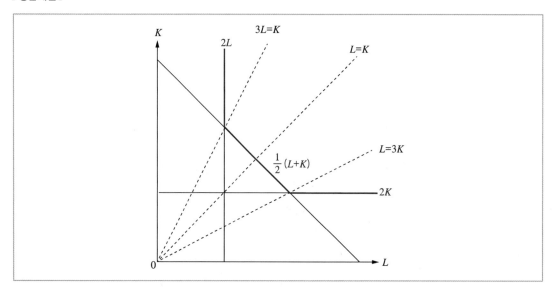

07

┃정답해설┃

원점에서 Q_1까지 총가변비용곡선이 직선의 형태이므로 평균가변비용은 일정하다.

┃오답해설┃

① Y절편이 0이 아니므로 고정비용이 존재하는 단기의 비용곡선을 나타낸다.

②·④ 원점에서 Q_1까지는 평균비용이 감소하므로 이 구간에서는 규모의 경제가 존재한다. 그리고 평균비용은 Q_1에서 최소가 된다.

08

┃정답해설┃

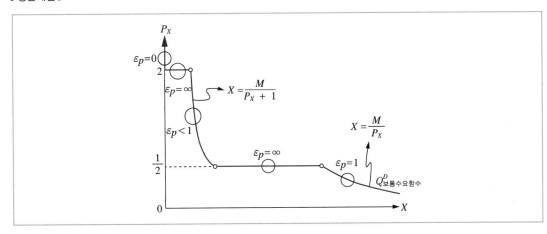

┃오답해설┃

다. $P_X > 2$인 부분에서 $X = 0$이다.

라. 가격이 $\frac{3}{2}$에서 $\frac{2}{3}$로 하락하면 대체효과는 발생하지 않고 소득효과만 나타난다. 그래프에서는 $\frac{1}{2} < P_X < 2$사이의 구간에서 발생하는 현상이다.

09

┃정답해설┃

예산선을 구하면 $(c-80) = -(10+\alpha)(l-8)$이고 이를 정리하면 $c + (10+\alpha)l = 160 + 8\alpha$ 이다. 여기서 여가와 노동에 대한 지출비중이 동일하므로 $(10+\alpha)l = \dfrac{160 + 8\alpha}{2}$ 에서 효용극대화가 이루어진 것으로 볼 수 있다.

따라서 $6 = \dfrac{80 + 4\alpha}{10 + \alpha}$ 를 풀면 $\alpha = 10$이다.

10

▌오답해설▌

가. $0 < \alpha < 1$ 이므로 규모수익체감이다.

다. x_1 과 x_2 모두 0.5제곱수이므로 규모수익체감이다.

11

▌정답해설▌

공장 1과 공장 2를 모두 가동하는 경우 $MC_1 = 4q_1 = 2q_2 = MC_2$ 이므로 $q_1 = 10$, $q_2 = 20$ 이다.

이 경우 총비용은 $(2 \times 30^2 + 200) + (20^2 + 1,300) = 2,100$ 이다. 만약 1공장만 가동한다면 총비용은 $2 \times 30^2 + 200 = 2,000$ 이 되며, 2공장만 가동한다면 총비용은 $30^2 + 1,300 = 2,200$ 이 된다.

따라서 공장 1에서는 30, 공장 2에서는 아무것도 생산하지 않는 것이 최적이다.

12

▌정답해설▌

한계비용이 60일 때의 자중손실 : $\dfrac{1}{2} \times (40 - 20) \times (80 - 60) = 200$

한계비용이 40일 때의 자중손실 : $\dfrac{1}{2} \times (60 - 30) \times (70 - 40) = 450$

따라서 자중손실은 250만큼 증가한다.

13

▌정답해설▌

a 값에 관계없이 (A, B)의 조합이 내쉬균형으로 존재하고 있는 상황이므로 이 외의 나머지 조합들이 내쉬균형이 되지 않게끔 a를 설정하면 된다. 만약 $a \leq 6$ 이라면 내쉬균형이 2개 존재하게 되므로 내쉬균형이 한 개만 존재하게 하는 a 는 6보다 커야한다.

14

▌정답해설▌

$MRS_{XY}^A < MRS_{XY}^B$ 인데 이 상황에서 ④만이 파레토 효율적인 배분을 충족하고 있다.

15

┃정답해설┃

$P = \dfrac{100}{n} - Q$ 이므로 $MR = \dfrac{100}{n} - 2Q$ 이며 이와 $MC = 2Q$ 를 같다고 놓으면 $Q = \dfrac{25}{n}$ 이 된다. 이를 주어진 수요함수에 대입하면 $P = \dfrac{75}{n}$ 이 되며, A 기업은 장기균형에서 $P = \dfrac{75}{n} = Q + \dfrac{2}{Q} = AC$ 가 성립하게 된다. 여기에 $Q = \dfrac{25}{n}$ 을 대입하면 $n = 25$ 가 된다.

16

┃정답해설┃

에지워즈상자에 두 재화를 그려보면 계약곡선은 $X = Y$ 가 됨을 알 수 있다. 그런데 생산요소 모두를 X 재 생산에만 투입한다면 20개를 생산할 수 있으며, Y 재 생산에만 투입한다면 10개를 생산할 수 있다. 따라서 한계변환율은 $\dfrac{1}{2}$ 이다.

17

┃정답해설┃

사적 재화와 공공재에 대한 지출비중이 같으므로 공공재 1단위를 생산하기 위해서는 사적 재화 1단위가 필요하다. 따라서 PPC 의 기울기는 1이고 이때 $P_X = P_Y$ 이다. 따라서 A 는 사적재화와 공공재를 모두 2.5개씩 사용하려고 할 것이며 사적재 4단위 중 1.5단위를 공공재 공급에 사용할 것이다.

18

┃정답해설┃

사적 총비용 : $Q^2 + 10$, 사적 한계비용 : $2Q$

사회적 총비용 : $Q^2 + 10 + 25Q$, 사회적 한계비용 : $2Q + 25$

$MR = 100 - 2Q$ 이므로 이윤극대화 생산량은 $2Q = 100 - 2Q$ 에서 $Q_M = 25$ 이다.

그리고 사회적 최적 생산량은 $2Q + 25 = 100 - Q$ 에서 $Q_S = 25$ 이다. 따라서 둘의 차이는 0이다.

19

❙ 정답해설 ❙

(1) 구매자가 차 유형을 알 수 있는 경우 : $a \geq 1,000$, $b \leq 800$
(2) 구매자가 차 유형을 알 수 없는 경우 : 구매자의 기대편익이 $0.5a+400$이므로 이 값이 1,000보다 클 때 좋은 품질의 자동차가 판매될 수 있다. ($a \geq 1,200$) 또한 나쁜 품질의 자동차가 판매되기 위해서는 $0.5a+400 \geq b$의 조건이 만족되어야 한다. 따라서 이것이 가능한 것은 ③이다.

20

답 ③

❙ 정답해설 ❙

X재와 Y재를 $1:1$로 교환하므로 교역조건 $\dfrac{P_X}{P_Y}$는 1이다.

❙ 오답해설 ❙

가. A국은 상대가격이 1일 때 X재를 수출하게 되므로 A국의 PPC 기울기의 절대값은 1보다 완만하며 B국은 1보다 크다.
나. A국은 X재에 비교우위가 있으므로 X재를 수출하며 B국은 Y재에 비교우위가 있다.

21

답 ②

❙ 정답해설 ❙

연간 소비 : $\dfrac{-2억원+6,000만원\times 20}{40}=2,500만원$

순자산 : $2,500만원\times 20=5억원$

22

답 ②

❙ 정답해설 ❙

$V=\dfrac{PY}{M^D}=4i$

23

┃정답해설┃

지급준비율=$0.05+0.05=0.1$

통화승수=$\dfrac{k+1}{k+z}=\dfrac{0.4+1}{0.4+0.1}=\dfrac{1.4}{0.5}=2.8$

본원통화=400조원+$1,000$조원$\times 0.1=500$조원

24

┃정답해설┃

자연실업률=$\dfrac{s}{s+f}=\dfrac{0.01}{0.01+0.24}=0.04$

현재실업률=$\dfrac{35}{700}=0.05$

실업률갭=$0.05-0.04=0.01$

25

┃오답해설┃

다. 고전학파는 정부의 재량적인 정책개입을 부정한다.

라. 케인즈학파는 경기변동을 수요측 요인으로 인한 것으로 본다.

26

┃정답해설┃

가장 이상적인 상황은 $C_1 = C_2$일 것이나 이를 위해서는 1기에 650을 차입하여 소비해야 한다. 하지만, 1기에 차입할 수 있는 최대치가 400이라고 하였으므로 $C_1=400$, $C_2=900$이어야 한다. 이를 효용함수에 대입하면 이 소비자의 효용은 $\sqrt{400}+\sqrt{900}=50$이다.

27

┃정답해설┃

$x : \dfrac{Y}{L}=E\times y,\ dln\dfrac{Y}{L}=dlnE+dlny,\ dlny=0,\ \therefore\ x=g$

$y : Y=L\times E\times y,\ dlnY=dlnL+dlnE+dlny,\ dlny=0,\ \therefore\ y=n+g$

$z : dlnY=dlnL+dlnE,\ dlny>0,\ \therefore\ z=n+g+dlny$

따라서 $z>y>x$의 관계가 성립한다.

28

답 ①

정답해설

$P = P_K, \ MP_K = r + \delta$

$\dfrac{16}{K} + 0.02 = 0.1, \ K = 200$

현재의 자본량이 220이므로 20만큼의 자본을 줄여야 최적자본량에 도달한다.

29

답 ④

정답해설

현금보유성향이 강해지면 $\dfrac{k+1}{k+z}$ 이 작아지므로 통화승수가 감소한다.

30

답 ①

정답해설

$\dfrac{dY}{dG} = \dfrac{1}{0.25} = 4, \ \dfrac{dY}{dT} = \dfrac{-0.75}{0.25} = -3$

① $4 \times \dfrac{dY}{dG} + (-2) \times \dfrac{dY}{dT} = 22$

② $3 \times \dfrac{dY}{dG} + (-4) \times \dfrac{dY}{dT} = 24$

③ $2 \times \dfrac{dY}{dG} + (-6) \times \dfrac{dY}{dT} = 26$

④ $1 \times \dfrac{dY}{dG} + (-7) \times \dfrac{dY}{dT} = 25$

⑤ $0 \times \dfrac{dY}{dG} + (-9) \times \dfrac{dY}{dT} = 27$

31

답 ②

오답해설

나. $i = 0.02 + 1.5\pi - 0.5\pi^* + 0.5\left(\dfrac{Y - Y^*}{Y^*}\right)$

   $di = d0.02 + 1.5d\pi - 0.5d\pi^* + 0.5d\left(\dfrac{Y - Y^*}{Y^*}\right)$

   따라서 인플레이션이 1% 포인트 높아지면 정책금리는 1.5% 포인트 높아진다.

라. 목표인플레이션율이 인상되면 정책금리가 하락하여 투자가 증가한다. 따라서 총수요는 증가한다.

32

┃정답해설┃

$\frac{1}{2\sqrt{k}}=0.25$, 따라서 황금률 균제상태의 1인당 자본량은 4이다.

33

┃정답해설┃

$\frac{\dot{E}}{E}=\frac{\dot{P_A}}{P_A}-\frac{\dot{P_B}}{P_B}=\pi_A-\pi_B=0.12-0.1=0.02$, 따라서 2018년의 환율은 2%상승한 1.02이다.

34

┃정답해설┃

손실함수가 $\pi=0.03$일 때 최소가 되므로 중앙은행은 인플레이션율을 0.03으로 설정하게 되고 민간의 기대인플레이션율도 이와 같을 것이다. 따라서 경제의 균형은 장기필립스곡선상의 자연실업률인 0.05가 된다.

35

┃정답해설┃

상품시장 : $Y=2,220-60r$
화폐시장 : $Y=400+200r$, 따라서 $r=7.0$, $Y=1,800$이다.

36

┃정답해설┃

$\Delta\pi\%p=-2\times\Delta u\%p$이므로 실업률이 0.5%포인트 상승한다. 그리고 $\Delta Y\%p=-2\times\Delta u\%p$이므로 실업률이 0.5%포인트 상승하면 총생산은 1% 감소한다.

37

∥ 정답해설 ∥

나. 초과지급준비금이 증가하면 통화승수가 감소하여 LM곡선이 좌측으로 이동하게 된다. 이때 중앙은행이 확장적 통화정책을 실시하게 되면 LM곡선을 우측으로 이동하게 하여 소득을 안정화할 수 있다.

다. 기업의 투자가 감소하면 IS곡선이 좌측으로 이동하게 된다. 이때 중앙은행이 확장적 통화정책을 실시하게 되면 LM곡선을 우측으로 이동하게 하여 소득을 안정화할 수 있다.

∥ 오답해설 ∥

가. 기업들의 컴퓨터 구입은 민간투자의 증가이므로 IS곡선이 우측으로 이동하게 된다. 이 상황에서 중앙은행이 확장적 통화정책을 실시하게 되면 오히려 경기가 과열양상을 보이게 되어 소득 안정화에서 멀어지게 된다.

38

정답 ④

∥ 정답해설 ∥

$Y=0.6Y+X-0.1Y+K,\ 0.5Y=X+K$

$0.5dY=dX+dK$이므로 수출승수는 $\dfrac{1}{0.5}=2$이다.

39

정답 ③

∥ 정답해설 ∥

수출이 외생적으로 감소하면 IS곡선이 좌측으로 이동하여 환율이 상승하게 된다. 이때 마샬-러너 조건에 의해 경상수지가 개선되며 IS곡선이 우측으로 이동하여 경제는 원래의 상태로 회복되게 된다. 따라서 투자와 총소득, 순수출은 불변이고 환율은 상승하며 실업률은 불변이다.

40

정답 ③

∥ 정답해설 ∥

$R-\pi=R^f-\pi^f,\ 0.03-0.02=0.02-\pi^f,\ \pi^f=0.01$

① $r=R-\pi,\ r=0.03-0.02=0.01$

② $R=R^f+\dfrac{F-E}{E},\ 0.03=R^f+\dfrac{1{,}111-1{,}100}{1{,}100},\ R^f=0.02$

④ $\dfrac{\dot{M}}{M}+\dfrac{\dot{V}}{V}=\dfrac{\dot{P}}{P}+\dfrac{\dot{Y}}{Y},\ \dfrac{\dot{M}}{M}+0=0.02+0.02=0.04$

⑤ $\dfrac{\dot{M}}{M}+\dfrac{\dot{V}}{V}=\dfrac{\dot{PY}}{PY},\ \dfrac{\dot{M}}{M}+0=0.05$

290 공인회계사 1차 경제원론(정답 및 해설편)

● 문제편 129p

01	02	03	04	05	06	07	08	09	10	11	12	13	14	15	16	17	18	19	20
①	③	③	②	④	⑤	②	④	①	③	④	③	④	②	④	③	①	⑤	⑤	⑤
21	22	23	24	25	26	27	28	29	30	31	32	33	34	35	36	37	38	39	40
①	④	①	②	⑤	③	①	⑤	③	⑤	⑤	③	②	③	②	④	④	②	②	①

01

답 ①

┃ 정답해설 ┃

$X = \min[L, \frac{K}{2}, \frac{I}{3}]$, $Y = \min[\frac{L}{3}, \frac{K}{2}, I]$

$P_X = 2P_Y$이므로 X재 생산량을 1단위 증가시킬 때 감소하는 Y재의 양이 2단위보다 적다면 X재 생산을 증가시키면 총수입이 증가하고, 반대의 경우에는 Y재 생산량을 증가시킬 때 총수입이 증가한다.
모든 생산요소가 90단위씩이라고 하였으므로 각각의 재화에 모든 생산요소가 완전히 고용된다면 $X = Y = 22.5$가 된다. 이 상황에서 X재 생산량 혹은 Y재 생산량을 1단위 더 증가시켜보면 자신의 증가로 인해 상대재화의 생산이 3단위 만큼 감소하게 되어 총수입이 감소하게 됨을 알 수 있다. 따라서 모든 생산요소가 완전히 고용된 상태의 생산량인 (22.5, 22.5)가 수입을 극대화하는 생산량이다.

02

답 ③

┃ 정답해설 ┃

기업 A가 선도자, 기업 B가 추종자로서 슈타켈베르그 경쟁을 한다면 선도자인 A의 생산량은 4.50이고, 추종자인 B의 생산량은 2.25이다. 따라서 시장 전체의 공급량은 6.75이다.

03

답 ③

┃ 정답해설 ┃

이 게임에서의 내쉬균형은 두 사람이 같은 수를 선택한 경우가 해당하는데 구체적으로는 (1,1), (2,2), …, (10,10)의 10가지가 존재한다. 따라서 우월전략은 존재하지 않으며 내쉬균형은 복수(10개)가 존재한다. 또한, 이 내쉬균형에서의 각각이 가져가는 상금은 모두 10만원으로 같다. 한편, 경기자가 셋이 되더라도 이 결과에는 변화가 없다.

04

▮오답해설▮

① 합병 전 소비자잉여는 12.5이다.

③ 합병 전 생산자잉여는 0이다. MC가 수평이기 때문이다.

④ 합병 후 생산자 잉여는 16이다.

⑤ 극대화된 사회적 잉여는 $8+16=24$인데, 이 합병을 통해 24의 총잉여가 달성되므로 합병을 허용한다.

05

▮정답해설▮

나. 수요곡선이 수평인 영역에서 가격탄력성이 무한으로 나타나는 영역이 존재한다.

▮오답해설▮

다. X재의 가격이 2에서 4로 상승하면 소득효과는 0이다.

06

▮정답해설▮

$$\pi = 10\sqrt{n} \times \frac{1}{n} \times 20{,}000 - 20{,}000 = 0, \ n = 100$$

$$\frac{d\pi}{dn} = \frac{10}{\sqrt{n}} - 2 = 0, \ n = 25, \quad \therefore \ 100 - 25 = 75$$

07

▮정답해설▮

$$MC_1 = 10y_1 = 20y_2 = MC_2$$

$$y_1 = 2y_2, \ y_1 + y_2 = 60, \quad \therefore \ y_1 = 40$$

08

┃정답해설┃

$MRS_{XY} = \dfrac{M_X}{M_Y} = \dfrac{1}{\dfrac{1}{2\sqrt{Y}}} = 2\sqrt{Y}$ 이므로 각 소비자의 한계대체율은 X재 소비량과 무관하게 결정된다.

또한, $2\sqrt{Y_A} = 2\sqrt{Y_B}$ 이므로 계약조곡선은 $Y_A = Y_B$가 되며 이 점이 경쟁균형이다. 그리고 두 재화 모두 양(+)의 초기부존자원을 갖는다고 하였으므로 계약곡선은 수평선위에서 달성되어야 하며 이 점에서는 하나의 경쟁균형을 갖게 된다.

09

답 ①

┃정답해설┃

$\pi = 10s - (s^2 - 10x + x^2)$

$\dfrac{d\pi}{dx} = 10 - 2x = 0, \quad \therefore \ x = 5$

10

답 ③

┃정답해설┃

사각형 $ABCD$의 면적은 총고정비용의 크기를 의미하므로 이의 면적은 총비용에서 총가변비용을 차감한 14이다.

11

답 ④

┃정답해설┃

X재 시장의 경제적 손실은 10이고, Y재 시장의 경제적 손실은 1.5이다.

┃오답해설┃

① X재 시장과 Y재 시장의 조세 수입은 모두 60이다.
② X재 시장과 Y재 시장의 소비자 잉여는 모두 4.5이다.
③ X재 시장의 생산자 잉여는 4.5이고, Y재 시장의 생산자 잉여는 1.5이다.
⑤ X재 시장에서 소비자와 생산자에게 귀착되는 부담의 비율은 1:1이지만, Y재 시장에서는 3:1이다

공인회계사 1차 2018년 제53회

2018년 | 제53회 **293**

12

답 ③

▌정답해설▌

기업 A : $P_X = 100 - X$, $MC_A = P_Y$
$MR = 100 - 2X$, $100 - 2X = P_Y$

기업 B : $X = Y$, $100 - 2Y = P_Y$
$MR = 100 - 4Y$, $MR = MC = 0$, $Y = 25$

이를 $100 - 2Y = P_Y$에 대입하면 $P_Y = 50$이다.

13

답 ④

▌정답해설▌

가. 사적 재화는 경합성과 배제성을 모두 가진다.
다. 케이블 TV와 같은 클럽재는 배제성을 갖지만 비경합적이다.
라. 국방 서비스와 같은 공공재는 비경합성과 배제불가능성을 가진다.

▌오답해설▌

나. 혼잡한 유료도로는 경합성과 배제성을 모두 가진다.

14

답 ②

▌정답해설▌

$EU = 0.2 \times \sqrt{9} + 0.1 \times \sqrt{4} + 0.7 \times \sqrt{16} = 3.6$
$3.6 = \sqrt{CE}$, $\therefore CE = 12.96$
최대보험료 = 16억원 − 12.96억원 = 3.04억원

15

답 ④

▌오답해설▌

가. 환경오염과 같은 부정적인 외부효과가 발생할 경우 사회적 한계비용이 사적 한계비용보다 더 크다.
다. 환경오염을 0으로 줄이는 것이 사회적으로 가장 효율적인 것이 아니라 사회적 한계비용과 가격이 일치하는 점에서 생산하는 것이 가장 효율적이다.

16

답 ③

▌정답해설 ▌

최저임금 시행 이전의 균형임금은 200이고, 이때의 노동고용량은 300인데, 최저임금 시행 이후의 임금은 300이고, 이때의 노동고용량은 200이다. 따라서 노동자가 받는 총임금은 60,000으로 동일하다.

17

답 ①

▌정답해설 ▌

갑과 을의 수요곡선을 수직으로 합하면 $P=4,000-\dfrac{3}{2}Q=1,000=MC$이므로 Q는 2,000이다.

18

답 ⑤

▌정답해설 ▌

대국의 관세부과는 수입재의 세계가격을 하락시켜 대국의 교역조건을 개선시킨다.

19

답 ⑤

▌정답해설 ▌

자유무역에서 중요한 것은 상대우위일 뿐, 절대우위가 있는지의 여부는 무관하다.

▌오답해설 ▌

④ 자유무역 하에서 세계상대가격은 두 국가의 상대가격의 사이에 위치하게 된다.

20

답 ⑤

▌오답해설 ▌

가. 다른 조건이 일정할 때, 규모의 경제가 클수록 자국에서의 생산량을 증가시킬 때 제품의 단가를 더 낮출 수 있으므로 해외직접투자를 덜 선호하게 된다.

21

답 ①

▌정답해설 ▌

주어진 상황에서 황금저축률은 0.25인데, 저축률이 변화한 순간에 1인당 소비가 감소했다면 저축률을 상승시킨 것이며 최종적으로 1인당 소비가 장기에 증가했다면 이는 저축률을 황금률까지 상승시킨 것이다.

22

┃정답해설┃

생애주기가설에서 평균소비는 일정하다.

┃오답해설┃

① 부가 일정한 양(+)의 수준으로 주어진 경우 소비함수의 기울기는 1보다 작다.
② 부가 증가하면 소비함수가 위쪽으로 이동한다.
⑤ 단기적으로 소비는 소득에 의존한다.

23

답 ①

┃정답해설┃

$(Y - C - T) + (T - G) = I$
$(\Delta Y - \Delta C - \Delta T) + (\Delta T - \Delta G) = \Delta I$
조세가 100억원 증가하여 소비가 70억만큼 감소하였으므로,
공공저축은 100억만큼 증가, 개인저축은 $-(-70) - 100 = 30$억만큼 감소, 투자는 70억 만큼 증가한다.

24

답 ②

┃정답해설┃

이자율평가설과 구매력평가설이 항상 성립한다면 외국의 실질이자율과 자국의 실질이자율이 동일한 실질이자율 평가설도 성립한다.

25

답 ⑤

┃오답해설┃

이자율 경로는 주식이나 부동산과 같은 자산가격 경로와는 다르다. 또한, 통화정책의 신용경로에 의하면 팽창적인 통화정책은 금융시장에 나타나는 역선택과 도덕적 해이 문제를 완화시킨다.

26

답 ③

┃정답해설┃

Y_3에서 실제 지출보다 계획된 지출이 더 많으므로 재고가 증가한다. 따라서 기업들은 생산량을 감소시켜 균형점으로 이동하게 된다.

27

$$\left(\frac{M}{2}\right)^d = 2,200 - 200 \times 7 = 800 이므로, \quad M^S = M^D = 1,600$$

28

가. 명목이자율이 0인 경우 화폐의 이자율탄력성이 무한대가 되어 유동성함정이 발생한다.

나. 유동성 함정 구간에서는 LM곡선이 수평이므로 IS곡선을 이동시키는 재정정책을 통해 총수요에 영향을 미칠 수 있다.

29

통화공급이 동일한 경우 P가 더 높으면 실질화폐공급이 더 작아지므로 화폐시장 균형을 위해 필요한 이자율이 더 높게 된다. 따라서 LM곡선은 가장 왼쪽에 위치한 것이 되며 이때 $P_1 > P_2$의 관계가 성립한다. 또한 통화공급이 증가할 경우 LM곡선이 우측으로 이동하므로 $M_1 < M_2$의 관계가 성립한다.

30

매일 2시간 무급으로 일하더라도 일주일동안의 근무시간이 14시간에 불과하여 18시간에 미치지 못한다. 따라서 실업자에 해당한다.

1시간 이상 근무하고 급여를 받고 있으면 취업자에 해당하며, 14세 중학생은 통계에 포함되지 않으며, 구직활동을 포기한 경우는 비경제활동인구에 해당한다. 또한 일시적 파업으로 인해 쉬고 있더라도 여전히 취업자로 간주된다.

31

고전학파에서는 재화의 가격과 노동의 한계생산물을 곱한 값이 명목임금과 같을 때 기업의 이윤이 극대화된다고 본다.

공인회계사 1차 2018년 제53회

32

▌정답해설▌

생산함수가 콥 더글라스 함수이므로 노동의 한계생산물은 요소집약도에 의해 결정된다. 그런데 A국과 B국에 투입된 노동과 자본은 모두 300으로 동일하므로 MP_L은 노동의 지수인 α가 더 큰 B국이 더 크다. 또한 이 생산함수는 1차 동차함수이므로 오일러의 정리가 성립한다. 이를 고려하면 노동소득 분배율도 α값이 더 큰 B국이 더 크다.

33

답 ②

▌정답해설▌

$$\frac{\dot{E}}{E}=\pi-\pi^f=R-R^f=0.12-0.08=0.04$$

따라서 원화가치는 4% 하락한다.

34

답 ②

▌정답해설▌

경제활동인구와 비경제활동인구의 비율이 3 : 2이므로 경제활동인구수는 600만명이다. 그리고 취업자와 실업자의 비율이 4 : 1이므로 취업자 수는 480만명이다.

35

답 ④

▌정답해설▌

$$M^S=mH\text{이고, } m=\frac{k+1}{k+z}=\frac{0.5+1}{0.5+0.1}=\frac{1.5}{0.6}=\frac{5}{2}$$

따라서 본원통화가 3억 달러 증가하면 통화량은 $3\text{억}\times\frac{5}{2}=7.5$억 달러 증가한다.

36

답 ④

▌정답해설▌

$Y=2,200-50r$에서 $Y=2,100$이면 $r=2$, $I=50$이다.

▌오답해설▌

① $\frac{dY}{dI}=2$이므로 투자가 외생적으로 50만큼 증가하면 총수요는 100만큼 증가한다.

② $Y=1,000+0.5Y+100-25r=2,200-50r$

실질이자율을 4로 설정할 경우 $Y=2,000$이므로 -100의 음$(-)$의 인플레이션 갭이 발생한다.

③ 실질이자율을 1로 설정할 경우 $Y=2,150$인데,

$S = \overline{Y}-1,000-0.5\,Y = 2,100-1,000-0.5\times2,150 = 25$이므로 $100-25-75$만큼의 **초과투자가** 발생한다.

⑤ $0.5dY = -25dr + dK$인데, 총수요가 50만큼 증가하여 중앙은행이 인플레이션 갭을 이전 수준으로 유지하기 위해서는 총수요를 50만큼 감소시켜야 한다. 따라서 실질이자율을 1만큼 인상하여야 한다.

37 답 ②

┃ 정답해설 ┃

해외 이자율이 상승하면 BP곡선이 상방으로 이동하여 자본유출이 발생하는데 이때 환율이 상승하려는 모멘텀을 받게 된다. 만약 이 소규모 개방경제의 국가가 고정환율제도를 선택하고 있다면 이 모멘텀을 누그러뜨리기 위해 보유한 외환을 매각해야 한다. 이 과정에서 통화량이 감소하게 되는데 이 때문에 LM곡선은 좌측으로 이동하게 되고 이에 따라 통화량과 균형소득 모두 감소하게 된다.

38 답 ④

┃ 정답해설 ┃

기대 물가가 일시적으로 상승하면 단기총공급곡선이 단기총공급곡선 1로 상방이동하게 되어 단기적으로는 D점에서 균형을 이루게 된다. 하지만 AD곡선이 불변이기 때문에 장기적으로 단기총공급곡선 1은 단기총공급곡선 2로 되돌아 오게 되며 이때의 균형점은 다시 A가 된다.

39 답 ②

┃ 정답해설 ┃

D점은 C점에 비해 소득과 이자율이 상승한 상태인데, 소득이 증가하면 수입을 증가시켜 경상수지에 부정적 영향을 미치게 되며 이자율의 상승은 자본의 유입을 유발하여 자본수지에 긍정적 영향을 미친다. 그런데 C점은 경상수지와 자본수지가 모두 균형인 상태라고 하였으므로 D점은 경상수지는 적자, 자본수지는 흑자인 점이다.

40 답 ①

┃ 정답해설 ┃

이자율이 현재 균형수준에서 일정하게 유지되도록 통화량을 조절하는 방식에서는 화폐수요가 외생적으로 증가한 상태에서 이자율을 일정하게 유지하기 위해서는 LM곡선을 우측으로 이동시켜 통화량을 늘려야 하며 이때의 균형소득은 불변이다.

┃ 오답해설 ┃

③·④·⑤ 재정지출이 증가하면 IS곡선이 우측으로 이동하게 되는데 이때 이자율을 일정하게 유지하기 위해서는 LM곡선을 우측으로 이동시켜 통화량을 증가시켜야 한다. 이 과정에서 소득 또한 증가하게 되며 이자율의 상승으로 구축효과가 발생하게 된다.

01	02	03	04	05	06	07	08	09	10	11	12	13	14	15	16	17	18	19	20
③	③	④	정답 없음	③	⑤	③	⑤	④	②	②	④	②	③	④	①	③	⑤	⑤	①

21	22	23	24	25	26	27	28	29	30	31	32	33	34	35	36	37	38	39	40
⑤	④	④	⑤	②	①	④	⑤	①	③	③	②	④	①	④	①	④	③	⑤	②

01

답 ③

정답해설

먼저, $C_1 = 50 + \dfrac{50}{1+r}$ 이고, $Y_1 = 100$이므로 현재 소득보다 지출액이 적다. 따라서 이 소비자는 저축자이다. 저축자는 이자율이 높아지면 극대화된 효용이 항상 증가한다.

오답해설

① 효용극대화 소비점에서 2기 소비로 표시한 1기 소비의 한계대체율은 $(1+r)$이다.
④ 이자율이 높아지면 1기의 소비량이 감소하지만 소득은 그대로이므로 1기의 소비량이 1기의 소득보다 작다.
⑤ 이자율이 높아지면 1기의 소비량이 감소하지만 2기의 소비량은 증가한다.

02

답 ③

정답해설

주어진 레온티에프 효용함수에서는 모든 균형점이 $2X = Y$에 존재하므로 이것이 가격소비곡선이자 소득소비곡선이 된다. 따라서 두 곡선은 기울기는 같으며 이 균형점에서 X재와 Y재는 $1:2$의 비율로 소비한다.

오답해설

④ 균형식 $2X = Y$과 예산선을 결합하여 X재의 수요곡선을 구하면 $X = \dfrac{M}{P_X + 2P_Y}$인데, 이 수요곡선은 우하향하기는 하지만 곡선의 형태를 가진다.

03

답 ④

▌정답해설▐

① · ② · ③ $X_a = X_b$인 경우, 대체효과와 소득효과의 방향이 반대이면서 크기가 같다는 것을 의미하므로 X재는 열등재라는 것을 의미하며 이는 보통수요곡선이 수직선임을 알려준다.

④ · ⑤ 대체효과에 따른 X재의 소비량이 X_b인 경우, 이는 소득효과가 0이라는 것을 의미하므로 소득소비곡선은 수직선이고, 보상수요곡선과 보통수요곡선은 같다.

04

답 정답 없음

▌정답해설▐

① $x_1 = 169 - 8P_X$이고, $x_2 = 130 - 10P_X$이므로 두 직선이 서로 교차하는 $P_x = 13$인 점을 중심으로 위에서 도출한 두 개의 수요함수가 구해진다.

② 소비자 1에게 X재의 소득탄력성은 1이므로 정상재이다.

③ 소비자 2에게 X재의 소득탄력성은 0.5이므로 정상재이다. 따라서 기펜재가 아니다.

④ 소비자 2에게 X재의 Y재에 대한 교차탄력성은 4이므로 둘은 대체관계에 있다.

⑤ 소비자 1의 수요탄력성은 $8\dfrac{P_X}{X}$이고 소비자 2는 $10\dfrac{P_X}{X}$이므로 소비자 2의 수요가 더 탄력적이다.

05

답 ③

▌오답해설▐

④ X재의 수요의 가격탄력성이 무한대라는 것은 수요곡선이 수평이라는 것이므로 가격을 인상하면 X재의 수요는 0이 된다.

⑤ X재의 수요의 가격탄력성이 0이라는 것은 수요곡선이 수직이라는 것이므로 가격을 인상하더라도 수요량이 변하지 않는다. 따라서 판매수입은 증가하게 된다.

06

답 ⑤

▌정답해설▐

가. 장기한계비용곡선과 장기평균곡선의 최저점이 서로 교차하는 상태이므로 장기평균곡선은 단기평균곡선의 최저점과 접한다.

나. 다. 생산량이 현재의 2배가 되거나 0.5배가 된다면 평균비용자체가 현재보다 커지므로 총비용은 현재의 2배나 0.5배보다 당연히 더 크게 된다.

라. 단기총비용곡선이 장기총비용곡선보다 작은 점은 존재하지 않는다.

07

답 ③

┃정답해설┃

평균비용곡선을 미분하면 $-10+2q$이므로 평균비용이 최저가 되는 점은 생산량이 5인 점이다. 또한, X재의 가격이 15인 경우 이는 평균임금과 같으므로 개별 기업의 이윤은 0이다. 하지만 X재의 가격이 15보다 큰 18인 경우에는 가격이 평균비용보다 크게 되므로 양$(+)$의 경제적 이윤을 얻게 되며 이에 따라 장기적으로 기업의 진입이 발생하게 된다. 마지막으로 X재의 가격이 15인 경우를 시장수요곡선에 대입하면 시장수요량은 985인데, 이때 개별기업의 생산량은 5이므로 결과적으로 장기균형에서는 총 197개의 기업이 생산활동을 하게 된다.

08

답 ⑤

┃오답해설┃

① $70-2q_1-q_2-10=0$이므로 기업 1의 반응함수는 $q_1=30-\dfrac{1}{2}q_2$이고, 기업 2의 반응함수는 $q_2=30-\dfrac{1}{2}q_1$이다.

④ 슈타겔버그 모형에서 기업 1이 선도자인 경우 추종자인 기업 2는 기업 1의 생산량의 절반을 생산한다.

09

답 ④

┃정답해설┃

$MR_A=P_A\left(1-\dfrac{1}{e_P^A}\right)=P_B\left(1-\dfrac{1}{e_P^B}\right)=MR_B$에서 $P_A>P_B$이므로 균형소비량에서 B국의 수요가 A국의 수요보다 가격에 더 탄력적이다.

┃오답해설┃

①·②·③ $MR_A=100-4Q_A$이고, $MR_B=40-2Q_B$이므로 $100-4Q_A=4$에서 $Q_A=24$, $40-2Q_B=4$에서 $Q_B=18$이 도출된다. 따라서 이 기업은 B국보다 A국에 더 많이 수출하며 이를 주어진 수요함수에 대입하면 $P_A=52$, $P_B=22$를 구할 수 있다. 위에서 구한 MR을 살펴보면 항상 MR_A가 MR_B보다 크다. 따라서 각국에 동일한 생산량을 수출하는 경우 $MR_A>MR_B$이다.

10

답 ②

┃정답해설┃

$600l=4,800-w$이므로 노동수요곡선은 $L=4,800-w$이다. 100명의 노동자가 있다고 하였으므로 노동시장의 균형임금은 4,700이다.

11

답 ②

┃ 정답해설 ┃

가. 정부의 개입이 없는 경우에는 PMB와 S가 일치하는 점에서 균형이 달성되므로 독감백신 소비량은 80이다.

나. 독감백신의 사회적 최적 소비량은 SMB와 S가 일치하는 점에서 균형이 달성되므로 소비량은 100이다.

다. $\frac{1}{2} \times (30,000 - 20,000) \times 20 = 100,000$

┃ 오답해설 ┃

라. 보조금의 수혜자가 누구인지와는 무관하다.

마. 단위당 5,000의 보조금을 독감백신 공급자에게 지급하는 경우 공급곡선이 아래쪽으로 이동하므로 균형소비량이 변화한다.

12

답 ④

┃ 정답해설 ┃

나. 품질보증은 일종의 신호발송의 예이며 이로 인해 평균 품질에 해당하는 가격 이상으로 구매를 가능하게 한다.

┃ 오답해설 ┃

다. 경매는 겉으로 드러난 정보만을 이용해 거래가 이루어지는 것으로서, 경매가 이루어진다고 하더라도 정보의 비대칭이 해소되어 레몬 문제가 해결되는 것은 아니다.

13

답 ②

┃ 정답해설 ┃

현재의 균형이 $P = 160$, $Q = 40$이다. 수요곡선과 공급곡선의 기울기의 절대값 비율이 1 : 2이므로 한 단위당 30의 세금을 부과할 경우 소비자가 지불하는 금액은 10만큼 증가하고 공급자가 받는 금액은 20만큼 감소한 140이다.

14

답 ③

┃ 정답해설 ┃

두 소비자간의 계약곡선식이 $Y = 2X$이므로 초기부존점에서 상대가격은 -2이다. 이때 이 초기부존점을 통과하면서 기울기가 -2인 식선은 $Y - 6 = -2(X - 2)$이므로 이 직선과 계약곡선 $Y = 2X$와의 교차점인 소비자1의 최종소비점은 $(2.5, 5.0)$이다. 소비자 2의 최종소비점은 전체자원인 $(4.0, 8.0)$에서 소비자1의 최종소비량을 차감한 $(1.5, 3.0)$이다.

15

┃정답해설┃

갑 : Y재의 기회비용은 Y재를 한 단위 증가시키기 위해 포기해야 하는 X재의 개수를 의미하며 이는 갑의 생산가능곡
선 기울기의 역수이다. 갑의 생산가능곡선 기울기의 절대값이 2이므로 갑에 있어서 Y재의 기회비용은 X재 $\frac{1}{2}$ 개
이다.

을 : X재의 기회비용은 X재를 한 단위 증가시키기 위해 포기해야 하는 Y재의 개수를 의미하며 이는 을의 생산가능곡
선 기울기의 역수이다. 을의 생산가능곡선 기울기의 절대값이 $\frac{1}{2}$ 이므로 을에 있어서 X재의 기회비용은 Y재
$\frac{1}{2}$ 개이다.

16

┃정답해설┃

X재는 생산량이 10만큼 증가하기 위해 투입요소의 증가비율이 일정하므로 규모에 대한 수확불변이며, Y재는 생산량이
10만큼 증가하기 위해 투입요소의 증가비율이 감소하므로 규모에 대한 수확 체증이다.

17

┃정답해설┃

〈전략 1〉

$MR=20-\frac{2}{5}Q$이고 MC가 0이므로 $Q=50$이고 $P=10$이다. 따라서 이때의 이윤은 $(10\times50)-200=300$이다.

〈전략 2〉

시청자 1인당 6의 이윤을 얻으므로 이때의 이윤은 $(6\times100)-200=400$이다.

┃오답해설┃

④·⑤ 자중손실은 독점의 형태로 생산이 이루어지는 〈전략 1〉에서만 발생하며, 반대로 시청자의 잉여는 〈전략 2〉에서
더 크게 나타난다.

18

┃정답해설┃

주어진 게임에서는 우월전략이 존재하지 않으며 내쉬균형은 $(A,\ B)$, $(B,\ A)$로 2개가 존재한다.

19

┃ 정답해설 ┃

L_1에서의 자국의 노동한계생산물을 나타내는 점을 A점, 그때의 노동한계생산물을 a라 하고, L_2에서의 자국의 노동한계생산물을 나타내는 점을 B점, 그때의 노동한계생산물을 b라 할 때, $AabB$ 면적만큼 자국 토지 소유자의 실질소득이 증가한다.

┃ 오답해설 ┃

④ $L_2 - L_1$만큼의 외국노동자가 외국에서 자국으로 이동하게 된다.

20

┃ 정답해설 ┃

$Y = K^{1/2}100^{1/2} = 10L^{1/2}$이므로 $MP_K = \dfrac{5}{\sqrt{K}}$ 이다.

여기에 제시된 자료들을 대입하면 $\dfrac{5}{\sqrt{K}} = 100 \times (0.02 + 0.08) = 10$이므로 K는 $\dfrac{1}{4}$ 로 계산된다.

21

┃ 정답해설 ┃

정상상태에서의 황금률이 50%인데, 현재의 저축률이 30%라고 하였으므로 이의 달성을 위해서는 저축률을 증가시켜야 한다.

┃ 오답해설 ┃

① $\dfrac{\dot{K}}{K} = \dfrac{\dot{k}}{k} + \dfrac{\dot{L}}{L}$ 에서 정상상태에서 k의 증가율이 0이므로 자본량의 증가율은 인구증가율과 같은 0%이다.

② $0.3 \times k^{0.5} = (0 + 0.1)k$이므로 $k = 9$, $y = 3$이다.

③ 1인당 자본량이 4라면 1인당 자본량이 증가하고 있는 상태이므로 1인당 실질 GDP도 증가한다.

④ $(n + \delta)k$곡선의 기울기가 커지면 정상상태에서 1인당 자본량은 감소한다.

22

┃ 정답해설 ┃

기대인플레이션이 하락하면 화폐시장에서 LM곡선이 상향 이동하여 실질이자율이 상승한다.

23

▍정답해설▍

최저임금하에서는 노동공급곡선이 우측으로 이동하더라도 노동수요곡선에 의해 균형노동량이 결정되므로 취업자 수는 변하지 않는다. 또한, 노동공급곡선의 이동이 비경제활동인구 중 경제활동인구로 이동한 노동자들에 의한 것이라면 실업률은 증가한다.

24

▍정답해설▍

새케인즈학파도 합리적 기대를 가정하므로 과거의 경제상황이 아닌 미래의 경제상황에 근거하여 가격을 설정한다.

▍오답해설▍

① LM곡선이 우측으로 이동하면 AD곡선이 우측으로 이동하여 단기적으로 생산량을 증가시킨다.
④ 가격을 신축적으로 조정하는 기업들은 생산량의 변화가 없으므로 이런 기업이 많아질수록 총공급곡선의 기울기는 커진다.

25

▍정답해설▍

$Y = 0.6\,Y + G - 0.1\,Y + K$

$0.5\,Y = G + K$

$\dfrac{dY}{dG} = \dfrac{1}{0.5} = 2, \ dY = 80$

$NX = 70 - 20 - 0.1\,Y$

$\dfrac{dNX}{dY} = -0.1, \ dNX = -8$

26

▍정답해설▍

중앙은행이 팽창적 통화정책을 실시할 경우 LM곡선이 우측으로 이동하여 자본유출로 외환의 초과수요가 발생하게 되므로 환율이 상승한다. 또한 마샬-러너 조건에 의해 경상수지의 개선으로 IS곡선이 우측으로 이동하게 되므로 총수요는 증가한다.

27

▎정답해설▎

수익률 곡선에 따르면 만기가 길어질수록 수익률이 증가하는 것으로 나타나고 있는데, 이것은 단기 이자율이 미래에 상승할 것으로 기대된다는 것을 의미한다.

28

▎정답해설▎

다. 1997년 이전에 A가 B보다 큰 상태이므로 원화는 과대평가 되었다.

라. $1 = \dfrac{E \times 1,000}{1,000,000}$ 이므로 $E = 1,000$원/달러이다.

▎오답해설▎

나. 만약 우리나라와 미국의 물가수준이 같다면 A가 완전한 수평을 이루고 있어야 한다.

29

▎정답해설▎

실질이자율＝명목이자율－기대인플레이션이므로 실질이자율이 명목이자율보다 작다면, 기대인플레이션은 양(+)의 값을 가진다.

▎오답해설▎

② 실질이자율이 명목이자율보다 작다면 채권자의 입장에서는 돈을 덜 받은 것과 같으므로 구매력은 채권자에서 채무자로 이전된다.

③ 명목이자율보다 기대인플레이션이 더 크다면 음수가 될 수 있다.

30

▎정답해설▎

50억원의 예금 인출이 발생하면 지급준비금이 0이 되는데, 이 상황에서 신규대출을 늘리는 것은 불가능하다. 이를 위해서는 대출 일부가 상환되어 예금으로 들어오던지 아니면 자본금이 늘어나야 한다.

31

▌오답해설▐

① 고용률 $=\dfrac{취업자}{생산가능인구}$ 이다.

② 인구증가율이 하락하게 되면 노년층의 취업비율이 높아지게 되므로 경제활동 참가율이 늘어나게 된다.

④ 경제활동인구 증가율이 실업자 수 증가율보다 크다면 실업률은 감소한다.

⑤ 경제활동인구 증가율이 생산가능인구 증가율보다 크다면 경제활동 참가율은 증가한다.

32

▌정답해설▐

2010년 물가 : 2016년 물가 $=100 : 125$

따라서 2016년의 20(백만달러)는 2010년의 16(백만달러)와 같다.

33

▌정답해설▐

장기균형상태 (a)에서 중앙은행이 통화량을 감축하게 되면 LM곡선은 LM_2로 이동하게 되는데 이때 IS곡선은 불변이 므로 균형은 (b)에서 이루어진다. 이는 AD곡선을 AD_3로 이동하게 하는데 이로 인해 균형은 (g)에서 이루어진다. 이제 장기에는 $SRAS$곡선이 $SRAS_3$으로 이동하게 되어 (d)에서 균형이 이루어지며, 이 과정에서 물가가 하락하여 LM곡선이 우측으로 이동하게 되어 (a)에서 최종적인 균형이 이루어진다.

34

▌정답해설▐

소비의 증가가 소득의 증가보다 작다고 하였으므로 이 그래프의 기울기는 1보다 작아야 한다. 그리고 평균소비성향이 소득이 증가함에 따라 감소한다고 하였으므로 이를 충족하기 위해서는 원점과 그래프의 한 점을 연결한 직선이 점차로 완만해져야 한다. 선택지에서 이를 만족시키는 것은 ①이다.

35

▌정답해설▐

실질 GNI는 실질 GDP에 교역조건을 고려한 실질무역손익을 더한 것이다.

36

┃정답해설┃

$Y = 0.6Y - 0.6T + G - K$

$0.4Y = -0.6T + G + K$

$\dfrac{dY}{dG} = \dfrac{1}{0.4} = 2.5, \quad \dfrac{dY}{dT} = -\dfrac{0.6}{0.4} = -1.5$

37

답 ④

┃오답해설┃

① 적응적 기대 하에서는 단기필립스곡선이 미리 이동할 수 없으므로 고통 없는 디스인플레이션이 불가능하다.
② 필립스곡선이 원점에 대해 볼록하면 현재의 물가상승률이 높을 때와 낮을 때의 희생률이 다르게 나타난다.
③ 고통 없는 디스인플레이션이란 장기 필립스 곡선상의 움직임을 말한다.
⑤ 필립스곡선이 우상향하는 스태그플레이션 현상이 나타나게 된다면 오히려 희생률이 음수가 될 것이며 인플레이션률
  보다 더 작을 것이다.

38

답 ③

┃정답해설┃

양적완화를 실시한다는 것은 풍부한 유동성을 시장에 공급한다는 것이고, 이로 인해 기대인플레이션률이 상승하게
된다. 또한, 풍부한 유동성에 기반한 은행의 대출이 증가하게 되고 이에 따라 장기금리도 하락하게 된다. 하지만 통화량
의 증가는 자국 통화가치의 하락을 가져온다.

39

답 ⑤

┃정답해설┃

팽창적 통화정책으로 인하여 지속적으로 인플레이션이 발생하였다면 원화의 공급이 많아지므로 이 그래프는 상방(오른
쪽)으로 이동하게 된다. 그리고 단기에 상환하여야 할 외화부채가 증가한 경우에는 외환의 수요가 증가하게 되므로
역시 상방(오른쪽)으로 이동하게 된다.

40

답 ②

┃정답해설┃

환율상승을 위한 불태화 개입을 위해서는 본원통화를 감소시켜야 하는데 이를 위해서는 국내자산을 감소시켜서 통화량
을 감소시키는 방법이 필요하다. 이를 나타내는 것은 ②이다.

● 문제편 175p

01	02	03	04	05	06	07	08	09	10	11	12	13	14	15	16	17	18	19	20
③	④	②	④	④	④	①	⑤	③	⑤	③	④	②	②	①	⑤	②	③	②	③
21	22	23	24	25	26	27	28	29	30	31	32	33	34	35	36	37	38	39	40
⑤	②	③	③	⑤	①	②	③	①	①	③	③	①	⑤	①	⑤	①	②	④	②

01

답 ③

┃ 정답해설 ┃

제시된 조건을 통해 예산선을 그리면 다음과 같다.

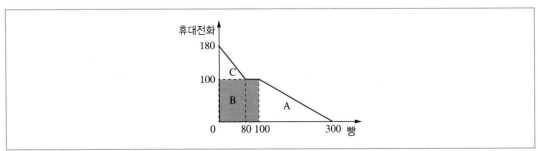

A의 면적 : $\frac{1}{2} \times 200 \times 100 = 10,000$

B의 면적 : $100 \times 100 = 10,000$

C의 면적 : $\frac{1}{2} \times 80 \times 80 = 3,200$

전체 면적 : $10,000 + 10,000 + 3,200 = 23,200$

02

답 ④

┃ 정답해설 ┃

기픈재의 가격이 오르면 기픈재의 소비량은 늘지만 기존의 예산선 내부의 점에서 소비하게 되므로 소비자의 효용은 감소한다. 그리고 두 재화를 소비하는 소비자에게 한 재화가 기픈재일 때 그 재화의 가격이 오르면 기픈재의 소비는 증가하게 되므로, 기픈재가 아닌 다른 재화의 수요량은 감소한다.

03

┃오답해설┃

나. 무차별 곡선이라는 것 자체가 서수적 효용의 개념에 기초하여 작성된 것이다.

라. 완전대체관계에 있는 두 재화에 대해 무차별 곡선을 그리면 선형으로 나타나게 된다.

04

답 ④

┃정답해설┃

X재와 Y재가 완전보완관계에 있으므로 무차별 곡선은 $Y=X$를 기준으로 꺾이는 레온티에프 형태의 그래프가 된다. 그런데 이것은 무차별 곡선이 그렇다는 것일 뿐, 수요곡선이 대칭의 형태를 지닌다는 것이 아니다. 예산선과 효용극대화 조건을 통해 X재의 수요곡선 식을 구해보면 $X=M/Px+1$로 구할 수 있으며 이는 원점에 대해 볼록한 우하향하는 곡선의 형태를 가진다. 따라서 이 수요곡선은 모든 점에서 연속이지만, 가격탄력성이 무한대인 점은 존재하지 않는다.

05

답 ④

┃정답해설┃

- 기댓값$=\dfrac{1}{3}\times 81+\dfrac{2}{3}\times 36=51$

- 기대효용$=\dfrac{1}{3}\times 2\sqrt{81}+\dfrac{2}{3}\times 2\sqrt{36}=14$

- $2\sqrt{\text{확실성등가}}=14,\quad \therefore\ \text{확실성등가}=49$

- 위험프리미엄$=51-49=2$

06

답 ④

┃정답해설┃

$$X=\frac{1}{1+1}\times \frac{400}{10}=20$$

07

답 ①

┃정답해설┃

- 이윤 극대화 노동 투입량 : $\dfrac{P}{2\sqrt{L}}-w=0,\ \sqrt{L}=\dfrac{p}{2w}$

- 이윤 극대화 자본 투입량 : $\dfrac{P}{2\sqrt{K}}-r=0,\ \sqrt{K}=\dfrac{p}{2r}$

- 이윤 극대화 생산량 : $\dfrac{p}{2w}+\dfrac{p}{2r}=\dfrac{w+r}{2wr}p$

08

답 ⑤

┃정답해설┃

다 · 라. 사전 편찬식 선호에서는 특정한 점을 거치지 않고 곧바로 다음 단계로 효용이 증가하므로 연속성이 충족되지 않는다. 따라서 사전 편찬식 선호관계를 효용함수로 나타낼 수 없다.

┃오답해설┃

가 · 나. 사전 편찬식 선호는 연속성을 충족하지 못할 뿐이고 완비성과 이행성은 여전히 충족한다.

09

답 ③

┃정답해설┃

- $MRS_{sb} = \dfrac{M_s}{M_b} = \dfrac{2b}{s}$
- 예산선 : $b = 60 + (16 - s) \times 30 = 540 - 30s$
- 소비자균형 : $\dfrac{2b}{s} = 30$, $b = 15s$
- 예산선과 소비자균형식을 연립하면 $s = 12$, $b = 180$으로 계산된다.

10

답 ⑤

┃정답해설┃

소비자 1과 2의 효용함수를 그래프로 나타내면 다음과 같다.

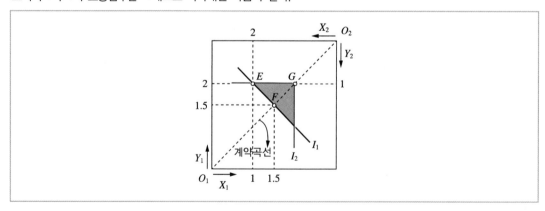

최초의 부존점이 E점이므로 파레토 개선은 두 사람의 무차별 곡선이 만드는 코어 내부의 영역에서 이루어진다. 그런데 ⑤의 경우는 이 코어를 벗어나므로 가능한 소비량이 아니다.

11

┃ 정답해설 ┃

장기에 자본량을 변경할 때에 조정비용이 없다고 하였으므로 이 기업은 장기에 총비용이 최소가 되게 끔 자본량을 조정하게 된다.

따라서 $2k-2q=0$이므로 $k=q$의 관계가 도출되며 이를 주어진 비용함수에 대입하면

$C=5q^2-2q^2+q^2+16=4q^2+16$이 된다.

12

┃ 정답해설 ┃

먼저 이윤극대화 조건을 통해

빵가게의 반응곡선을 구하면 $p_y=4p_x-15$, 떡가게의 반응곡선을 구하면 $p_y=\dfrac{1}{4}p_x+\dfrac{15}{4}$ 이므로,

이를 통해 이윤극대화 점은 $p_x=5$, $p_y=5$인 점으로 계산된다.

나. 위 둘의 반응곡선은 45°선을 기준으로 정확하게 대칭이다.

라. 시장에 두 개의 가게만 존재하는 상황에서 이들이 담합하게 되면 가격 상승을 통해 더 큰 이윤을 얻을 수 있게 된다.

┃ 오답해설 ┃

가. 위에서 구한 반응곡선은 모두 비선형이 아니라 선형의 형태이다.

다. 내쉬균형에서 두 가게는 모두 가격을 5로 설정한다.

13

┃ 정답해설 ┃

먼저, 이 시장의 균형점을 계산하면 $150-5P=20P$에서 $P=6$, $Q=120$으로 계산된다.

따라서 소비자잉여와 생산자잉여의 합이 최대가 되는 점은 $P=5$일 때가 아니라 $P=6$일 때이다.

14

┃ 정답해설 ┃

시장 1의 MR을 구하면 $84-8x_1$이므로, 이윤극대화 식은 $84-8x_1=2x_1+2x_2+4$에서 $10x_1+2x_2=80$으로 계산되며, 시장 2도 같은 논리로 $2x_1+12x_2=16$으로 계산된다. 따라서 이 둘을 연립하면 $x_1=8$, $x_2=0$임을 알 수 있다.

15

┃정답해설┃

- SMB : $P = 40 - \dfrac{1}{2}Q$

- PMC : $P = 8 + \dfrac{1}{2}Q$

- SMC : $1.4PMC = \dfrac{56}{5} + \dfrac{7}{10}Q$

따라서 SMB와 SMC가 만나는 $Q=24$, $P=20$인 점에서 사회적 최적 생산량이 달성되고, 이때 외부효과를 내부화한 재화 가격은 $20 \times (1+0.4) = 28$이다.

16

┃오답해설┃

① 한계비용 가격 규제를 실시할 때의 거래량은 평균비용 가격규제를 실시할 때의 거래량보다 많다.

②·③ 한계비용 가격 규제를 실시하더라도 사회적 순손실은 발생하지 않으나, 기업은 손실을 입게 된다.

④ 평균비용 가격 규제를 실시하면, 사회적 순손실이 발생하고 그 크기는 한계비용 가격 규제를 할 때의 사회적 순손실보다 크다.

17

┃정답해설┃

$MRS_{ZY}^{김} = \dfrac{2Y_{김}}{2Z_{김}}$, $MRS_{ZY}^{이} = \dfrac{2Y_{이}}{2Z_{이}}$ 이므로, $MRS_{ZY}^{김} + MRS_{ZY}^{이} = \dfrac{X}{W}$ 이다.

그리고 $MRT_{WX} = 5$이므로 $\dfrac{X}{W} = 5$, $X = 5W$이므로 이를 생산가능곡선에 대입하면 $10W = 100$, $W = 10$이 된다.

18

┃오답해설┃

가. 무역은 자동차 가격의 하락과 다양성의 증가를 가져온다.

라. 무역을 통할 경우 각 국의 생산자 잉여와 소비자 잉여를 모두 증가시킨다.

19

▌정답해설▌

X재는 노동집약재이고, Y재는 자본집약재이므로 X재의 가격이 상승하면 노동집약재인 X재의 생산이 증가하여 상대임금은 상승한다. 그리고 Y재의 가격이 상승하면 자본집약재인 Y재의 생산이 증가하여 상대임금은 하락한다.

20

▌정답해설▌

이씨의 $\dfrac{C_t}{Y_t} = \dfrac{120 - (60 + 24)}{120} = \dfrac{42}{120}$ 이므로 1보다 작다.

▌오답해설▌

① 김씨의 $\dfrac{\triangle C}{\triangle Y}$ 는 0.8로 소득에 상관없이 일정하다.

② 김씨의 $\dfrac{C}{Y}$ 는 $0.8 + \dfrac{10}{Y}$ 이므로 소득의 증가에 따라서 체감한다.

④ 박씨의 Y가 Y_m보다 작을 때 $C = 0.7 Y_m + 0.5(Y - Y_m)$이므로 $\dfrac{\triangle C}{\triangle Y} = 0.50$이어서 1보다 작다.

⑤ 박씨의 Y가 Y_m보다 클 때 $C = 0.7 Y$이므로 $\dfrac{\triangle C}{\triangle Y} = 0.7$이어서 1보다 작다.

21

▌오답해설▌

가. 케인즈학파는 경제가 내재적으로 불안정하므로 정부가 단기적으로는 경기변동을 완화하는 안정화정책을 실시하고, 장기적으로는 총공급 능력을 확충해야 한다고 주장하였다.

나. 통화주의자들은 장기적으로 화폐가 중립적일 때 인플레이션과 실업률 간에 아무런 관계가 없다고 하였다.

22

▌정답해설▌

2014년 GDP 디플레이터 $= \dfrac{8}{10} \times 100 = 80$

기준 연도의 GDP 디플레이터는 100이므로 기준연도에 비하여 20% 하락하였다.

23

답 ③

┃정답해설┃

조세승수를 구하면 $\dfrac{0.6}{1-0.6}=1.5$이므로 조세를 20만큼 삭감하면 국민소득은 $20\times1.5=30$만큼 증가하며, 조세가 20만큼 삭감되었으므로 처분가능소득은 $30+20=50$만큼 증가한다. 그런데, 한계소비성향이 0.6이라고 하였으므로 소비의 변화분은 $50\times0.6=30$만큼 증가한다.

24

답 ③

┃오답해설┃

가. 명목 이자율 하한이 존재하지 않는 경우에 비해 확장 재정정책은 안정화 정책으로서 유효성이 커진다.

라. 양적완화정책을 실시할 경우 전통적인 통화정책을 실시할 경우에 비하여 중앙은행이 보유하는 채권이 다양성이 커진다.

25

답 ⑤

┃정답해설┃

실업률 3%, 물가상승률 3%인 상황이므로 이 경제는 SPC_B에 위치한다. 그런데 이 상황에서 정부가 재정지출을 축소할 경우 총수요의 감소로 인해, 물가는 하락하고, 실업이 증가하게 된다.

이를 나타내는 경우는 (단기 실업률, 단기 물가상승률)$=$(4%, 2%) 또는 (5%, 1%)이다.

26

답 ①

┃정답해설┃

1인당 생산함수를 총생산함수로 고치면 $Y=L^{\frac{2}{3}}K^{\frac{1}{3}}$이므로 이를 성장회계 공식에 대입하면

$4\%=\dfrac{2}{3}\times3\%+\dfrac{1}{3}\times$자본투입량 증가율이므로 자본투입량 증가율은 6%이다.

27

답 ②

┃정답해설┃

경제활동참가율이 100%라고 하였으므로 경제활동인구는 1,000만명이다. 그런데 실업자가 100만명이라고 하였으므로 취업자는 900만명이다. 그리고 실업자는 $(900만명\times0.1)-(100만명\times0.8)=10$만명만큼 증가하였으므로 전체 실업자 수는 110만명이 됨을 알 수 있다. 따라서 실업률은 $\dfrac{110}{1,000}\times100=11\%$이다.

28

┃ 오답해설 ┃

① 정부지출이 축소되었으므로 IS곡선이 좌측으로 이동한다.

② 이 상황에서 국민소득을 종전과 동일하게 유지하기 위해서는 LS곡선을 우측으로 이동시켜야 한다.

④ 정부지출이 축소되었으므로 재정적자는 감소한다.

⑤ 이자율이 하락하면 화폐보유의 기회비용이 감소하므로 실질 화폐수요가 증가한다.

29

답 ①

┃ 정답해설 ┃

• 구축효과가 커지기 위해서는 IS곡선이 완만하고, LM곡선이 급경사이어야 한다.

• 그런데 IS곡선이 완만해지기 위해서는 투자의 이자율탄력성이 커야 한다.

• 그리고 LM곡선이 급경사가 되기 위해서는 화폐수요의 이자율 탄력성은 작고, 화폐수요의 소득탄력성은 커야 한다.

30

답 ①

┃ 정답해설 ┃

솔로우 모형에서는 저축률이 조정가능한 것이 아니라 외생적으로 주어진 것으로 가정하므로 황금률이 달성된다는 보장이 없다.

31

답 ③

┃ 오답해설 ┃

① 거주자 외화예금을 원화로 환전하여 보통예금에 예금을 하면 M2는 변화가 없고 M1은 줄어든다.

② 자가주택의 주거서비스는 귀속임대료의 형태로 GDP에 포함된다.

④ 수입품 가격의 상승은 GDP 디플레이터에는 반영되지 않지만 소비자물가지수에는 반영된다.

⑤ 정부가 독거노인들에게 무료로 식사를 제공하는 것은 이전지출에 해당하므로 정부지출에 포함되지 않는다.

32

답 ③

┃ 오답해설 ┃

가. 경제 제반환경의 변화가 있을 때 물가안정목표를 재설정할 수 있으나 그것이 매년 이루어지는 것은 아니다.

나. 우리나라 중앙은행의 물가안정목표제에서는 명시적인 중간목표를 설정하지 않는다.

다. 물가안정목표의 기준이 되는 것은 소비자물가지수의 상승률이다.

33

┃오답해설┃

다. 인플레이션이 안정적이고 예측 가능한 경우에도 메뉴비용은 발생한다.

라. 인플레이션은 모든 재화의 가격을 동일하게 상승시키는 것이 아니므로 상대가격의 변화를 발생시키며, 이것이 자원배분의 왜곡을 가져오는 원인이다.

34

답 ⑤

┃정답해설┃

단기 총공급곡선이 수직인 경우를 살펴보면 가격이 완전예측적, 즉 신축적인 경우, 정보가 완전한 경우, 임금이 신축적인 경우가 이에 해당한다. 따라서 단기 총공급곡선이 우상향하는 경우는 이의 반대인 임금과 가격이 경직적이고, 정보가 불완전한 경우이다.

35

답 ①

┃정답해설┃

주어진 효용함수를 통해 $MRS_{c_1 c_2} = \dfrac{\dfrac{1}{2\sqrt{C_1}}}{\dfrac{\beta}{2\sqrt{C_2}}} = \dfrac{1}{\beta}\sqrt{\dfrac{C_2}{C_1}}$ 를 구할 수 있으며 이를 효용극대화 조건에 대입하면

$\dfrac{1}{\beta}\sqrt{\dfrac{C_2}{C_1}} = 1+r$ 의 관계를 이끌어낼 수 있다. 그런데 문제에서 $C_1 = C_2$ 라고 하였으므로 $\beta(1+r)=1$ 의 관계가 성립한다.

36

답 ⑤

┃정답해설┃

고정환율제도 하에서 확장적 통화정책을 실시하면 LM곡선이 우측으로 이동하여 이자율이 하락하게 된다. 이 상황에서는 국내의 통화량을 줄여야 이자율이 원래대로 돌아가게 되어 환율이 유지된다. 따라서 LM곡선이 왼쪽으로 이동하게 되어 결과적으로 총소득에 변화가 없게 된다.

┃오답해설┃

① 변동환율제도 하에서 확장적 재정정책을 실시하면 IS곡선이 우측으로 이동하여 이자율이 상승한다. 이로 인해 외화의 유입이 증가하여 환율이 하락한다.

②·③ 변동환율제도 하에서 확장적 통화정책을 실시하면 LM곡선이 우측으로 이동하여 이자율이 하락한다. 이로 인해 외화의 유출이 증가하여 환율이 상승한다. 환율이 상승하면 순수출이 증가하여 IS곡선이 우측으로 이동하므로 총소득이 증가한다.

④ 고정환율제도 하에서 확장적 재정정책을 실시하면 IS곡선이 우측으로 이동하여 이자율이 상승한다. 이로 인해 외화의 유입이 증가하여 환율이 하락하게 되는데 환율을 유지하기 위해 통화량을 늘리게 되므로 LM곡선이 우측으로 이동하게 되어 총소득이 증가한다.

37

답 ①

▌정답해설▌

이자율 평형조건이 성립한다면 국내 이자율이 높을수록 외화의 유입이 증가하므로 환율이 하락하게 되며, 미래의 기대환율이 상승할 경우 수익률이 하락하게 되므로 더 높은 이자율을 받으려고 할 것이다. 따라서 그래프는 오른쪽으로 이동하게 된다.

38

답 ②

▌정답해설▌

C국은 옷을 수출도 수입도 하지 않고 자신들이 생산한 것만 소비하게 된다. 따라서 옷 생산액이 없는 B국의 경우는 모든 옷을 A국에서 수입해야 한다.

▌오답해설▌

① 모든 재화의 가격이 100달러로 동일하고 각 나라가 9개씩 소비하였으므로 세 국가의 GDP는 동일하다.
③ B국은 자동차 300달러 어치를 수출하고 옷 300달러 어치를 수입하였으므로 균형을 이룬다.
④ A국은 자동차를 수출도 수입도 하지 않고 자신들이 생산한 것만 소비하게 된다. 따라서 자동차 생산량이 없는 C국은 B국에서 자동차 300만 달러 어치를 수입하게 된다.
⑤ C국은 A국에게 컴퓨터를 수출하였으므로 3백만 달러 흑자를 기록한다.

39

답 ④

▌오답해설▌

①·②·③ 정부지출이 증가하면 IS곡선이 우측으로 이동하여 이자율이 상승하며 이로 인해 환율이 하락하게 된다. 이는 순수출을 감소시켜 IS곡선을 원래의 상태로 돌아가게 한다. 따라서 이자율과 국민소득에 아무런 영향을 주지 않으므로 실질화폐수요도 불변이다.
⑤ 국가 위험할증이 높아지면 환율이 상승하여 순수출이 증가하므로 국민소득이 증가하게 된다.

40

답 ②

▌정답해설▌

나. 자국통화를 매입하였으므로 A국 통화 공급량이 감소한다
나. 미국 달러를 매각하였으므로 A국 외환보유액이 감소한다.

▌오답해설▌

가. 자국 통화를 매입하였으므로 LM곡선이 좌측으로 이동하여 이자율이 상승하며, 이로 인해 A국의 통화 가치가 미국 달러 대비 상승하게 된다.
라. 통화량이 감소하였으므로 물가가 하락하고 이에 따라 실질 GDP도 감소한다.

✓ 문제편 195p

01	02	03	04	05	06	07	08	09	10	11	12	13	14	15	16	17	18	19	20
③	③	③	②	⑤	②	④	④	①	①	②	①	③	①	②③④	④	②	①	④	⑤
21	22	23	24	25	26	27	28	29	30	31	32	33	34	35	36	37	38	39	40
③	②	⑤	⑤	⑤	①	②	⑤	①	④	⑤	⑤	②	④	③	③	③	②	③	①

01
답 ③

┃정답해설┃

나. 원유 수요곡선의 이동 정도가 크다면 원유 가격은 크게 하락하는 반면, 거래량은 소폭 감소하게 된다.

다. 원유 공급곡선의 기울기가 가파르다면 원유 수요가 감소하였을 때 원유가격은 크게 하락하는 반면, 거래량은 소폭 감소하게 된다.

┃오답해설┃

가. 원유 수요곡선의 기울기가 완만하다면 원유 수요가 감소하였을 때 원유가격이 크게 하락하지 않는다.

라. 원유 공급곡선은 이동하지 않는다.

02
답 ③

┃정답해설┃

두 재화의 가격이 동시에 하락하였다면 소득이 증가한 것과 같은 효과를 가져온다. 이런 상황에서 Y재 소비량이 증가하였다는 것은 Y재가 정상재임을 의미한다.

┃오답해설┃

①·② 소득이 증가하였음에도 X재의 소비량이 변하지 않았으므로 X재의 소득탄력성은 0이다. 따라서 정상재도 열등재도 아니다.

④·⑤ 주어진 자료로는 알 수 없다.

03

┃ 정답해설 ┃

(5, 5)보다 왼쪽에서는 가격 변화후의 예산선이 상단에 위치한다. 따라서 효용극대화점은 (5, 5)보다 왼쪽에 위치하므로 X재의 소비량은 감소한다.

┃ 오답해설 ┃

① · ② 가격 변화 이후 이 소비자의 효용은 증가한다.

④ Y재의 소비량은 반드시 증가해야 한다. 그렇지 않으면 ③의 해설과 모순된다.

⑤ 예산선의 기울기가 변화하였으므로 한계대체율 역시 변화한다.

04

┃ 정답해설 ┃

B에게는 소득보조가 이루어진 것이므로 새로운 예산선의 기울기는 이전의 기울기와 동일하다.

┃ 오답해설 ┃

① A에게는 물품보조가 이루어진 것이므로 예산선이 꺾이는 지점의 기울기가 다르게 된다.

③ · ④ 물품보조가 이루어진 경우 예산선이 꺾이는 지점을 제외한 나머지 부분의 기울기는 동일하다.

⑤ 예산선이 꺾이는 지점 오른쪽에서는 A와 B의 소비조합이 같다.

05

┃ 정답해설 ┃

소비자 부담분 : $6-5.625=0.375$

공급자 부담분 : $5.625-5.4=0.225$

따라서 공급자가 실질적으로 부담하는 단위당 세금이 더 적다.

┃ 오답해설 ┃

① 세금 부과 전 균형 : $1,400-120P=-400+200P$, $P=5.625$, $Q=725$

② 기울기가 더 가팔라진 공급곡선으로 변화하게 되므로 기존의 공급곡선과 평행하지 않으면서 상향 이동한다.

③ · ④ 세금 부과 후 균형 : $1,400-120P=-400+180P$, $P=6$, $Q=680$

기존의 수요, 공급곡선 식의 Q에 680을 대입하면 세금 부과 후 공급자 가격 5.4를 구할 수 있다.

06

┃정답해설┃

$TC = L + 3K$

$MRTS_{LK} = \dfrac{1}{2}$, $\dfrac{w}{r} = \dfrac{1}{3}$

$MRTS_{LK}$가 $\dfrac{w}{r}$ 보다 크므로 이 기업은 노동만 투입하여 생산한다. 따라서 $C = Q$이다.

07

┃정답해설┃

나. 한계비용이 평균비용보다 작으므로 생산량을 감소시키면 평균비용은 증가한다.
다. 평균비용의 최저점은 평균가변비용의 최저점보다 오른쪽에 위치하므로 생산량은 100보다 크다.
라. 생산량이 100일 때 평균가변비용이 50이라면 평균고정비용은 10이므로 총고정비용은 1,000이다.

┃오답해설┃

가. 한계수입이 평균가변비용과 평균비용 사이에 존재하므로 음(−)의 이윤을 얻게 된다.

08

┃정답해설┃

먼저 한계비용이 200이라고 하였는데 ⑤의 경우는 한계비용이 100이므로 제외된다.
다음으로, 생산량이 10단위 일 때 평균비용이 200이라고 하였으므로 이를 만족하는 것은 ④뿐임을 알 수 있다.

09

┃정답해설┃

$\dfrac{w}{r} = \dfrac{20}{10} = 2$이므로, 노동 투입량을 2단위 감소시키고 자본 투입량을 4단위 증가시켜도 동일한 생산비용으로 100단위를 생산할 수 있다.

②·③ 자본(혹은 노동)의 단위당 가격이 변화하여 $\dfrac{w}{r}$ 이 변하면 상대적으로 싸진 요소만을 사용하게 된다.

④·⑤ $MRTS_{LK} = \dfrac{2}{1} = \dfrac{MP_L}{MP_K}$ 이므로, MP_L이 MP_K보다 2배 크다.

10
답 ①

▌정답해설▐

총고정비용이 100이므로 생산량이 1일 때의 총가변비용은 10, 2일 때는 30, 3일 때는 60, 4일 때는 100, 5일 때는 150으로 계산된다. 따라서 평균가변비용이 10으로 가장 작은 점이 조업중단점이 되며, 이때의 조업중단가격은 10이다.

11
답 ②

▌정답해설▐

완전경쟁시장의 장기균형에서 가격은 항상 평균비용과 같지만, 단기균형에서는 같을수도 다를수도 있다.

12
답 ①

▌정답해설▐

$LAC=10+Q$이므로 LAC의 최솟값은 Q가 0인 점에서 나타난다. 하지만 기업들이 정수 단위로 제품을 생산한다고 하였으므로 개별기업의 생산량은 1이다.

13
답 ③

▌정답해설▐

$x+2y=5y$이므로 $y=\frac{1}{3}x$으로 계산되며 이것이 소득소비곡선과 가격소비곡선이 된다. 따라서 이 식의 기울기가 1보다 작으므로 수요의 가격탄력성이 1보다 작다.

14
답 ①

▌정답해설▐

먼저 희준의 순편익이 3만원이며 흡연할 권리가 있다면 정진은 희준에게 3만원에서 5만원 사이의 보상을 지불하고 담배연기가 없는 방을 만들 수 있다. 하지만 반대로 정진이 담배연기 없는 방을 사용할 권리가 있는 경우 희준이 제시할 수 있는 최대금액인 3만원보다 정진의 순편익인 5만원이 더 크므로 거래가 이루어지지 않는다.

15

┃ 정답해설 ┃

임의의 점에서 음(−)의 한계효용을 갖는 y축의 오염물질이 증가하는 경우 종전의 점과 같은 효용을 누리기 위해서는 정(+)의 한계효용을 갖는 x축의 공산품이 증가하여야 한다. 따라서 무차별곡선은 우하향하는 형태를 가지게 되는데 문제에서 주어진 자료로는 한계대체율이 체감하는지 체증하는지 혹은 일정하는지를 판단할 수 없다. 따라서 ②, ③, ④가 모두 옳게 된다.

16

┃ 정답해설 ┃

이 경우에는 고품질의 판매자가 시장에서 철수하게 되므로 저품질의 중고 노트북만 시장에서 거래된다.

┃ 오답해설 ┃

① 구매자가 품질을 아는 경우라면 지불용의가 큰 고품질의 중고 노트북만 시장에서 거래된다.
② 품질을 모를 때 지불용의가 있는 금액은 $(60 \times 0.8) + (10 \times 0.2) = 50$만원이므로 두 유형 모두 거래될 수 있다.
③ 지불용의금액이 60만원보다 크게 되면 두 유형 모두 거래된다.
⑤ 지불용의금액이 50만원보다 낮아지게 되므로 고품질의 중고노트북은 시장에서 사라지게 된다.

17

┃ 정답해설 ┃

가. 3명 모두 참가한 경우에는 참가하든 참가하지 않든 얻을 수 있는 금액이 모두 0이어서 참가여부를 변경할 필요가 없다. 따라서 내쉬균형이다.
나. 2명이 참가한 경우에는 참가한 2명이 참가하지 않는 것으로 변경할 경우 얻을 수 있는 금액이 0이 되며, 미참가한 1명이 참가하는 것으로 변경할 경우 얻을 수 있는 금액이 0이 되어 전자는 손실을, 후자는 변동이 없게 된다. 따라서 내쉬균형이다.
다. 1명이 참가한 경우 참가한 사람이 참가하지 않는 것으로 변경할 경우 얻을 수 있는 금액이 0이 되며, 미참가하는 2명이 참가하는 것으로 변경할 경우 얻을 수 있는 금액이 각각 $1.5 - 1 = 0.5$가 된다. 따라서 얻을 수 있는 금액이 증가하는 경우가 존재하므로 내쉬균형이 아니다.
라. 아무도 참가하지 않는 경우 이들 모두가 참가하는 것으로 변경할 경우 얻을 수 있는 금액이 $3 - 1 = 2$가 된다. 따라서 얻을 수 있는 금액이 증가하는 경우가 존재하므로 내쉬균형이 아니다.

18

┃ 정답해설 ┃

선택지 각각의 효용을 구해보면 다음과 같다.

① $(0,\ 100) : u=100$

② $(10,\ 110) : u=90$

③ · ④ $(10,\ 130)$, $(20,\ 150)$의 조합은 불가능하다.

⑤ $(40,\ 140) : u=60$

따라서 효용이 극대화되는 경우는 ①이다.

19

┃ 오답해설 ┃

다. 위험기피적 성향이 있는 경우 이득의 한계효용이 체감하게 된다.

20

┃ 오답해설 ┃

⑤ 헥셔-올린 모형에서 국가 간 생산함수는 동일하다고 가정한다.

21

┃ 정답해설 ┃

A국은 교역조건에 따라 옷을 생산할 수도 있고, 식료품을 생산할 수도 있다.

┃ 오답해설 ┃

① A국에서 옷과 식료품은 완전대체재이므로 옷만 생산하게 된다.

② B국에서 옷과 식료품은 완전보완재로서 각각 1단위씩 한 묶음으로 소비되기 때문이다.

④ A국과 B국의 X재(옷)와 Y재(식료품)의 상대가격을 각각 구해보면,

A국 : $60X=30Y$, $X=\dfrac{1}{2}Y$, $Y=2X$

따라서 Y재(식료품)에 특화한다.

B국 : $40X=\dfrac{40}{3}Y$, $X=\dfrac{1}{3}Y$, $Y=3X$

따라서 X재(옷)에 특화한다.

⑤ 교역조건이 $2X<Y<3X$ 사이에 존재하므로 가능한 교역조건이다.

22

┃정답해설┃

여가시간이 l이므로 노동시간은 $16-l$이다. 그런데 노동소득과 자본소득이 모두 소비(c)에 사용된다고 하였으므로 $c=10+10(16-l)$의 관계가 성립한다.

여기서 $MRS_{lc}=\dfrac{c}{l}=10$이므로, $l=\dfrac{c}{10}$이 되며, 이를 위의 식에 대입하면 $c=10+160-c$가 되어 노동자의 효용을 극대화하는 소비량 c는 85가 된다.

23

┃정답해설┃

2014년의 GDP 디플레이터 상승률은 전년대비 $\dfrac{22-20}{20}\times100=10\%$ 상승했다.

┃오답해설┃

구 분	2013년	2014년
명목 GDP	$10+10=20$	$16+6=22$
실질 GDP	20	$8+12=20$

24

┃정답해설┃

$\dfrac{\varDelta Y}{Y}=\dfrac{\varDelta A}{A}+0.7\dfrac{\varDelta N}{N}+0.3\dfrac{\varDelta K}{K}$ 이므로,

$4\%=1\%+(0.7\times3\%)+(0.3\times\dfrac{\varDelta K}{K})$의 관계가 성립한다. 따라서 $\dfrac{\varDelta K}{K}$의 값은 3%이다.

25

┃정답해설┃

솔로우의 성장 모형에서 균제상태의 저축률은 외생적으로 주어진 것으로 본다.

26

❙ 정답해설 ❙

효율임금이론이란 실질임금이 왜 경직성을 가지는지를 설명한 이론이다.

27

❙ 정답해설 ❙

B국의 경우 자연실업률보다 실제실업률이 더 작으므로 확장 갭이 발생하고 있으며, 잠재 GDP는 실질 GDP인 1,300조원보다 작다.

❙ 오답해설 ❙

① A국은 자연실업률과 실제실업률이 같으므로 잠재 GDP 역시 900조원으로 실질 GDP와 동일하다.

④·⑤ C국은 자연실업률이 실제실업률보다 더 작으므로 침체 갭이 발생하고 있으며, 잠재 GDP는 실질 GDP인 1,200조원보다 크다.

28

❙ 정답해설 ❙

투자승수를 구하면 $\dfrac{1}{1-c+m}=\dfrac{1}{1-0.8+0.3}=2$ 이므로, 투자가 50에서 0으로 감소할 때 소득은 100이 감소한다.

변화전의 순수출이 $300-360=-60$이고, 변화후의 순수출이 $300-330=-30$이므로 순수출은 30만큼 증가한다.

29

❙ 정답해설 ❙

A점이 IS곡선과 LM곡선 모두의 상방에 위치하고 있으므로 재화시장과 화폐시장 모두에서 초과공급 상태이다.

30

❙ 정답해설 ❙

잠재 GDP가 증가하게 되면 단기적으로 AS곡선이 A와 E점의 중간인 C점을 지나게 되어 단기 균형점은 C가 되며, 장기적으로는 노동자의 실질임금이 감소하게 되어 AS곡선이 E점을 지나는 수준까지 이동하게 된다. 따라서 이 경제의 장기균형점은 E점이 된다.

31

답 ⑤

┃정답해설┃

①·③ 총공급곡선이 우측으로 이동하게 되므로 단기적으로 물가는 하락하고 국민소득은 증가한다.

②·④·⑤ 장기적으로 경기가 호황으로 가게 되며 이는 노동자들의 임금인상으로 이어진다. 따라서 총공급곡선이 좌측으로 이동하게 되므로 물가와 국민소득 모두 원유가격 하락 충격 이전의 수준으로 돌아간다.

32

답 ⑤

┃정답해설┃

2000년의 고용률은 $\dfrac{600만}{1,000만} = 60\%$이고, 2010년의 고용률은 $\dfrac{750만}{1,200만} = 62.5\%$이다.

┃오답해설┃

① 2000년의 실업자는 200만명이고, 2010년의 실업자는 250만명이다.

② 두 시기 모두 실업률은 25%로 동일하다.

③ 경제활동참가율은 2000년 80%에서 2010년 83.3%로 증가하였다.

33

답 ②

┃정답해설┃

미래소득이 증가하더라도 절대소득가설에 의하면 A의 소비는 변화하지 않아서 가장 작거나 최소한 두 번째 작은 값과 같다. 또한, 차입제약이 없는 경우의 소비변화량이 가장 크므로 ②가 가장 적절하다.

34

답 ④

┃정답해설┃

신용승수를 구하면 $\dfrac{1}{z} = \dfrac{1}{0.1} = 10$이고, 법정지급준비금은 $200 \times 0.1 = 20$이므로 초과지급준비금은 40이 된다. 따라서 초과지급준비금을 신규로 대출하는 경우 총통화량의 증가분은 $40 \times 10 = 400$이다.

35

답 ③

┃정답해설┃

회사채의 신용위험이 커지면 이자율이 증가하게 되어 회사채가격이 하락하게 되며, 위험기피적인 투자자들은 보다 안전한 국채를 더 많이 수요하게 되어, 국채의 가격이 상승한다. 이로 인해 국채수익률은 하락하게 되며, 회사채 수익률에서 국채 수익률을 차감한 위험프리미엄은 증가하게 된다.

36

답 ③

┃오답해설┃

물가안정목표제는 중앙은행이 물가만 조정하게 되어 신뢰도가 높아지게 되며, 중앙은행의 독립성이 강화되어 정치적 압력에서 보다 자유로워질 수 있다.

37

답 ③

┃오답해설┃

필립스 곡선에서는 기울기 값인 a가 클수록 실업률의 증가폭이 작아진다. 따라서 물가상승률을 낮추기 위해 감수해야 할 실업률의 증가폭은 a에 반비례한다.

38

답 ②

┃정답해설┃

고정환율제 하에서는 화폐수요가 감소하더라도 결국 원래의 균형국민소득으로 돌아가게 되므로 변화가 없다. 하지만 변동환율제 하에서는 화폐수요의 감소로 인한 통화량의 증가로 LM곡선이 우측으로 이동하게 되어 균형국민소득이 증가한다.

39

답 ③

┃정답해설┃

위험이자율평가설에서는 $\dfrac{\Delta e}{e} = r - r_f$의 관계가 성립하므로 향후 1년간 환율은 3%-1%=2% 상승할 것으로 예상된다.

40

답 ①

┃오답해설┃

② 선지의 내용은 솔로우 모형에 대한 내용이다.
③ AK 모형에 따르면 저축률의 상승은 장기적으로 경제성장률을 가져온다.
④ 로머의 R&D 모형에서는 지식이 비경합성을 가진다고 본다.
⑤ 루카스의 인적자본 모형에서는 교육 또는 기술습득의 효율성이 장기 경제성장률에 영향을 미친다고 본다.

가장 빠른 지름길은
지름길을 찾지 않는 것이다.

– 다산 정약용 –

2025 시대에듀 공인회계사 1차 경제원론 10개년 기출문제해설

초 판 발 행	2024년 08월 20일(인쇄 2024년 07월 05일)
발 행 인	박영일
책 임 편 집	이해욱
편 저	시대공인회계연구회
편 집 진 행	김현철·서정인
표 지 디 자 인	김도연
편 집 디 자 인	표미영·남수영
발 행 처	(주)시대고시기획
출 판 등 록	제10-1521호
주 소	서울시 마포구 큰우물로 75 [도화동 538 성지 B/D] 9F
전 화	1600-3600
팩 스	02-701-8823
홈 페 이 지	www.sdedu.co.kr
I S B N	979-11-383-7484-2 (13320)
정 가	23,000원

나는 이렇게 합격했다

당신의 합격 스토리를 들려주세요
추첨을 통해 선물을 드립니다

베스트 리뷰
갤럭시탭 / 버즈 2

상/하반기 추천 리뷰
상품권 / 스벅커피

인터뷰 참여
백화점 상품권

이벤트 참여방법

합격수기

시대에듀와 함께한
도서 or 강의 **선택** > 나만의 합격 노하우
정성껏 **작성** > 상반기/하반기
추첨을 통해 **선물 증정**

인터뷰

시대에듀와 함께한
강의 **선택** > 합격증명서 or
자격증 사본 **첨부**,
간단한 **소개 작성** > 인터뷰 완료 후
백화점 상품권 증정

이벤트 참여방법
다음 합격의 주인공은 바로 여러분입니다!

QR코드 스캔하고 ▷ ▷ ▶
이벤트 참여하여 푸짐한 경품받자!

합격의 공식
시대에듀

세무사 1차 시험

기출문제해설 도서로 단기간 합격을 안내합니다.

1차 시험 이렇게 준비하라!

회독과 반복	선택과 집중(8-8-4-4 전략)	오답 + 암기노트

- 생소한 개념, 어려운 용어 반복적 학습
- 계산문제는 반드시 손으로 풀어보기

- 선택과목과 재정학에서 80점 이상 득점
- 세법학개론과 회계학개론에서 40점 이상 득점

- 시험 전날 꼭 봐야 할 암기사항 정리
- 자주 틀리는 오답사항 정리

시대에듀 세무사 1차 시험 기출문제해설 도서가 합격을 안내합니다.

연도별 문제풀이
최근 10년간 연도별
기출문제로 실전연습

상세한 해설
혼자서도 학습이 가능한
정확하고 상세한 해설

동영상 강의 예정
전문강사의 기출문제해설
유료 동영상 강의

1차 시험 합격을 안내하는 시대에듀 기출문제해설 도서

2025 시대에듀 세무사 1차
상법 10개년 기출문제해설

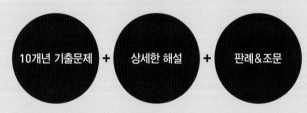

10개년 기출문제 + 상세한 해설 + 판례&조문

- 2025년 제62회 세무사 시험 대비
- 최근 10개년(2015~2024) 기출문제 수록
- 최신 개정법령 및 관련 판례 완벽 반영

세무사 1차 시험
시험의 처음과 끝

시대에듀 세무사 1차 시험 기출문제해설 도서

세무사 1차 회계학개론
기출문제해설(4×6배판)

세무사 1차 세법학개론
기출문제해설(4×6배판)

세무사 1차 재정학
기출문제해설(4×6배판)

세무사 1차 행정소송법
기출문제해설(4×6배판)

세무사 1차 상법
기출문제해설(4×6배판)

※ 본 도서의 이미지는 변경될 수 있습니다.